本书系2012年国家社科基金项目"儒家文化底蕴下中韩国青少年思想政治教育比较研究（批准号12BKS079）阶段性研究成果、河南省教育厅2015年度人文社会科学研究重点项目"传统文化融入高校思想政治教育研究"（项目编号：2015-ZD-110）阶段性研究成果

传统文化融入
高校思想政治教育研究

靳义亭 主 编

白海燕 杜鹏 副主编

中国社会科学出版社

图书在版编目(CIP)数据

传统文化融入高校思想政治教育研究／靳义亭主编.—北京：中国社会
科学出版社，2016.9
ISBN 978 - 7 - 5161 - 9011 - 1

Ⅰ.①传… Ⅱ.①靳… Ⅲ.①高等学校—思想政治教育—研究—中国
Ⅳ.①G641

中国版本图书馆 CIP 数据核字 (2016) 第 233728 号

出 版 人	赵剑英	
责任编辑	田　文	
特约编辑	周慧敏	
责任校对	张爱华	
责任印制	王　超	

出　　版	中国社会科学出版社	
社　　址	北京鼓楼西大街甲 158 号	
邮　　编	100720	
网　　址	http://www.csspw.cn	
发 行 部	010 - 84083685	
门 市 部	010 - 84029450	
经　　销	新华书店及其他书店	

印　　刷	北京君升印刷有限公司	
装　　订	廊坊市广阳区广增装订厂	
版　　次	2016 年 9 月第 1 版	
印　　次	2016 年 9 月第 1 次印刷	

开　　本	710 × 1000　1/16	
印　　张	15	
插　　页	2	
字　　数	254 千字	
定　　价	55.00 元	

前　言

中国传统文化是指从远古至晚清即 1840 年鸦片战争以前的历史进程中形成和发展起来的、根植于中国疆域以中华民族为创造主体的、具有鲜明特色和稳定结构的、世代传承并影响整个社会历史的宏大文化体系。我们强调中国传统文化是中国的、传统的、传承的。

将传统文化中的积极因素贯穿于高校育人理念之中，必须做到：将中国传统文化纳入高校思想政治理论教材中；提升高校教师的传统文化素养；改进高校教育、教学的方式；必须兼顾差异性，凸显育人目标多样化。对大学生进行中国传统文化教育，强调仁爱，强调群体，强调和而不同，强调天下为公，特别要提倡"天下兴亡、匹夫有责"的爱国情操，"民为邦本"、"民贵君轻"的民本思想，"已所不欲，勿施于人"的待人之道，吃苦耐劳、勤俭持家、尊师重教的传统美德，大力倡导民族精神。意义在于：有助于坚定中华民族伟大复兴的信心；有助于坚定中国特色社会主义信念；有助于中国特色社会主义文化大发展；有助于推动中国特色社会主义经济健康发展；有助于社会主义和谐社会建设；有助于社会主义生态文明建设。

传统文化融入高校思想政治教育途径是：加强对大学生学习传统文化的正确引导；建构高校传统文化教育的保障机制；优秀传统文化必须融入校园文化中；传统文化融入高校思想政治教育必须树立全员育人的观念；学者们应走出校园、书斋，将儒家的义理和民间社会活动相结合；学习和借鉴东亚儒家文化圈国家的经验。

作　者
2015 年 4 月

目　　录

第一章 绪言

第一节 中国传统文化的内涵及研究背景

一 中国传统文化的内涵

（一）中国传统文化的内涵

中国："中国传统文化"这一概念中的"中国"指的是我们民族文化形成的摇篮，既是地理概念，也是文化概念。地理概念是指中国的版图，文化概念是指整个中华儿女的精神家园。在古代，中国与"中华"、"中夏"、"中土"、"中州"含义相同，最开始是指天下之中央，后逐渐延伸为统治所及的区域。上古时期，华夏族（古汉族自称）建国于黄河流域，自认为居于天下之中央，故称中国，而将周边地区称为四方或四夷。《诗经》说："民亦劳止，汔可小康。惠此中国，以绥四方。"《庄子》载："吾闻中国之君子，明乎礼义而陋于知人心"均为此义。秦汉以降，以汉族为主体的大一统中央政权建立，"中国"的内涵随之拓展，但直至隋唐乃至以后，"中国"仍指定都中原的王朝。自元代开始，自称其统治所及区域为中国，明清沿袭此称谓。中国版图在历史上多有伸缩，至清乾隆年间大体奠定了现在的领土范围。① 中华民族是中国传统文化的创造主体，中国传统文化实际上就是中华民族的文化，它是中国境内由华夏族演衍而来的汉族及 55 个少数民族的总称。在漫长的历史岁月里，随着疆域的扩大，社会的发展，境内各民族间联系纽带日益强化，民族共同体诸要素（共同语言、共同地域、共同经济生活以及表现于共同文化上的共同心理素质）渐趋完备。至近代，整体意识、族群观念更加自觉，"中华民族"遂成为包括中国境内诸民族的共同称谓。也就是说传统文化是在华夏这片

---

① 赵洪恩、李宝席：《中国传统文化通论》，人民出版社 2002 年版，第 4 页。

土地上以各个民族为主体所创造的文化的总和，既包括中国汉族的文化，还包括少数民族文化以及佛教文化等。

传统：从"中国传统文化"中的"传统"，从文化社会学的角度诠释，是指世代传承的具有自身特点的社会历史因素，如风俗习惯、伦理道德、制度规范等，是历史延传下来的思想文化、制度规范、风俗习惯、宗教艺术乃至思维方式、行为方式的总和，具有时间上的历史性、延续性以及空间上的拓展性和权威性的特点。从历史学的角度诠释，"传统"是指在历史的基础上稳定起来，又随着历史的发展而不断变迁的。传统文化是历史的产物，但它并不是博物馆里的陈列品，毫无改变地保存着并传给子孙后代，而是具有强大生命力的东西。传统是需要在稳定中延续的，如果没有发展与变迁就谈不上传统了。并不是所有在历史上出现过的文化都可称为传统文化，只有那些具有重要价值、具有生命活力的文化得以积淀、保存、延续下来，成为后世文化的主要组成部分。

文化：文化有广义和狭义之分。广义的"文化"，指人区别于动物，人类社会区别于自然界的本质特征，是人类卓立于自然的独特生活方式，是人类生活的总和，包括精神生活、物质生活和社会生活等极其广泛的方面。狭义的"文化"，则是排除了人类社会历史生活中关于物质创造活动及其成果的部分，即只包括精神创造及其成果，是意识、观念、心态和习俗的总和。本研究"中国传统文化"中的"文化"以狭义文化为论述范围，探讨精神创造领域的文化现象，主要包括制度层面（即人类在社会实践中建构的各种社会规范、典章制度）、行为层面（即人类在交往中约定俗成的习惯定势，以礼俗、民俗、风俗形态出现的行为模式）、观念层面（即人类在社会实践和意识活动中化育出来的价值取向、审美情趣、思维方式）的文化。

我们将这些具有重要价值、具有生命活力因而得以积淀、保存、延续下来的文化称之为传统文化。传统文化是历史的结晶，但它并不只是博物馆里的陈列品，而是有着鲜活的生命。传统文化所蕴含的、世代相传的思维方式、价值观念、行为准则，一方面具有浓厚的历史性、遗传性；另一方面具有强烈的现实性、变易性。中国传统文化已成为人们生活不可缺少的一部分，体现在广大人民的言、行、思中。我们每个人每天都生活在中国的文化传统之中，我们观赏名胜古迹，朗诵诗词歌赋，欣赏琴棋书画……我们始终以自己的言语、行动和思维直接或间接地显示出这个传统或优或劣的特色，包括人民的衣食住行，人际关系，价值观等。例如，2003年"非典"时期，2008年的抗冰雪灾害和四川汶川大地震，全国军民万众一心、众志成城，一方有难八方支援，共渡难关，这体现了我们传统文化的爱国主义精神和强大的民族凝聚力。这些都说明了中国传统文化作为历史的积淀，仍然保留在中华民族中间，不论何时何地，它都在制约、影响着当今的中国人。传统文化主要指中国传统社会中民族的整体生活方式和价值系统，除儒家、道家、法家和佛教学说外，还包括自然科学、人文科学的各个门类，如艺术、法律、哲学、道德等以及历史、地理、文物、书法、服饰、陵墓、医学、天文、农学等古籍文书。就性质而言，它是中华民族赖以长期发展、不断进步的精神支撑和智力支持；就结构而言，它是包括物质文化、制度文化和思想文化等层面在内的完整系统；就内容而言，它是以汉民族文化为主体并包括各个少数民族文化在内的多元（汉族、藏族、蒙族、维族、回族、苗族、壮族、哈萨克族……）一体（中华民族）的文化；就思想学术发展的历程而言，它是包括先秦子学、两汉经学、魏晋玄学、隋唐佛学、宋明理学、清代朴学和新学等不同发展阶段的文化实体；就学术流派而言，它是包括儒家、道家、墨家、法家、佛家、阴阳家、兵家、名家、杂家等在内的诸子百家分途发展而又相互碰撞交流吸收的结果；就载体而言，它包括经史子集之类的典籍和风俗习惯、生活方式等；就民族性而言，它是前后相继、不断发展，体现民族智慧的重要载体；就历史发展阶段而言，它主要指我国传统社会的文化，到清朝晚期之前的文化；就价值取向而言，它是以中华民族精神为核心，以爱国主义为导向，蕴含团结统一、贵和尚中、守成创新、以人为本的一整套价值理念的整合。总之，中国传统文化是指在历史发展过程中，在中国华夏民族的这片土地上以各个民族为主体创造的，中国人世代传承的，至今仍有影响的文化，是在历史发展中具有稳定形态且不断发展延续的文化，是人们生活的一部分，体现在广大人民的言语、行动、思维中的文化。

关于"中国传统文化"的内涵，学术界一向有不同的看法。从时间方面，有观点认为，"传统文化"是在过去的一个很长历史进程中形成和发展起来的，是指周秦至清中叶这三千多年历史中形成并发展起来的文化。另一种观点则认为，"传统文化"是指从过去一直发展到现在的东西，还有学者认为，"传统文化"不仅包括封建时代的文化，而且包括近代文化和"五四"以后的新文化。在内容方面，有观点认为，"传统文化"是指根植于自己民族土壤中的稳态的东西，但又有动态的东西包含其中，是过去与现在交融的过程，渗入了各时代的新思想、新血液。有学者提出，"传统文化"不仅表现在各种程式化了的理论形态方面，而且更广泛地表现在人们的风俗习惯、生活方式、心理特征、审美情趣、价值观念等非理论形态方面。从根源上讲，有的学者认为，"中国传统文化"不是一源分流，而是殊途同归，是各种文化的大融合。这些观点都从不同方面和不同角度对中国传统文化的含义做出了有益的探索。

　　本研究者认为，中国传统文化是指从远古至晚清即 1840 年鸦片战争以前的历史进程中形成和发展起来的、根植于中国疆域以中华民族为创造主体的、具有鲜明特色和稳定结构的、世代传承并影响整个社会历史的宏大文化体系。我们强调：

　　第一，中国的。中国传统文化强调的是中国的文化，是中华民族的文化，而不是他国、其他民族的文化。它是中华民族在特定的历史时期、地域空间范围内，在特定的政治、经济、习俗等方面的条件下，创造出来的文化成果。它的创造主体是中华民族，是中华民族在特殊的自然环境、经济模式、政治结构、意识形态等方面的作用下所形成的文化习惯和文化积淀。它存于中华民族的思维模式、价值观念、知识结构、伦理规范、作为方式、审美情趣、风俗习惯等主题形式中，经过数千年的演绎和扬弃，已深深融进中华民族的思想意识和行为规范之中，成为制约社会历史发展、支配人们思想行为和日常生活的强大力量。2014 年 4 月 1 日，习近平在比利时布鲁日欧洲学院的演讲中指出："2000 多年前，中国就出现了诸子百家的盛况，老子、孔子、墨子等思想家上究天文，下穷地理，广泛探讨人与人、人与社会、人与自然关系的真谛，提出了博大精深的思想体系。他们提出的很多理念，如孝悌忠信、礼义廉耻、仁者爱人、与人为善、天人合一、道法自然、自强不息等，至今仍然深深影响着中国人的生活。中国人看待世界、看待社会、看待人生，有自己独特的价值体系。"

　　第二，传统的。传统文化是相对当代文化而言，传统代表过去，传统代表历史，传统是相对于现在、相对于当代而言的，它代表过去，代表历史。社会在不断进步，历史在不断发展。但它不仅仅存在于过去和历史当中，随着后世的继承、发扬、创新，以史为鉴、传承文明是当代的宝贵财富和文化发展的历史趋势。中国传统文化是上下五千年中华民族所创造的灿烂文化，是珍贵历史文化遗产。中国传统文化是一个民族的根，一个民族的标志，也是一个民族的骄傲，中国传统文化就像牛顿所说的"巨人的肩膀"，我们要想看得更远，做得更好就必须站在这巨人的肩膀上。

第三，传承的。中国传统文化是中国历代相传的文化成果。这里的历代指的是从有文字开始，至当代以前的各个历史时期的文化，而各个历史时期所形成的文化不是已经湮灭了，而是能世代相传的，因此，中国传统文化就是中国各个历史时期形成的诸如道德伦理、制度规章、民族风俗等各种文化成果。它是前人所创造的物质财富、精神财富的所有遗存，也就是所谓的历史文化遗产。它是具有历史继承性的历史文化遗产，它是指从同时期的政治、经济关系中分离出来，具有一种跨社会制度、跨越空间、跨越时代，具有传承活性的意识形态，它能够对当代或后代社会的政治、经济制度，对人的头脑，对人们的习俗，对人们的行为道德，对人们的生产方式有着巨大影响的意识形态。

我们将中国传统文化的丰富内涵概括为以下几个方面：

一是自强不息的奋斗精神。孔子说："天行健，君子以自强不息。"自强不息的内涵体现为"夸父追日""精卫填海""大禹治水""愚公移山"等不屈不挠的精神，体现为"国时而变""随时而变""与时偕行""与日俱新"等与时俱进的精神。正是这种入世的人生哲学，培育了中华民族敢于向一切自然与社会的危害和不平进行顽强抗争。中国人自古以来就有不信邪、不怕"鬼"的精神，强调人生幸福靠自己去创造，自信自尊的精神弥足珍贵。中华民族之所以能在五千多年的历史进程中历经挫折而不屈，屡遭坎坷而不馁，靠的就是这样一种自强不息的精神。自强不息是中华民族生生不息的源泉，体现了中华民族勇于进取的精神境，激励着一代代中国人发愤进取、不懈奋斗。

二是知行合一观。中国儒家文化所讲的"力行近于仁"，在一定程度上体现了"行重知轻"的认识论思想，这与实践品格具有某种一致性。实践是认识的源泉，尤其在道德养成方面强调道德践履。

三是重视人的精神生活。中国传统文化非常重视人的内在修养与精神世界，鄙视那种贪婪与粗俗的物欲。孟子提出"充实之谓美"，并认为"富贵不能淫，贫贱不能移，威武不能屈"，这是对人格的根本要求，这种传统美德，对现代人格的塑造，也是非常可贵的。

四是爱国主义精神。爱国主义，就是千百年来巩固起来的对自己祖国的一种最深厚的感情；爱国主义，是我们中华民族的优良传统。古人云：
"天下兴亡，匹夫有责"。在今天，一个国家只有走上现代化，国家才会繁
荣富强。而实现现代化，全靠全国人民团结一致，共同奋斗。

五是追求真理，勇于奉献的精神。中国传统文化蔑视那种贪生怕死，
忘恩负义、追逐名利的小人。古人在谈到对真理的追求时，认为"朝闻
道，夕死可矣"，宣扬"路漫漫其修远兮，吾将上下而求索"的精神。这
种对真理执着、献身精神是推动现代化的强大动力。

六是团结互助，尊老爱幼的伦理规范。古人说："老吾老以及人之老，
幼吾幼以及人之幼。"一个社会只有严于律己，宽以待人，形成团结互助，
尊老爱幼的社会风气，社会才能充满温馨与和谐，才能给人带来希望与
力量。

（二）中国传统文化的特点

中国传统文化丰富多样，居中心地位的是以儒家伦理道德为核心的，
一种以扬善抑恶、以真善美相统一，以文化教化为目的的伦理政治型文
化。它是一种德智统一、以德摄政的文化，是带有一种民族的、独特的、
重伦理价值取向的特色。中国传统文化具有以下特点：

一是典型的伦理型特征。与世界各国不同，中国是在血缘纽带解体不
充分的情况下步入阶级社会的。与之相联系，血亲意识构成了社会意识的
轴心，即所谓"六亲"（父子、兄弟、夫妇）"九族"（父族四、母族三、
妻族二）等观念深入人心。血缘观念成为人们心理沟通和感情认同的基
础。这种血亲宗法意识在社会上弥漫开来，孕育了一整套特别强调"忠"
"孝"的行为规范。"正心、诚意、修身、齐家、治国、平天下"，家国同
构，重视人伦，传统文化充满人文精神。

二是具有顽强的生命力和发展创新性。中国传统文化是世界上唯一绵
延不绝发展至今的文化类型，是在发展中一脉相承又汇入了我国各民族智
慧形成具大生命力的文化体系，犹如万里长江汇集无数涓涓细流一直向前
直到大海。正如毛泽东所说：中国是世界文明发达最早的国家之一，中国
已有了将近四千年的有文字可考的历史。在世界四大文明古国中，中华文
明是唯一延续时间最长、未曾中断的文化系统。它不像埃及、巴比伦、印
度等文化那样无以后继，更不像古希腊、罗马文化那样中经蹂躏以至荒
芜。中华民族自夏代进入文明社会，历经各朝代，传统文化代代相传，经
久不衰，这都展现了它所具有的顽强生命力和应变能力，这正是中国传统

文化的一个重要特征。中国传统文化不仅在漫长而曲折的过程中顽强的传承下来，而且经历了无数后人继承前人又发展前人，虚心学习前人又丰富前人，依据时代需求又超越前人，这样一个周而复始、连续不断的接力运动，在历史的长河中不断得到充实、丰富、发展和创新。而这些都付出了几十代人坚持不懈地刻苦努力和巨大心血，才逐步形成、不断补充、不断完善成熟起来的，来之不易。

三是具有较强的融合性和凝聚性。中国的传统文化是多元化的。传统中国社会，儒、道、佛等多种派系并存，这就决定了中国传统文化有着汇集百川优势、兼容八方智慧的显著特点。中国地域辽阔，民族众多，各民族在生活方式和文化理念上存在很大的差异。自秦建立了统一的中央集权的封建政权以来，各民族之间融合的步伐大大加快，出现了几次大规模的民族融合。中国文化历经艰辛，在数千年的发展中经历了多民族、各地域文化的融合发展，以汉民族文化为主体、以中原文化为核心的中国传统文化，逐渐融合其他少数民族文化和周围地域文化、形成了同一性与多样性相结合的发展态势。同时，中国传统文化对于外来文化有着宽厚的包容性和强大的同化力。比如，西方的佛教、基督教、伊斯兰教，各国的天文、地理、建筑、艺术、舞蹈、绘画等，还有西方自然科学的大量涌入，都被中国所接纳，融入中国传统文化之中，并使之中国化。比如，佛教在中国的传播就是典型的例证。在两汉之际，佛教作为一种异质文化传入中国后，经过长时期的排斥、磨合、同化，最后在中国扎下根，为广大中国人所普遍接受，成为中国传统文化的一个重要组成部分。中国传统文化在经过融合、包容其他文化后形成的新文化，并不是分散的、凌乱的，而是凝聚成了中华民族特有的精神文化，一股强大的民族凝聚力。尤其表现在"爱国主义"、"自强不息"、"天下为公"等精神上。正是中国文化以其海纳百川的胸怀与气魄，接受来此世界各地的先进文明，形成中国特色的文化，形成强大的民族凝聚力，才会生生不息，延续至今。

四是既具有民族性，又具有世界性。每个国家和民族都有自己的传统文化，这种文化体现了国家和民族的历史发展、民族内质和思想精髓，具有区别于其他国家和民族的特点。中国的传统文化渗透着古老东方民族的睿智与特色，具有鲜明的中华民族性。越是民族性的东西越具有世界性，越具有全球性。确实如此，各国的传统文化不是一成不变的，是随着各个国家民族在相互的交往活动中，相互学习、相互吸收而不断充实发展自己。随着漫长的历史交往，各个国家民族的文化逐步成为多元统一体的全球文化。如果失去了民族性，就谈不到世界性和全球性。因为世界本身就是一个多元化的统一体，离开多元化、统一体也就没有存在的价值了。中国传统文化蕴含的文化软实力资源必将随着世界文化的交融而走向世界面向全球。如今中国很多非物质遗产已经在世界上广泛传播，并得到世界人民的认可。"己所不欲，勿施于人"被誉为处理国家间关系的黄金法则，受到世界人民的普遍赞同。

五是传统文化具有两面性。中国传统文化维系了伟大中华民族延续几千年而不衰，我们应该充分肯定其中精华部分，中国优秀的传统文化具有独特的东方内质与形态，是经过千百年的浸润、融合、撞击超越了时代局限性而沉淀下来的珍品，但它不是博物馆里的古董，而是有着鲜活生命的东西。正如习近平总书记在讲话中指出："我们要善于把弘扬优秀传统文化和发展现实文化有机统一起来，紧密结合起来，在继承中发展，在发展中继承。"但同时，也要看到它的历史局限性，明确其中的糟粕。封建性和等级性正是传统文化的缺陷和不足之处。中国传统文化的核心是儒学。儒学因与皇权结合而政治化，成为为封建统治服务的工具。它的主要表现是封建专制主义思想和封建宗法等级制度，以君权、父权、夫权为核心的等级制度和人身依附关系，官本位思想和重男轻女观念，这都严重影响和禁锢了中国人的头脑。所以，真正做到"取其精华，去其糟粕"，这对继承和发扬传统文化具有至关重要的作用。我们应该熟悉民族的传统文化，研究民族的传统文化，尊重民族的传统文化，真正做到取其精华，去其糟粕，继往开来，综合创新，使中华文明在新的千年放射出新的光彩，走在人类文明的前列。

（三）中国优秀传统文化的内涵

"中国优秀传统文化"属于"中国传统文化"的范畴，是"中国文化"的重要内容。但是，究竟何谓"中国优秀传统文化"，人们往往没有一个确切、明晰的概念界定。从20世纪80年代以来这么多年的中国传统文化研究过程中，问世的论著可谓汗牛充栋，但对于"中国优秀传统文化"的内涵却缺少充分的揭示。①

张岱年先生认为："中国文化的优秀传统有丰富的内容，其中最主要的

---

① 李宗桂：《试论中国优秀传统文化的内涵》，《学术研究》2013 年第 11 期。

是两个基本思想观点：一是人际和谐，二是天人协调。""这类优秀传统文化在今天应该得到进一步的阐扬。"① 古代唯物主义与无神论传统、辩证思想、人本思想、坚持民族独立的爱国传统，都是"中国文化中的优良传统"②。"中国文化的优秀传统的核心是关于人生意义、人生价值、人生理想的基本观点，可以称为人本观点。"③ 天人合一、知行合一、以和为贵等，也是中国文化优秀传统中的精湛思想，但最重要的是关于人们道德自觉性的思想，"这确实是传统文化的精华"④。

李宗桂认为，优秀文化传统应当具备的特征是：反映中国文化健康的精神方向；能够鼓舞人们前进，无论在历史上还是在当代中国文化的建设中，都具有激发民族自信心和自豪感的作用；具有民族文化认同功能；具有历史继承性和稳定性；是中华文化的活精神，在今天仍然具有强大的生命力。优秀文化传统及其在当代的主要表现是自强不息的奋斗精神，和谐统一的博大胸襟，崇德重义的高尚情怀，整体向上的价值取向。⑤ 同时，中华民族精神"是中华文化优秀传统的集中体现"，其主要内容是爱国主义的民族情怀、团结统一的价值取向、贵和尚中的思维模式、勤劳勇敢的优良品质、自强不息的进取意识、厚德载物的博大胸襟、崇德重义的高尚情怀、科学民主的现代精神。⑥ 李宗桂认为，中国优秀传统文化，是指中国传统文化的精华所在、精神所在、气魄所在，是体现民族精神的价值内涵。它在中华民族发展历程中，在中国思想文化发展历史上，曾经起过积极的作用，迄今仍有合理的价值，能够为中华文化的现代传承和创新发展起到积极作用，能够促进社会进步和民族发展，主要体现于思想文化的层面。所谓中国优秀传统文化，就是中华民族长期发展过程中形成的、有着积极的历史作用、至今具有重要价值的思想文化，即把优秀传统文化纳入思想文化的范畴，或者说从思想文化的层面发掘传统文化的现代价值。实际上我们所要传承弘扬并创新发展的优秀传统文化，主要是无形的方面，正所谓"形而上者谓之道"也。以爱国主义为核心的中华民族精神，天下

---

① 张岱年：《传统文化的发展与转变》，《光明日报》1996 年 5 月 4 日。
② 张岱年：《中国古典哲学中的优良传统》，《高校理论战线》1993 年第 1 期。
③ 张岱年：《中国文化优秀传统的生命力》，《中国文化研究创刊号》1993 年。
④ 张岱年：《传统文化的精华》，《张岱年全集》第 7 卷，河北人民出版社 1996 年版。
⑤ 李宗桂：《优秀文化传统与民族凝聚力》，《哲学研究》1992 年第 3 期。
⑥ 李宗桂：《中国文化精神与中华民族精神的若干问题》，《社会科学战线》2006 年第 1 期。

为公的崇高理想，己立立人己达达人、己所不欲勿施于人的忠恕之道，贵和尚中的和谐思想等，都是无形的精神财富，是生生不息、代代传承的中华民族价值观的正能量。今天我们所要弘扬的中华优秀传统文化，要建设的中华优秀文化传承体系，正是从精神内涵的层面切入，以思想文化为主导的那些内容和范围。① 同时，中国优秀传统文化，应当既包括传统文化，也包括文化传统。如果狭义地说传统文化就是指中华民族在历史上创造的思想文化，那么，文化传统则是指中华民族历史上创造的文化中具有稳定性、连续性和传承性的某种价值观念、行为方式、风俗习惯。传统文化包蕴着文化传统，文化传统是传统文化在精神领域的集中体现。传统文化和文化传统都是历史，都可能具有社会作用的两重性，都可能具有生命力，都可能传承到当代。既关注文化传统，同时也要重视传统文化，对于我们把握中国优秀传统文化的内涵将大有助益。②

2014 年"五四"青年节，习近平总书记在北京大学师生座谈会上发表重要讲话，明确指出：中华优秀传统文化已经成为中华民族的基因，植根在中国人内心，潜移默化影响着中国人的思想方式和行为方式。今天，我们提倡和弘扬社会主义核心价值观，必须从中汲取丰富营养，否则就不会有生命力和影响力。比如，中华文化强调"民惟邦本"、"天人合一"、"和而不同"；强调"天行健，君子以自强不息"、"大道之行也，天下为公"；强调"天下兴亡，匹夫有责"，主张以德治国、以文化人；强调"君子喻于义"、"君子坦荡荡"、"君子义以为质"；强调"言必信，行必果"、"人而无信，不知其可也"；强调"德不孤，必有邻"、"仁者爱人"、"与人为善"、"己所不欲，勿施于人"、"出入相友，守望相助"、"老吾老以及人之老，幼吾幼以及人之幼"、"扶贫济困"、"不患寡而患不均"，等等。像这样的思想和理念，不论过去还是现在，都有其鲜明的民族特色，都有其永不褪色的时代价值。这些思想和理念，既随着时间推移和时代变迁而不断与时俱进，又有其自身的连续性和稳定性。③ 正是我们对中国优秀传统文化的理解。习近平提出，中华文化积淀着中华民族最深沉的精神追求，是中华民族生生不息、发展壮大的丰厚滋养。④ 中华文明源远流长，

① 李宗桂：《试论中国优秀传统文化的内涵》，《学术研究》2013 年第 11 期。

② 同上。

③ 《习近平在北京大学师生座谈会上的讲话》，《人民日报》2014 年 5 月 5 日。

④ 《习近平在全国宣传思想工作会议上的讲话》，《人民日报》2014 年 8 月 20 日。

孕育了中华民族的宝贵精神品格，培育了中国人民的崇高价值追求。自强不息、厚德载物的思想，支撑着中华民族生生不息、薪火相传。[1] 优秀传统文化可以说是中华民族永远不能离别的精神家园。中华文化塑造了中华民族自强日新、厚德载物的"最深沉"的精神追求，赋予中华民族生生不息的生命力。

中华传统文化的核心精髓是什么？习近平深刻指出"和"，即和合、和谐、中和的思想。指出"这种'贵和尚中、善解能容、厚德载物、和而不同'的宽容品格，是我们民族所追求的一种文化理念。自然与社会的和谐，个体与群体的和谐，我们民族的理想正在于此，我们民族的凝聚力、创造力也正基于此，甚至还可以毫不夸张地说，我们中华民族传统文化的精髓也正是在于这种伟大的和谐思想"。在 2014 年 5 月的国际友好大会上他又说："中华民族历来是爱好和平的民族。中华文化崇尚和谐，中国'和'文化源远流长，蕴含着天人合一的宇宙观、协和万邦的国际观、和而不同的社会观、人心和善的道德观。在 5000 多年的文明发展中，中华民族一直追求和传承着和平、和睦、和谐的坚定理念。以和为贵，与人为善，己所不欲、勿施于人等理念在中国代代相传，深深植根于中国人的精神中，深深体现在中国人的行为上。"习近平同志对"伟大的和谐思想"及内容功能的科学概括，使对传统"和"思想的认识提升到一个新水平。

二　中国传统文化研究的背景

（一）中国传统文化研究的横向宏观背景

中国传统文化对于破解后工业时代难题有吸引力。中国优秀传统文化的丰富哲学思想、人文精神、教化思想、道德理念等，可以为人们认识和改造世界提供有益启迪。经济全球化在带来社会、经济与技术飞速进步的同时，也还带来了道德问题、人文缺失、资源危机、环境问题和一系列人类可持续发展的重大问题。高度发达的技术与不断堕落的精神之间的矛盾是发达国家从工业社会到信息社会所谓的第三次浪潮中非常突出的问题。这个矛盾引起了他们把目光转向东方，企图在东方文化里找到一些东西去拯救他们的精神文明，东方文化崇尚自然、生生不息、德行实践的和谐色

---

[1]《习近平在会见在第四届全国道德模范及提名奖获得者时的讲话》，《人民日报》2013 年 9 月 26 日。

彩和温馨气氛具有很大吸引力。老子及道家思想所蕴含的生存智慧特别是生态智慧，正在得到世界日益广泛的关注和认同，展现出其超越时代、民族和国界的强大生命力，成为一种有着警世、医世、救世功能的普适文化，在当代愈加显示出其独特的价值和魅力。1988 年 1 月，全世界的诺贝尔奖得奖人在法国巴黎开了一次会议，结束时的宣言说：如果人类要在 21 世纪生存下去、必须回首 2500 年前，去吸取孔子的智慧。"当今世界，人类文明无论在物质还是精神方面都取得了巨大进步，特别是物质的极大丰富是古代世界完全不能想象的。同时，当代人类也面临着许多突出的难题，比如，贫富差距持续扩大，物欲追求奢华无度，个人主义恶性膨胀，社会诚信不断消减，伦理道德每况愈下，人与自然关系日趋紧张，等等。要解决这些难题，不仅需要运用人类今天发现和发展的智慧和力量，而且需要运用人类历史上积累和储存的智慧和力量。世界上一些有识之士认为，包括儒家思想在内的中国优秀传统文化中蕴藏着解决当代人类面临的难题的重要启示。"①

中国传统文化对东亚工业兴起有影响力。东亚工业的兴起，其有别于西方的现代化模式显示出东方文明的坚实内核，东方文化的内核正是儒家的传统精神，也引起中国传统思想在世界范围内越来越受到重视。日本著名学者岛田虔次教授曾说："儒家思想不仅是中国的精神文明，而且是东亚的精神文明。"1983 年，在召开的第十七届世界哲学大会上加拿大蒙特利尔大学校长高启（C. Cauchy）教授曾说："在过去的一二百年间，由于西方的技术占尽优势，所以在哲学、人文科学方面也就自居先进地位。但如今东方的技术已经赶上来了，甚至有凌驾西方的趋势，现在应该是西方觉醒虚心向东方智慧学习的时候。"加拿大另一哲学家金·法罗（King Farlow）说："如今应该重新重视东方统一与和谐的智慧。"有学者认为，在后工业化时代，在一个企业内部重视和谐，重视集体的作用和人际关系，就能加强一个企业的外部竞争力，而这种内部和谐的精神正是东方的思想，特别是儒家思想的特点。②

中国传统文化对中国文化软实力有支撑力。中国改革开放以来取得的成

---

① 习近平：《在纪念孔子诞辰 2565 周年国际学术研讨会上的讲话》，新华网，http: // news. xinhuanet. com/politics/2014 – 09/24/c_ 1112612018_ 2. htm，2014 年 9 月 24 日。

② 汤一介：《论中国传统文化》"序言"，《中国文化书院演讲录》第 1 集，生活·读书·新知三联书店 1988 年版。

绩举世瞩目，中华民族伟大复兴展现出光明前景。伴随着中国和平崛起的历程，中国文化发展战略也日益受到世界关注。毫无疑问，中国传统思想文化对中华民族的民族心理有着深刻的影响，它凝结成中华民族的特殊心理特征，这种心理特征长期影响着这个民族的各个方面，支配着人们的思想和生活态度。就像习近平总书记《在纪念孔子诞辰 2565 周年国际学术研讨会上的讲话》中所指出的那样："儒家思想同中华民族形成和发展过程中所产生的其他思想文化一道，记载了中华民族自古以来在建设家园的奋斗中开展的精神活动、进行的理性思维、创造的文化成果，反映了中华民族的精神追求，是中华民族生生不息、发展壮大的重要滋养。中华文明，不仅对中国发展产生了深刻影响，而且对人类文明进步作出了重大贡献。"① 因此，如何对待自己的传统文化，实现传统文化的现代化，发展中国特色社会主义文化，发挥文化软实力构筑文化强国，是中国传统文化受到世界关注的又一重要原因。就像习近平明确提出的那样，在确立人类社会普遍的道德规范方面，中华文化有其优长之处。认为中华文化中包含着许多为人类所共同遵循的普遍性的生存智慧。"老子、孔子、墨子、孟子、庄子等中国诸子百家学说至今仍然具有世界性的文化意义。"② 指出这些"思想家上究天文、下穷地理，广泛探讨人与人、人与社会、人与自然关系的真谛，提出了博大精深的思想体系"。强调了老子、孔子等人的思想中包含了许多正确反映人与人、人与社会、人与自然和谐生存发展规律的真理性认识，这些思想"思考和表达了人类生存与发展的根本问题，其智慧光芒穿透历史，思想价值跨越时空，历久弥新，成为人类共有的精神财富"。③

（二）中国传统文化研究的纵向历史背景

自 19 世纪 90 年代提出中学为体、西学为用的"中体西用"以来，百多年来中国文化所存在的"中西古今"之争，在这个历史发展的纵线上，对中国传统文化的估价、中西文化的比较研究以及中国文化如何发展等问题被历史性地提了出来。著名学者汤一介先生认为在这个问题上存在两种偏向：一种观点认为"中西"之争都是"古今"之争，全盘西化派大都持此种看法；另一种观点认为"中西"之争都不是"古今"之争，国粹派大

---

① 习近平：《在纪念孔子诞辰 2565 周年国际学术研讨会上的讲话》，新华网，2014 年 9 月 24 日。

② 同上。

③ 同上。

都持此观点。在当时的争论中，"中西"之争确有"古今"的问题，例如要不要"科学与民主"的问题，"三纲五常""三从四德"等是否适合现代社会的要求以及维护专制制度的礼乐制度是否合理等，这些问题是要不要走出"前现代"，它是"古今"之争的问题，是属于时代性的问题。但并不是"中西"问题都和"古今"问题有关，例如在中国传统哲学中的"天人合一"、"知行合一"、"情景合一"、"以德抗位"、"和为贵"、"和而不同"等问题，特别是以内在超越为特征的人的主体意识，这些问题并不因其与西方文化不同，也不因时代的变迁而失去意义，它们完全可以随着我们民族文化的发展而"苟日新，日日新，又日新"。因此，我们可以说，正是中国文化中有这些深远意义的思想观点和对这些观点在不同历史时期新的诠释，我们的民族文化才可以在现代文化发展的总趋势中发挥特殊的积极作用。今日之世界联系非常密切，无论哪一个国家或民族都不能不关注当今人类社会所面临的共同问题，这就是"和平与发展"的问题，所以世界文化只能是在全球意识下在文化多元化的进程中得到发展。"全球意识"这是个时代性的问题，这是一个文化发展的"共性"问题；"文化的多元化发展"是个各民族文化所表现的民族特色问题，这是一个文化发展的"个性"问题。在现今任何民族文化的发展都应体现"共性"与"特性"、"时代性"与"民族性"的结合。[①]世界是在人类各种文明交流交融中成为今天这个样子的。推进人类各种文明交流交融、互学互鉴，是让世界变得更加美丽、各国人民生活得更加美好的必由之路。正确对待不同国家和民族的文明，正确对待传统文化和现实文化，是我们必须把握好的一个重大课题。[②]

（三）中国传统文化研究的现实背景

中国经济的快速发展使国人看到中华民族伟大复兴的美好前景，但众多的社会道德问题、精神家园的失落问题也在一定程度上唤醒了心灵深层的传统文化基因。不少人有这样一个幻觉，以为只要中国还在，中国人还在，普通话还在，关于中国的学问和文化遗产还在，中国的传统文化就还安安稳稳地存在着。但现在的问题在于，中国传统文化活生生地存在着，

---

① 汤一介：《略论百年来中国文化上的中西古今之争》，http://www.aisixiang.com/data/23079 - 2. html。

② 习近平：《在纪念孔子诞辰 2565 周年国际学术研讨会上的讲话》，新华网，http://news.xinhuanet.com/politics/2014 - 09/24/c_ 1112612018_ 2. htm，2014 年 9 月 24 日。

但是就要被我们遗忘了，中国传统文化的主流正面临断子绝孙、无以为继的重大危机。鸦片战争的失败使国人对自己的器物产生怀疑；甲午中日战争的惨败使国人对自己的制度产生怀疑；巴黎和谈的屈辱让国人对自己的思想也开始怀疑！对中国屹然存在两千多年的传统文化采取了全盘否定的态度，国魂此时经历第一次浩劫。中国传统文化第二个衰落时期是在新中国成立后，"文化大革命"十年浩劫和改革开放更加速了传统文化的衰落。改革开放后，西方文化大量涌入中国，在1992年经济体制改革后，我国引入了竞争机制，传统文化没有适应市场经济，竞争力下降，受到了更大冲击，衰败的速度加快。弘扬传统文化迫在眉睫！中国传统文化正逐渐被西方同化。要知道国家灭亡了不可怕，可怕的是民族失去国魂，失去几千年来相互传承的核心价值体系。拾起国人的精神食粮比基础设施建设更重要；重塑国人的核心价值观比GDP增长的高能消耗更有意义；扬弃传统精神文化，树立中国特色的新文化精神，学习老祖宗的优秀品质和天人合一精神比盲目照搬摄取西方文化更有意义！

2013年11月下旬，习近平在考察曲阜孔府、视察孔子研究院时讲话指出："我这次来曲阜，就是表明中央对传统文化的高度重视"，"山东是齐鲁文化发祥地，是孔孟之乡，也是墨子、孙子、荀子等古代思想家的故里，在弘扬中华民族传统美德方面资源丰富"。① 作为一次对传统寻根问道的文化之旅，中国共产党领导人首次在孔子家乡，以最鲜明的姿态和话语表明了对孔子、儒学和中华文化的敬重、热爱与深刻理解，对中华优秀传统文化作出了空前高度的评价，大大提高了中华文化在中华民族复兴大业中的地位和人们对传承优秀传统文化重要性的认识。2014年9月24日，国家主席习近平出席纪念孔子诞辰2565周年国际学术研讨会暨国际儒学联合会第五届会员大会开幕会并发表重要讲话，讲话中指出："儒家思想同中华民族形成和发展过程中所产生的其他思想文化一道，记载了中华民族自古以来在建设家园的奋斗中开展的精神活动、进行的理性思维、创造的文化成果，反映了中华民族的精神追求，是中华民族生生不息、发展壮大的重要滋养。中华文明，不仅对中国发展产生了深刻影响，而且对人类文明进步作出了重大贡献。"习近平指出，要重视中华传统文化研究，继承和发扬中华优秀传统文化。实现中华民族伟大复兴的中国梦，必须要有

---

① 王大千：《走近孔子，习总书记表达了什么？》，《孔子研究》2014年第2期。

中国精神，而中国精神必须在坚持社会主义核心价值体系的前提下，积极深入中华民族历久弥新的精神世界，把长期以来我们民族形成的积极向上向善的思想文化充分继承和弘扬起来，使之为培育和践行社会主义核心价值观服务，为建设社会主义先进文化服务，为党和国家事业发展服务。

中国传统文化研究与马克思主义中国化。马克思主义中国化把马克思主义根植于中国的优秀文化之中发展和创新马克思主义。在一定意义上，马克思主义中国化的过程就是马克思主义与中国传统文化交流、冲突、融合和发展的过程。在这个过程中，中国传统文化为马克思主义中国化提供了思想土壤和民族形式，而马克思主义中国化使中国传统文化发生现代化变革。马克思主义中国化研究强调马克思主义的指导地位，正确认识马克思主义与中国传统文化的关系：一是坚持马克思主义的科学学说。"中国共产党人是马克思主义者，始终坚持马克思主义的科学学说，坚持和发展中国特色社会主义。"中国共产党是马克思主义政党，中国共产党人"是坚定的马克思主义者，我们党的指导思想就是马克思列宁主义、毛泽东思想和中国特色社会主义理论体系"。[1] 历史已经证明，马克思主义揭示了人类社会历史发展的一般规律，它的基本原理是正确的，具有强大的生命力。马克思主义连同马克思主义中国化的所有理论成果一起，永远是中国共产党的行动指南和立身之本。习近平多次强调："革命理想高于天"，"对马克思主义的信仰，对社会主义和共产主义的信念，是共产党人的政治灵魂，是共产党人经受住任何考验的精神支柱"。[2] 如果放弃了马克思主义的科学学说，中国共产党人也就失去了政治灵魂和精神支柱，也就不再是马克思主义者，中国共产党领导中国人民进行的革命、建设、改革事业就会失败。二是坚持和发展中国特色社会主义。中国共产党人把马克思主义基本原理与中国具体实际有机结合，形成和开创了中国特色社会主义道路。中国特色社会主义是"植根于中国大地、反映中国人民意愿、适应中国和时代发展进步要求的科学社会主义"，是"党和人民长期实践取得的根本成就"，是"科学社会主义理论逻辑和中国社会发展历史逻辑的辩证统一"，是当代中国发展进步的根本方向。[3] 在当代中国，要实现国家富

---

① 《人民日报》2014 年 10 月 14 日。
② 《十八大以来重要文献选编》（上），中央文献出版社 2014 年版，第 116、80 页。
③ 同上书，第 73、118 页。

强、民族振兴、人民幸福，既不能走老路，也不能走邪路，只有坚持和发展中国特色社会主义一途，舍此别无他途。这就是朝什么方向走、走什么道路的问题。方向决定道路，道路决定命运。中国向何处去、走什么道路，历史和人民已经作出了选择，这就是中国特色社会主义道路。在对待中国传统文化问题上要坚持和要求运用马克思主义的立场、观点和方法进行分析和辨别，把弘扬中国优秀传统文化与"我们今天的事业"相联系，以为中国特色社会主义的实践服务为根本出发点和落脚点。可以说，"始终坚持马克思主义的科学学说，坚持和发展中国特色社会主义"是我们正确理解马克思主义与中国传统文化关系以及习近平关于中国传统文化一系列重要论述的思想基础和根本前提。只有在这样的基础和前提下，才能理解得全面、准确、深刻，才能避免以偏概全、断章取义、浅尝辄止。抛弃马克思主义、社会主义，推行西方的所谓"普世价值"、"公民社会"、"三权分立"、"宪政民主"、"多党竞争"那一套，是对中国特色社会主义的误解和背离，是错误的、有害的；同样，抛开马克思主义、社会主义，主张"完全回到孔子"、"以儒治国"、"全面儒化中国"等复古主义那一套，也是对中国特色社会主义的误解和背离，也是错误的、有害的。因此，在今日之中国，要弘扬中国优秀传统文化，真正发挥好优秀传统文化"以古鉴今"、"古为今用"的作用，不能也不可能离开马克思主义、社会主义这个思想基础和根本前提，马克思主义的指导地位要始终坚持，须臾不能动摇。马克思主义是行动指南和立身之本，中国传统文化则是精神命脉和丰厚滋养，二者不仅有时代性上的差异，也有层次和本质上的区别，不能模糊差异和区别，不能相互替代、不分彼此；另外，二者又互为需要、不可分割。马克思主义为中国传统文化的现代化转变提供理论支持和方法指导，而中国传统文化为马克思主义中国化提供文化载体和精神营养。二者辩证统一于中国特色社会主义的伟大事业之中。

中国传统文化研究与社会主义核心价值观。建设社会主义核心价值体系，培育和弘扬社会主义核心价值观，是中国共产党在国际国内形势发生深刻变化、意识形态和宣传思想工作领域面临空前复杂局面的大背景下，为进一步推动马克思主义与中国传统文化的有机结合，从而牢牢掌握意识形态和宣传思想工作领域的主动权、主导权、话语权，提升国家软实力而采取的重大举措。核心价值体系和核心价值观，是决定文化性质和方向的最深层次要素，是文化软实力的灵魂，是一个国家的重要稳定器。① 2014 年 5 月 4 日，习近平在同北京大学师生座谈时指出："人类社会发展的历史表明，对一个民族、一个国家来说，最持久、最深层的力量是全社会共同认可的核心价值观。核心价值观，承载着一个民族、一个国家的精神追求，体现着一个社会评判是非曲直的价值标准。"历史和现实都表明，"如果一个民族、一个国家没有共同的核心价值观，莫衷一是，行无依归，那这个民族、这个国家就无法前进"。② 每个时代都有每个时代的价值观念。在当代中国，我们应该坚守什么样的核心价值观呢？习近平强调："一个民族、一个国家的核心价值观必须同这个民族、这个国家的历史文化相契合，同这个民族、这个国家的人民正在进行的奋斗相结合，同这个民族、这个国家需要解决的时代问题相适应。"③ 这实际上指明了确立当代中国的核心价值观的两条标准：一是要同中国历史和传统文化相契合；二是要同中国人民正在进行的中国特色社会主义事业和实现中华民族伟大复兴的中国梦的实践相适应。培育和弘扬社会主义核心价值体系和核心价值观的要求，正是基于这样的标准提出的。中国古代历来讲格物致知、诚意正心、修身齐家、治国平天下。从某种角度看，格物致知、诚意正心、修身是个人层面的要求，齐家是社会层面的要求，治国平天下是国家层面的要求。我们提出的社会主义核心价值观，把涉及国家、社会、公民的价值要求融为一体，既体现了社会主义本质要求，继承了中华优秀传统文化，也吸收了世界文明有益成果，体现了时代精神。④ 在现代世界，各种社会生活，既有世界性和人类性的一面，也有国家性和民族性的一面；与科学技术活动、经济（器物文化）和政治（制度文化）生活等相比，以道德为核心的价值生活（精神文化）与本国和本民族传统的联系显然是最为紧密的。还有，现代经济生活中的市场体制和政治生活中的民主体制，也具有世界性和人类性。然而，如果要在具体时空中实施市场和民主的制度，显而易见，其涉及的国家性和民族性的程度要远远超过科学技术及其应用。至于

————————

　　① 中共中央宣传部：《习近平总书记系列重要讲话读本》，学习出版社、人民出版社 2014 年版，第 92—93 页。

　　② 《人民日报》2014 年 5 月 5 日。

　　③ 同上。

　　④ 习近平：《青年要自觉践行社会主义核心价值观——习近平在北京大学师生座谈会上的讲话》，《文汇报》2014 年 5 月 5 日。

以道德为核心的价值生活，当然有其世界性和人类性，如现代各国家和民族之间的交流和融合，全球化时代各国家和民族之间的模仿和趋同；但是，由于与国家和民族的生活习俗、礼仪举止、价值观念以至心理语言和信仰认同等直接和深度相关，有了这样一个思想史背景，我们就能够更好地理解习近平关于"培育和弘扬社会主义核心价值观必须立足中华优秀传统文化。牢固的核心价值观，都有其固有的根本。抛弃传统、丢掉根本，就等于割断了自己的精神命脉。博大精深的中华优秀传统文化是我们在世界文化激荡中站稳脚跟的根基"① 的论断。绝大多数学者坚定地倡导在坚持民族和国家之文化自主性和根基性的基础上充分吸收其他民族的优秀文化，强调只有具有坚实、鲜明的中华文化传统的现代化中国，才能自立于世界民族之林，认为只要继续非常自觉地认知、认同、继承中华文明的主要根底，勇于吸收世界其他各种文明的精华来滋养自己，中华民族便必定能够复兴。他们之所以坚持这样的观点，与中国近代以来中华民族历经磨难、逐步走向伟大复兴的曲折道路和光明前景密切相关。特别令人欣慰的是，随着改革开放 30 多年来取得的历史性成就，中国人的文化自觉、自信和自强意识大为增强。因此，在经历了一百多年的苦难和奋斗之后，在比历史上任何时期都更接近实现中华民族伟大复兴目标的关键时刻，我们要更加自觉地认识到在全社会牢固树立社会主义核心价值观必须立足中华优秀传统文化的道理。在当今信息化、网络化时代，各个国家、各个民族在频繁交往过程中共创共享人类先进的文明成果，是一种大趋势。但是，由于世界各个民族在发展过程中有着各自特有的历史经历、精神记忆和民族性格，今天又面临着各自特有的生存环境和现实问题，故而世界上供人们享用的文化成果必然兼具多样性，必然会表现出"和而不同"的面貌。我们应该有这样的文化自信：在各种文化的交汇、碰撞、交融过程中，中华文化必然、也应该占有不可或缺的重要一席，我们应学会在积极借鉴吸收人类社会一切优秀文明成果的基础上，努力使中华优秀传统文化发挥服务世界和平进步和谐的巨大作用，为全人类的文明进步作出贡献。

中国传统文化研究与中华民族伟大复兴中国梦。习近平强调，中华优秀传统文化是我们最深厚的文化软实力，也是中国特色社会主义植根的文

---

① 习近平在中共中央政治局第十三次集体学习时强调，"把培育和弘扬社会主义核心价值观作为凝魂聚气、强基固本的基础工程"，《人民日报》2014 年 2 月 26 日。

化沃土。每个国家和民族的历史传统、文化积淀、基本国情不同，其发展道路必然有着自己的特色。一个国家的治理体系和治理能力是与这个国家的历史传承和文化传统密切相关的。解决中国的问题只能在中国大地上探寻适合自己的道路和办法。数千年来，中华民族走着一条不同于其他国家和民族的文明发展道路。我们开辟了中国特色社会主义道路不是偶然的，是我国历史传承和文化传统决定的。我们推进国家治理体系和治理能力现代化，当然要学习和借鉴人类文明的一切优秀成果，但不是照搬其他国家的政治理念和制度模式，而是要从我国的现实条件出发来创造性前进。

习近平强调，实现"两个一百年"奋斗目标、实现中华民族伟大复兴的中国梦，需要充分发挥全党全国各族人民今天所具有的伟大智慧，也需要充分运用中华民族五千多年来积累的伟大智慧。中华民族的历史智慧是中国人民世世代代形成和积累的，我们要总结发扬，使之服务于实现中华民族伟大复兴的伟大事业。中华优秀传统文化具有穿越时空的恒久魅力。讲仁爱、重民本、守诚信、崇正义、尚和合、求大同的价值追求，贯穿于中华文化的始终。其中，"天人合一"、"协和万邦"、"和而不同"的和谐思想，"天行健，君子以自强不息"的坚定信念，"富贵不能淫、贫贱不能移、威武不能屈"的浩然正气，"常思奋不顾身，以殉国家之急"的爱国精神，"长风破浪会有时，直挂云帆济沧海"的远大情怀，"人生自古谁无死，留取丹心照汗青"的崇高气节，"安不忘危，治不忘乱"的忧患意识等，都反映了中华民族所特有的品格心性，是我们民族的"根"和"魂"，是民族自信心的源泉动力。今天，社会主义核心价值观所包含的国家价值目标、社会价值取向和公民价值准则，都与中华民族的优秀传统文化存有割不断的联系。中华优秀传统文化所倡导的价值追求、做人之道、道德精神、君子人格等，对于匡正社会风气和教化民众有着重要作用。

中华优秀传统文化是推进创新的精神动力。不忘本来才能开辟未来，善于继承才能更好创新。"周虽旧邦，其命维新"，"苟日新，日日新，又日新"，这些人们熟悉的经典名句，表明中华传统文化自古就具有海纳百川、自我更新的传统。在当代中国，创新离不开马克思主义指导，但发展马克思主义必须与中国实际相结合，而中国的实际就包括了中华传统文化从历史到现实无所不在的影响。郭沫若在1925年写过一篇题为《马克思进文庙》的小说，文中写道：文庙中的孔子用"有朋自远方来，不亦乐乎"开场，欢迎远道而来的马克思，实际上表达了中国文化富含包容性的隐喻。经过交谈，孔子发现马克思的理想社会与自己的大同理想"不谋而合"，马克思也发现自己对世界与人生的看法与孔子"完全相同"。最后，马克思慨叹：我想不到在两千多年前，在遥远的东方，已经有了你这样一个老同志！郭老笔下这个具有隐喻意义的故事说明，中华优秀传统文化正是马克思主义在中国生根结果的土壤；中国特色社会主义与中国五千年文明史有着内在的联系。继承是创新的前提，创新是最好的继承。我们只有充分汲取中华优秀传统文化中的丰富营养，才能顺利地培育和践行社会主义核心价值观，才能在实践中不断把马克思主义中国化推向前进，建设中国特色社会主义，从而实现"两个一百年"的奋斗目标，实现中华民族伟大复兴的中国梦。

第二节　如何对待中国传统文化

一　对中国传统文化的几种认识

（一）"中体西用"论

"中学为体，西学为用"一语最早见于 1896 年 4 月沈寿康在《万国公报》上发表的《匡时策》中。"夫中西学问，本自互有得失，为华人讲，宜以中学为体，西学为用。"是整个 19 世纪后半期的时代思潮，当时的各派知识分子，凡是讲西学谈时务的人，差不多都赞成此论或受到它的影响。[1] 正如梁启超后来回忆所说："中学为体，西学为用的口号，为当时维新派的流行语，而举国以为至言。"[2] 以中国传统文化作为治国之本，以西方近代科学技术与文化作为治国之辅。

（二）"东方文化"论

"五四运动"前后，关于东西文化的区别，有一种比较流行的观点，即认为东方文化主静，西方文化主动；东方是精神文明，西方是物质文明。他们把第一次世界大战的惨祸视为西方文化破产的标志，主张用东方文化去拯救世界。主要代表人物是梁漱溟、梁启超、张君劢、章士钊等人。

（三）"打倒孔家店"和"全盘西化"论

在"五四"新文化运动中，与一些激进思想家提出"打倒孔家店"的

---

[1] 张岱年、程宜山：《中国文化与文化论争》，人民大学出版社 1990 年版。

[2] 梁启超：《清代学术概论》，商务印书馆 1923 年版。

口号相联系，陈序经、胡适等人提出了"全盘西化"论。这种"全盘西化"论在 20 世纪 80 年代末又曾喧嚣一时。他们不仅在文化主张上全盘否定传统文化，全方位引进西方文化，而且在社会经济制度上也主张全盘西化，是民族虚无主义理论，不仅在理论上是完全错误的，而且在实践上也是极为有害的。没有民族化，也不可能有世界化，这是文化发展的基本法则。

（四）"中国本位文化"论

1935 年 1 月，陶希圣等十位国民党教授以《中国本位的文化建设宣言》正式提出了建设中国本位的文化的旗号①，主张反对复古守旧，也反对全盘否定古代的"中国制度思想"，主张"把过去的一切，加以检讨，存其所当存，去其所当去"（陶希圣等，《中国本位的文化建设宣言》）；他们也反对全盘西化，认为"吸引欧、美的文化是必要而应该的，……吸收的标准，当决定于现代中国的需要"。

（五）"保存国粹"和"儒学复兴"论

"五四"新文化运动时期，一些守旧派文人与"打倒孔家店"相对抗，提出了"保存国粹"的口号，被称为"国粹派"。他们主张保存中国传统文化中的精粹，继承优秀文化传统，但他们认为传统是不能移易的，实际上成了"全盘继承"，是一种抱残守缺的理论。在传统文化的现代意义的讨论中，在当代文化热潮中，一些倡导"新儒学"的学者们提出"儒学复兴"的主张。他们认为，只要抓住复兴儒学这个"根本，就可以解决当代中国的一切问题。其实，历史早已证明，以儒学为代表的中国传统文化有其不容否定的积极价值，但也有其自身的局限性，因而主张恢复儒学在中国文化中的统治地位，并用以指导中国的现代化建设，不仅是一厢情愿的主观幻想，而且是一种复古主义的历史倒退。②

（六）"西体中用"论

20 世纪 80 年代末期有的学者提出来的"西学为体，中学为用"。以西方文化（包括西方制度）作为治国之本或主体；以中国传统文化作为辅助和补充。他们认为现代化是一种"体"的根本变化，即把"中体"变为"西体"，从中国传统文化中吸收一些可资利用的东西作为补充。很显然，

---

① 张岱年、程宜山：《中国文化与文化论争》，人民大学出版社 1990 年版。

② 赵洪恩、李宝席主编：《中国传统文化通论》，人民出版社 2002 年版。

这种"主体西化"论同"全盘西化"论没有什么本质区别，差异只在有无中国传统文化作为附属而已。

（七）"中体西用"与"西体中用"之争

从更加宽泛的意义上来说，"全盘西化"论与"中国本位文化"论及现代新儒家也可以归于这种争论。"中体西用"论的早期代表张之洞指出："夫所谓道本者，三纲四维是也，若并此弃之，法未行而大乱作矣，若守此不失，虽孔、孟复生，岂有议变法之非者哉?"（《劝学外篇·变法第七》）"中学为内学，西学为外学，中学治身心，西学应世事，不必尽索之于经文，而必无悖于经义。"（《劝学外篇·会通第十三》）薛福成也指出："取西人器数之学，以卫吾尧、舜、禹、汤、文、武、周、孔之道，俾西人不敢蔑视中华。"[1]虽然在不同的历史时期，"中体西用"论者所认为的中学之"体"和西学之"用"有所不同，所起的历史作用也不一样，但他们基本上都认为："中，体也，本也，所谓不易者，圣之经也。时中，用也，末也，所谓变易者，圣之权也。"[2]与"中体西用"论相反，李泽厚提出了"西体中用"论，即"要用现代化的'西体'——从科技、生产力、经营管理制度到本体意识（包括马克思主义和各种其他重要思想、理论、学说、观念）来努力改造'中学'，转换中国传统的文化心理结构，有意识地改变这个积淀"，从而防止"'西学'被中国本有的顽强的'体'和'学'——从封建小生产方式、农民革命战争到上层孔孟之道和种种国粹所俘虏、改造或同化掉"。[3]虽然李泽厚的理论不乏创造性思想，但并没有从根本上超越"中西"、"体用"的思维模式，因而受到较多的批判。

（八）综合创新论

近年来，就中国的新文化建设中如何处理中、西、马三"学"或三"流"的关系，方克立在继承张岱年的中、西、马"三流合一"、综合创新文化观的基础上，提出了"马学为魂，中学为体，西学为用，三流合一，综合创新"，即"马魂、中体、西用"的文化观。这里，方克立对"体用"进行了新解释，他说"马魂"是指在文化建设时"必须坚持以马克思主义世界观和方法论为指导，坚持中国新文化建设的社会主义方向"。

---

① 《筹洋刍议——薛福成集》，辽宁人民出版社1994年版。
② 郑观应：《盛世危言》，辽宁人民出版社1994年版。
③ 李泽厚：《中国现代思想史论》，天津社会科学院出版社2004年版。

在这里"体"的含义已不是指精神指导原则，而是指文化的民族主体性，即在一种文化中，它的运作主体、生命主体、创造主体和接受主体到底是什么。"中学"是"有着数千年历史传承的，经过近现代变革和转型的，走向未来、走向世界的活的中国文化生命整体"。"西用"既是"对于作为指导原则的马克思主义来说的，也是对于作为接受主体的中国文化来说的；对于指导原则来说它是'应事之方术'即原则的具体应用，对于接受主体来说它是为我所用的'他山之石'"。① 从理论上说，"马魂、中体、西用"的文化观比较合理地处理了马克思主义、中国传统文化与西方文化这三种文化之间的关系，强调一切有利于中国文化建设的优点都应该吸收，但是如何在实践中运用，还需进一步研究。②

二　正确对待中国传统文化

习近平强调，怎样对待本国历史？怎样对待本国传统文化？这是任何国家在实现现代化过程中都必须解决好的问题。我们党在领导革命、建设、改革的进程中，一贯重视学习和总结历史，一贯重视借鉴和运用历史经验。历史虽然是过去发生的事情，但总会以这样那样的方式出现在当今人们的生活之中。我国传统思想文化根源在社会生活本身，是人们思想观念、风俗习惯、生活方式、情感样式的集中表达。古代思想文化对今人仍然具有很深刻的影响。我们要对传统文化进行科学分析，对有益的东西、好的东西予以继承和发扬，对负面的、不好的东西加以抵御和克服，取其精华、去其糟粕，而不能采取全盘接受或者全盘抛弃的绝对主义态度。传统文化在其形成和发展过程中，不可避免会受到当时人们的认识水平、时代条件、社会制度的局限性的制约和影响，因而也不可避免会存在陈旧过时或已成为糟粕性的东西。这就要求人们在学习、研究、应用传统文化时坚持古为今用、推陈出新，结合新的实践和时代要求进行正确取舍，而不能一股脑儿都拿到今天来照套照用。要坚持古为今用、以古鉴今，坚持有鉴别的对待、有扬弃的继承，而不能搞厚古薄今、以古非今，努力实现传统文化的创造性转化、创新性发展，使之与现实文化相融相通，共同服务

---

① 方克立：《关于文化体用问题》，《社会科学战线》2006 年第 4 期。
② 陈方刘：《论对中国传统文化的批判与继承》，《思想理论教育》2014 年第 12 期。

以文化人的时代任务。①

用历史唯物主义的观点评价中国传统文化。对中国传统文化要坚持两分法和具体分析。无视其历史作用和现实意义，把它说得一无是处、踩到地上，视之为影响中国进步的万恶之源，或者忽视其局限性和落后、消极因素，把它说得尽善尽美、吹到天上，视为解决一切问题的万能妙药，都是不正确的。如上所述，按照历史唯物主义的观点科学评价中国传统文化，认识到中国传统文化的历史传承性，认识到其对中国历史发展和社会进步的重要作用和深远影响，认识到其对中国乃至世界的现实意义，认识到其中客观存在的局限性和落后、消极因素。能否科学地评价中国传统文化，取决于采用什么样的方法。中国共产党人评价中国传统文化的方法，是马克思主义哲学特别是历史唯物主义。习近平指出："马克思主义哲学深刻揭示了客观世界特别是人类社会发展一般规律，在当今时代依然有着强大生命力，依然是指导共产党人前进的强大思想武器。学哲学、用哲学，是党的一个好传统。要坚持用马克思主义哲学教育和武装全党，党的各级领导干部特别是高级干部要原原本本学习和研读经典著作，努力把马克思主义哲学作为自己的看家本领，掌握科学的世界观和方法论，更好认识规律，更加能动地推进工作。""历史唯物主义是马克思主义哲学不可分割的重要组成部分。在革命、建设、改革各个历史时期，我们党运用历史唯物主义，系统、具体、历史地分析中国社会运动及其发展规律，在认识世界和改造世界过程中不断把握规律、积极运用规律，推动党和人民事业取得了一个又一个胜利。"② 掌握了马克思主义、历史唯物主义，也就找到了科学评价中国传统文化的钥匙。中国共产党人是马克思主义者、历史唯物主义者，不是历史虚无主义者、文化虚无主义者，这鲜明地表明了中国共产党人在评价中国传统文化问题上的基本态度。

（一）认识传统文化的历史传承性

要正视历史、尊重历史，而不能割断历史、虚化历史，承认今日中国是历史中国的延续和发展，现实文化的发展离不开历经几千年形成和发展起来的中国传统文化的滋养，不忘历史才能开辟未来。中华民族具有五千

---

① 习近平：《在纪念孔子诞辰 2565 周年国际学术研讨会上的讲话》，新华网，http：//news. xinhuanet. com/politics/2014－09/24/c_1112612018_2. htm，2014 年 9 月 24 日。

② 《习近平总书记系列重要讲话读本》，人民出版社 2014 年版，第 175 页。

多年连绵不断的文明历史，创造了博大精深的中华文化。中华文化积淀着中华民族最深沉的精神追求，包含着中华民族最根本的精神基因，代表着中华民族独特的精神标识，是中华民族生生不息、发展壮大的丰厚滋养。"优秀传统文化是一个国家、一个民族传承和发展的根本，如果丢掉了，就割断了精神命脉"；"文明特别是思想文化是一个国家、一个民族的灵魂"①。"灭人之国，先去其史。"一个国家、一个民族，如果不敢正视甚至全面否定自己的历史，不够珍惜甚至彻底贬损自己的思想文化，不能懂得甚至有意模糊自己的来路，那就丢掉了灵魂、丧失了命脉，这个国家、这个民族是立不起来的、没有希望的。对于我们自己的历史和传统文化，应该本着实事求是的客观态度，既不能骄傲自大、固步自封，也不能妄自菲薄、数典忘祖。习近平强调，中国优秀传统思想文化体现着中华民族世世代代在生产生活中形成和传承的世界观、人生观、价值观、审美观等，其中最核心的内容已经成为中华民族最基本的文化基因，是中华民族和中国人民在修齐治平、尊时守位、知常达变、开物成务、建功立业过程中逐渐形成的有别于其他民族的独特标识。中国人民的理想和奋斗，中国人民的价值观和精神世界，是始终深深植根于中国优秀传统文化沃土之中的，同时又是随着历史和时代前进而不断与日俱新、与时俱进的。习近平指出，在 21 世纪的今天，几千年来人类积累的一切理性知识和实践知识依然是人类创造性前进的重要基础。只有不断发掘和利用人类创造的一切优秀思想文化和丰富知识，我们才能更好地认识世界、认识社会、认识自己，才能更好地开创人类社会的未来。

批判继承传统文化是马克思主义的一个基本观点。马克思主义认为，社会存在决定社会意识，经济基础从根本上决定思想文化上层建筑，但马克思主义也认为，社会意识具有相对独立性，这种独立性的表现之一就是社会意识在发展过程中有着自身系统的特殊历史继承性。马克思说过："人们自己创造自己的历史，但是他们并不是随心所欲地创造，并不是在他们自己选定的条件下创造，而是在直接碰到的、既定的、从过去继承下来的条件下创造。"② 恩格斯也指出："我们自己创造着我们的历史，但是第一，我们是在十分确定的前提和条件下创造的。其中经济的前提和条件

---

① 《人民日报》2014 年 9 月 25 日。
② 《马克思恩格斯选集》第 1 卷，人民出版社 1995 年版，第 585 页。

归根到底是决定性的。但是政治等等的前提和条件，甚至那些萦回于人们头脑中的传统，也起着一定的作用，虽然不是决定性的作用。"① 当然，马克思主义经典作家所说的继承是指一种扬弃，因为按照辩证法的本性，它是批判的、革命的，它在对一切事物的肯定的理解中包含着对这一事物否定的理解，即必然灭亡的理解。自从 1938 年毛泽东向全党提出马克思主义中国化命题以来，中国共产党一直坚持对中国传统文化采取批判继承的方针，努力使马克思主义与中国传统文化结合起来。毛泽东就如何对待中外文化的文学艺术遗产问题进行过系统阐述，他说："我们必须继承一切优秀的文学艺术遗产，批判地吸收其中一切有益的东西，作为我们从此时此地的人民生活中的文学艺术原料创造作品时候的借鉴。有这个借鉴和没有这个借鉴是不同的，这里有文野之分，粗细之分，高低之分，快慢之分。所以我们决不可拒绝继承和借鉴古人和外国人，哪怕是封建阶级和资产阶级的东西。"而且毛泽东指出："继承和借鉴决不可以变成替代自己的创造，这是决不能替代的。"② 党的七大通过的党章指出："对于中国的与外国的历史遗产，我们既不是笼统地一概反对，也不是笼统地一概接受，而是以马克思主义的辩证唯物主义与历史唯物主义为基础，批判地接受其优良的与适用的东西，反对其错误的与不适用的东西。"实际上，"就每一时代具体的社会意识形成来说，都有两个来源：一是反映那个时代的社会存在；二是继承历史上先辈们留下来的精神文化成果。社会意识就是在这两种来源的相互作用中形成的。……在二者的相互作用中形成的社会意识，对社会就不可能是一种绝对的依附关系，而是一个具有自身特殊发展规律的系统。"③ 如果片面强调社会存在决定社会意识的原理，机械地认为既然中国传统文化所赖以建立的封建主义经济基础和政治上层建筑已经消失了，中国传统文化也就应该寿终正寝了。有人指出："中国传统文化是农业封建主义文化。这个文化，辛亥革命动摇了它的政治基础，而新文化运动使它遭到了带根本性的打击。随着中国经济的发展，随着政治革命的发展，传统文化已经土崩瓦解，而在中国土地上逐渐形成了一种新的文化。因此，不存在中国传统文化的现代化问题，只存在中国文化的现代化

① 《马克思恩格斯选集》第 4 卷，人民出版社 1995 年版，第 696 页。
② 《毛泽东选集》第 3 卷，人民出版社 1991 年版，第 860 页。
③ 肖前：《马克思主义哲学原理》，中国人民大学出版社 1994 年版，第 301 页。

问题。"① 而这恰是有些学者"站在马克思主义"立场上否认马克思主义可以与中国传统文化结合起来的原因，他们机械地对待社会存在决定社会意识的原理，把中国传统文化等同于封建文化，认为马克思主义是现代的科学的意识形态，而中国传统文化是封建意识形态，从而否认二者的结合，这是需要特别注意的。

（二）认识传统文化对中国历史发展和社会进步的重要作用和深远影响和对中国乃至世界的现实意义

首先，要充分肯定中国传统文化对中国历史发展和社会进步所起的重要作用和发挥的深远影响。习近平对此进行了高度概括和深刻总结："从历史的角度看，包括儒家思想在内的中国传统思想文化中的优秀成分，对中华文明形成并延续发展几千年而从未中断，对形成和维护中国团结统一的政治局面，对形成和巩固中国多民族和合一体的大家庭，对形成和丰富中华民族精神，对激励中华儿女维护民族独立、反抗外来侵略，对推动中国社会发展进步、促进中国社会利益和社会关系平衡，都发挥了十分重要的作用。"② 其次，要高度重视中国传统文化对中国经济社会发展的现实意义。今天中国人民正在进行的中国特色社会主义伟大事业，深深地植根于中国传统文化的沃土之中。2014 年 10 月 13 日，习近平在主持中共中央政治局第十八次集体学习时强调："历史虽然是过去发生的事情，但总会以这样那样的方式出现在当今人们的生活之中。我国传统思想文化根源在社会生活本身，是人们思想观念、风俗习惯、生活方式、情感样式的集中表达。古代思想文化对今人仍然具有很深刻的影响。"③ 传统文化的精华促进了中国社会的发展，毫无疑问，中国传统文化能够绵延几千年而不绝，其中自有精华之所在，而且这些精华是"一以贯之"的，在当代仍然具有一定的价值，如中国传统文化中独立自主、自强不息的精神，经世致用、实事求是的精神，阴阳互补、辩证思维的精神，民贵君轻、以民为本的精神，穷变通久、探索创新的精神，等等。对于这些传统文化的精华，当然应该以马克思主义为指导，赋予它们新的含义，使其转变为社会主义现代化建设所需要的思想资源。"假如中国光有劣根性，中华民族就应该灭亡，

---

① 黄楠森：《我的哲学思想》，《高校理论战线》2000 年第 3 期。
② 《人民日报》2014 年 9 月 25 日。
③ 《人民日报》2014 年 10 月 14 日。

就没有存在的价值了。我认为中华民族绝对不会光有劣根性，还有良根性，还有反压迫、反侵略、积极斗争、保持民族独立的这种优良的品质。我们要认识，要有自觉性，要有自我认识，要改造劣根性，发扬良根性。"① 中国共产党在马克思主义中国化的过程中，发扬自强不息的精神，坚持独立自主地进行革命和建设，把中国传统文化中经世致用的精神，改造为中国共产党的实事求是的思想路线，吸收阴阳互补的思想，丰富马克思主义的辩证法，等等，就充分说明了这一问题。毛泽东指出："我们这个民族有数千年的历史，有它的特点，有它的许多珍贵品。对于这些，我们还是小学生。今天的中国是历史的中国的一个发展；我们是马克思主义的历史主义者，我们不应当割断历史。从孔夫子到孙中山，我们应当给予总结，继承这一份珍贵的遗产。"② 诚如此言，中国优秀传统文化中蕴含的丰富哲学思想、人文精神、道德理念等，可以为我们认识和改造世界提供方法指引，可以为我们治国理政和推动经济发展提供智慧启示，可以为我们建设社会主义核心价值观提供经验借鉴。最后，中国传统文化中蕴含的宝贵思想资源，对解决当今世界各国共同面临的难题也具有启示和借鉴意义。当今世界各国共同面临着许多突出的难题，比如，贫富差距持续扩大，物欲追求奢华无度，个人主义恶性膨胀，社会诚信不断消减，伦理道德每况愈下，人与自然关系日趋紧张，等等。怎么解决这些难题呢？习近平指出："世界上一些有识之士认为，包括儒家思想在内的中国优秀传统文化中蕴藏着解决当代人类面临的难题的重要启示。"③ 他列举了中国优秀传统文化中蕴藏的一些至今仍具有启示和借鉴意义的思想：关于道法自然、天人合一的思想，关于天下为公、大同世界的思想，关于自强不息、厚德载物的思想，关于以民为本、安民富民乐民的思想，关于为政以德、政者正也的思想，关于苟日新、日日新、又日新、革故鼎新、与时俱进的思想，关于脚踏实地、实事求是的思想，关于经世致用、知行合一、躬行实践的思想，关于集思广益、博施众利、群策群力的思想，关于仁者爱人、以德立人的思想，关于以诚待人、讲信修睦的思想，关于清廉从政、勤勉奉公的思想，关于俭约自守、力戒奢华的思想，关于中和、泰和、求

---

① 张岱年：《文化与哲学》，中国人民大学出版社 2006 年版，第 93—94、312 页。
② 《毛泽东选集》第 2 卷，人民出版社 1991 年版，第 533—534、707—708 页。
③ 《人民日报》2014 年 9 月 25 日。

同存异、和而不同、和谐相处的思想，关于安不忘危、存不忘亡、治不忘乱、居安思危的思想等。① 从这个意义上说，中国传统文化虽然孕育、产生、发展于中国，但其意义和影响早已超出了中国的范围，成为世界文化的重要组成部分。

（三）认识传统文化客观存在的局限性

"传统文化在其形成和发展过程中，不可避免会受到当时人们的认识水平、时代条件、社会制度的局限性的制约和影响，因而也不可避免会存在陈旧过时或已成为糟粕性的东西。"② 比如，男尊女卑、三从四德、愚忠愚孝、"刑不上大夫，礼不下庶民"、"劳心者治人、劳力者治于人"、"一人得道，鸡犬升天"等，后来逐步成为束缚和阻碍中国思想文化进步和经济社会发展的消极因素。从1840年鸦片战争爆发到1949年新中国成立，中华民族遭受外族入侵和内部动荡，中国人民遭受前所未有的苦难，一度到了濒临亡国灭种的危险境地。造成这种局面的原因很多也很复杂，但当时社会制度的僵化落后、封建社会文化的束缚羁绊，却是怎么也回避不了的重要原因。虽然经过"五四"时期的批判、涤荡和新中国成立后的改造、扬弃，中国传统文化中的落后和消极因素一时大大弱化和减少了，但仍在社会上不同程度地存在着，并不时地在社会环境适宜时冒出来，束缚社会的发展进步。传统文化的糟粕阻碍了中国社会的进步。在对中国传统文化的精华充分肯定的同时，我们还应该看到，中国传统文化毕竟是在长期的封建社会中产生的农业文化，它具有一些与现代社会格格不入的东西，如宗法等级、鄙视劳动、因循守旧、天命神权以及谶纬迷信等观念。近代以来的中国社会发展史已经证明，中国传统文化既不能解决近代中国救亡图存的问题，更不能解决中国现代化的问题，特别是传统文化中的糟粕，严重阻碍了社会的发展进步，"死的拖住活的"是近代中国革命异常艰难的重要原因。对于传统文化中的糟粕，必须无情抛弃，即使是一些在封建社会带有历史进步意义的思想，也只能在批判的基础上继承。"对中国传统文化，我们在看到它的优秀的、有价值的、需要继承一面的同时，还要看到它的不适应现代化社会、需要变革创新的一面。""对中国传统文化应取分析的态度，区分精华和糟粕，不可一概肯定，不能只说好，不说

① 《人民日报》2014年9月25日。
② 同上。

坏。即使对于好的，也要分析。"① 坚持对中国传统文化，特别是对传统文化糟粕的批判，需要对 20 世纪二三十年代的"文化本位主义"派，特别是现代新儒家进行批判。他们共同的特点是：坚持认为中国传统文化优于外来文化，未来的中国乃至世界将由中国传统文化甚至儒家文化所主导。第一，他们没有能正确认识传统文化中的糟粕，在中外文化交流中坚持本位文化优越论，不能平等地对待外来文化。梁漱溟曾指出：文化是一个民族的生活的样法，而生活和人生的不同又是由于"意欲"的不同造成的。就意欲而言，西方文化是"以意欲向前为根本精神"，"中国文化是以意欲自为调和折中为其根本精神"，"印度文化是以意欲反身向后要求为其根本精神"。总而言之，中国文化优于西方文化，"世界未来文化就是中国文化的复兴，有似希腊文化在近世的复兴那样"。②第二，他们认识到文化的民族性特征，建设中国的现代文化离不开对中国传统文化的批判继承，但是他们又往往忽视了文化的时代性特征。事实上，即使是中国传统文化中的精华，也必须结合我国现代化建设的需要进行创造性的转换，绝不能无批判地继承。在中国传统文化中，"精华部分也是历史的产物，都带有时代和阶级的烙印。例如，'忠'和'孝'都是封建社会的道德规范。'忠'在封建社会虽然也有各种不同含义……但封建社会的忠更多的是指忠君……又如'孝'，几千年来一直是维系父子、长幼的人际关系，这个关系使民众之中的孝敬长辈，以及'老有所终'、'老有所养'成为人类一种普遍的美德，这当然是有其合理内容的。但不同的社会形态，'孝'的本质并不是一样的，在封建社会道德规范中，'父为子纲'是不可更改的，父子关系极不正常，在'父叫子死，子不得不死'的严酷教条中，不少子辈失去了做人的权利，产生了多少人生的悲剧"。③ 毛泽东认为：中国历史遗留给我们的东西中有很多好东西，这是千真万确的。我们必须把这些遗产变成自己的东西。然而我们中国有些人却崇拜旧的过时的思想，这些思想对于我们今天的中国不仅不适用而且有害，这样的东西必须抛弃。

---

① 许全兴：《大胆吸取和借鉴当代西方文明——兼谈文化交往的一个规律》，《中共中央党校学报》1999 年第 2 期。

② 梁漱溟：《东西文化及其哲学》，商务印书馆 1999 年版，第 202 页。

③ 苏双碧：《传统文化的批判继承及其他》，《中国社会科学院研究生院学报》1996 年第 6 期。

（四）继承和弘扬中国优秀传统文化

"中国共产党人始终是中国优秀传统文化的忠实继承者和弘扬者"，如何对待中国传统文化，就当代中国的实际而言，就是如何继承和弘扬中国优秀传统文化、为中国特色社会主义事业服务的问题。这里有两个层次不同的概念："中国传统文化"、"中国优秀传统文化"。显然，后者加了"优秀"这一限定词，范畴上比前者要小。中国共产党人始终要"忠实继承和弘扬"的当然是作了限定的"中国优秀传统文化"，而非一概而论的"中国传统文化"。关于正确对待中国传统文化、继承和弘扬中国优秀传统文化的问题，习近平在多个场合反复阐述过。梳理和领会这些论述，可以归纳出五点要求：

第一，要根据实际需要对中国传统文化进行鉴别与分析、取舍与扬弃。要忠实继承和弘扬中国优秀传统文化，首先要通过鉴别与分析、取舍与扬弃，弄清楚中国传统文化中哪些是"优秀的"，这是忠实继承和弘扬的前提。如前所述，中国传统文化中难免存在过时的、腐朽的、糟粕性的东西，因此，对中国传统文化，"我们应该多一份尊重"，也应"多一份思考"，要以马克思主义的立场、观点和方法，"本着择其善者而从之、其不善者而去之的科学态度"① 按照"古为今用、以古鉴今"，"去粗取精、去伪存真"的原则，结合发展中国特色社会主义文化、建设社会主义核心价值观的实际和要求，加以鉴别与分析、取舍与扬弃，而不能搞全盘接受、照套照用，也不能搞厚古薄今、以古非今，只有这样，才能使传统文化与现实文化相融相通，共同服务以文化人的时代任务。②

以历史唯物主义态度去对待传统文化，我们就会发现，精华与糟粕只是就其时代属性而言，并不是永恒不变的。但不管在哪种社会形态下，那些真正精华的部分，总是构成这个民族积极向上及生存发展的动力，推动生产力发展和社会进步，而糟粕部分则成为各历史时代的阻滞力，妨碍生产力发展和社会进步。"在历史大变革时代，即社会形态的转换期阶段，旧社会形态的一些精华会转变成新社会形态的糟粕。因此，在传统文化中区分精华与糟粕，一般应以对整个历史进程所发生的实际影响，以及对现实社会是否有积极作用为准，而不仅是看它在过去

---

① 《人民日报》2014 年 10 月 14 日。

② 《人民日报》2014 年 9 月 25 日。

社会是否起过积极作用。"①所以，必须全面认识中国传统文化，取其精华，去其糟粕，使之与当代社会相适应、与现代文明相协调，保持民族性，体现时代性。有人认为，从实际需要出发，以适应生产力发展和推动社会进步作为判断传统文化精华与糟粕的标准与毛泽东从"封建性"和"民主性"来判断传统文化的糟粕与精华是相矛盾的，依据是毛泽东曾指出："中国的长期封建社会中，创造了灿烂的古代文化。清理古代文化的发展过程，剔除其封建性的糟粕，吸收其民主性的精华，是发展民族新文化提高民族自信心的必要条件；但是决不能无批判地兼收并蓄。必须将古代封建统治阶级的一切腐朽的东西和古代优秀的人民文化即多少带有民主性和革命性的东西区别开来。"②在这里毛泽东确实是从政治性的方面来判断传统文化的糟粕与精华。但是，我们应该看到，实际需要不是抽象的，而是具体的，新民主主义文化是"人民大众反帝反封建的文化"，当然要服务于反帝反封建这一最大的政治需要，从政治性来判断传统文化的糟粕与精华正好说明了毛泽东是从实际出发来判断传统文化的糟粕与精华的。当然，从政治性来判断传统文化的糟粕与精华也是有局限性的，因为政治方面的实际需要还只是实际需要的一个方面，而实际需要是全面的，还应该包括经济、文化等各个方面的实际需要，归根结底，还是应该以适应生产力发展和推动社会进步作为判断传统文化糟粕与精华的根本标准。需要说明的是，在对中国传统文化批判继承的过程中，还必须处理好批判、继承与创新的关系。首先，对中国传统文化的批判和继承是对立统一的。从两者的对立性来说，从文化的民族性出发，从保存民族文化的精华出发，必然强调对传统文化的继承；但从文化的时代性出发，从否定民族文化的糟粕出发，必然强调对传统文化的批判。从两者的统一性来说，正是因为文化既具有民族性特征，又具有时代性特征，所以，对中国传统文化的批判与继承，也是紧密联系而不能截然分开的。而且，批判的目的本身就是为了继承，只讲批判不讲继承是对传统文化采取虚无主义的态度，会使马克思主义中国化失去思想基础；但继承也只能是在批判的基础上继承，只讲继承不讲批判是对中国传统文化采取全盘肯定的态度，会导致马克思主

---

① 苏双碧：《传统文化的批判继承及其他》，《中国社会科学院研究生院学报》1996年第6期。

② 《毛泽东选集》第2卷，人民出版社1991年版，第707—708页。

义封建化、儒家化。只有把批判与继承统一起来，在批判中继承，在继承中批判，才能真正做到剔除其糟粕、吸取其精华，把珍贵的历史遗产继承下来，转化为我国社会主义新文化的一部分。其次，对中国传统文化的批判继承还不能代替中国传统文化的创新，更不能代替中国传统文化的现代化。在全球化的社会背景下，要实现传统文化向现代化的转变，还必须吸收世界各国的优秀文明成果。①

第二，要加强对中国优秀传统文化的学习和研究。学习和研究是文明传承之途。要忠实继承和弘扬中国优秀传统文化，首先要加强学习和研究。要通过学习和研究，"讲清楚中华优秀传统文化的历史渊源、发展脉络、基本走向，讲清楚中华文化的独特创造、价值理念、鲜明特色，增强文化自信和价值观自信"②。中华文明有五千多年的历史，中国传统文化尤其是作为其核心的思想文化的形成和发展，大体经历了中国先秦诸子百家争鸣、两汉经学兴盛、魏晋南北朝玄学流行、隋唐儒释道并立、宋明理学发展等几个历史时期，前后有两千多年的历史。对于这些历史时期中国传统文化发展的基本情况、主要特征、思想精华作出细致、系统的梳理和归纳，并进而深入阐发和挖掘，是继承和弘扬中国优秀传统文化的基础工作。应当看到，有些人对弘扬优秀传统文化不太理解，出现了不同程度的认识误区。一种观点认为，弘扬优秀传统文化实际上是在弘扬封建文化，因而难以接受。有人以一些庙坛的祭祀活动为例，认为恢复一些祭祀礼仪是"愚昧的"，"在工业文明曙光的时代，做这些祭祀，就像在看腐尸的舞蹈，让人反胃！"也有观点认为弘扬优秀传统文化应该从恢复一些过去被人们公认为"糟粕"的传统做起。有人在网上发言说，"裹小脚也是华夏传统文化的载体"，甚至有人认为，一夫多妻也是优秀文化传统，"弘扬文化传统从废除重婚罪，倡导一夫多妻制开始"。还有观点认为，现在提出弘扬优秀传统文化与我们过去对待传统文化的态度反差较大，不好理解。这些认识需要引起我们足够的重视。

其一，必须真正讲清楚什么是"优秀传统文化"。习总书记在系列讲话中多次强调，"要加强对中华优秀传统文化的挖掘和阐发"，"要讲清楚中华优秀传统文化的历史渊源、发展脉络、基本走向"。事实证明，一些

---

① 陈方刘：《论对中国传统文化的批判与继承》，《思想理论教育》2014 年第 12 期。
② 《习近平总书记系列重要讲话读本》，第 100 页。

人陷入认识误区的一个直接原因是对"优秀传统文化"的内涵和外延理解不清。真正讲清楚什么是"优秀传统文化",关键在于"优秀"二字。评价"优秀"与否,既要坚持真理尺度,也要坚持价值尺度。总的来说,优秀传统文化应是剥离或改造了那些与现代化文明绝对相悖的方面,同时也有利于促进人们形成正确的价值观,特别是符合社会主义核心价值观的文化精华。只有真正讲清楚了这个问题,才能正本清源,有利于弘扬优秀传统文化。其二,要充分讲清楚今天我们为什么要弘扬"优秀传统文化"。一些人陷入认识误区的另一个直接原因在于我们过去和现在对"优秀传统文化"的态度差异。需要指出的是,近代以来传统文化在中国确实存在不同的境遇,在某些时期确实存在把部分优秀传统文化当作腐朽而批判、抛弃、破坏的现象。但我们应该分清主流和支流,看到继承和发展是历史的主流;也应该积极面对历史的挫折,勇于用现实补偿历史。讲清楚我们为什么要弘扬"优秀传统文化",这既是个历史问题,也是个现实问题。具体来说,需要讲明白"三个关系":一是讲明白中国共产党和中国优秀传统文化的关系。就是从主客体的维度,讲明白中国共产党作为中国先进文化前进方向的代表,也就意味着需要扛起弘扬中国优秀传统文化的大旗,讲明白中国共产党成立至今是如何坚持和弘扬中华优秀传统文化的。二是讲明白坚持马克思主义和弘扬中国优秀传统文化的关系。就是从理论和历史的维度,指出马克思主义基本原理和中国优秀传统文化的价值共鸣,讲明白马克思主义在中国化的过程中是如何与中国优秀传统文化相结合的。三是讲明白坚持改革开放和弘扬中国优秀传统文化的关系。就是从实践和现实的维度,讲明白弘扬中国优秀传统文化是坚持改革开放的题中之义,坚持改革开放需要中国优秀传统文化提供精神助力。[①]

第三,要切实推进中国优秀传统文化的教育和普及。"致天下之治者在人才","百年大计,教育为本。教育是人类传承文明和知识、培养年青一代、创造美好生活的根本途径。"[②] 中国优秀传统文化应该成为我国教育的重要内容。2014 年 9 月 9 日,习近平视察北京师范大学,谈到教材编写工作时指出:"我很不赞成把中国古代经典诗词和散文从课本中去掉,'去中国化'是很悲哀的。应该把这些经典嵌在学生脑子里,成为中华民族文

---

① 王小龙:《弘扬优秀传统文化要走出三个误区》,《中国社会科学报》2014 年 11 月 14 日。
② 《人民日报》2013 年 9 月 27 日。

化的基因。"① 中华文化绵延数千年，形成了独特的价值体系，代表着中华民族独特的精神标识。从特定意义上讲，中国人之所以为中国人，很重要的因素是中国文化的存在。"中华优秀传统文化已经成为中华民族的基因，植根在中国人内心，潜移默化影响着中国人的思想方式和行为方式。"② 但是，在全球化深入发展、科学技术日新月异、各国各地区联系日益紧密的今天，如果只学习西方和外国，"言必称希腊"，处处"去中国化"，忽视中国优秀传统文化的教育和普及工作，那么，时间日久，已经成为中华民族基因的中华优秀传统文化也会弱化甚至丢失。所以，在学校以至全社会切实推进中国优秀传统文化的教育和普及，是继承和弘扬中国优秀传统文化的关键所在。

第四，要高度重视中国优秀传统文化的践行和应用。研究的目的在于践行和应用。马克思主义要求的理论联系实际，中国传统文化提倡的"经世致用"，讲的都是这个道理。对中国优秀传统文化的研究，应从研究者的书斋中和课堂上，走到群众中和社会实践中去。在对传统文化进行鉴别和研究的基础上，要真正发挥优秀传统文化以文化人、以文育人的作用，需要在全党全社会大兴学习中国优秀传统文化之风，深入开展中国优秀传统文化的践行和应用工作，"系统梳理传统文化资源，让收藏在禁宫里的文物、陈列在广阔大地上的遗产、书写在古籍里的文字都活起来"，"通过学校教育、理论研究、历史研究、影视作品、文学作品等多种方式，加强爱国主义、集体主义、社会主义教育，引导我国人民树立和坚持正确的历史观、民族观、国家观、文化观，增强做中国人的骨气和底气"，③ 让中国优秀传统文化深入干部、群众中去，做到入耳、入脑、入心，内化到干部、群众的日常行为中，起到"润物细无声、日用而不知"的效果，发挥中国优秀传统文化资政育人的作用。

第五，要推动中国优秀传统文化的创造性转化和创新性发展。诚然，中国传统文化中蕴含着对今天仍有积极意义的思想资源，但毕竟客观实际总是不断发生变化的。因此，中国传统文化与社会主义市场经济、民主政治、先进文化、社会治理等还存在需要协调适应的地方。有鉴于此，习近

---

① 新华社新华视点微博，http://weibo.com/1699432410/BmmILuBfN? type = commet。
② 《人民日报》2014 年 5 月 5 日。
③ 《人民日报》2014 年 1 月 1 日。

平指出："弘扬中华优秀传统文化，要处理好继承和创造性发展的关系，重点做好创造性转化和创新性发展。创造性转化，就是要按照时代特点和要求，对那些至今仍有借鉴价值的内涵和陈旧的表现形式加以改造，赋予其新的时代内涵和现代表达形式，激活其生命力。创新性发展，就是要按照时代的新进步、新进展，对中华优秀传统文化的内涵加以补充、拓展、完善，增强其影响力和感召力。"[1]"小康社会"概念的提出，就是创造性转化、创新性发展的一个很好的例子。"小康"这个概念出自《礼记·礼运》，是中华民族自古以来追求的理想社会状态。"使用'小康'这个概念来确立中国的发展目标，既符合中国发展实际，也容易得到最广大人民理解和支持。"[2]推动中国优秀传统文化的创造性转化和创新性发展，是一个值得深入研究的重要课题，也是继承和弘扬中国优秀传统文化的本质要求。按照这样的要求去做，才能忠实地继承和弘扬好中国优秀传统文化，从而达到为中国特色社会主义事业服务的目的。如此一来，马克思主义与中国传统文化的关系这一单纯的理论问题，也就落了地、接了地气，成为一个实实在在的实践问题，正确理解和处理这一问题也就有了深刻的现实意义。

创造性转化。继承中国优秀传统文化不能照搬照抄、囫囵吞枣，关键要对其进行"创造性转化"。习近平同志在谈到对待中国传统文化的态度时指出：要处理好继承和创造性发展的关系，重点做好创造性转化和创新性发展。如何才能实现对中国传统文化的创造性转化呢？在习近平同志看来，必须使中华民族最基本的文化基因与当代文化相适应、与现代社会相协调，以人们喜闻乐见、具有广泛参与性的方式推广开来。这就告诉我们，要实现对中国传统文化的创造性转化，一要使中华传统文化与当代文化相适应，使中国传统文化和传统美德为社会主义先进文化建设服务，为提升当代中国文化软实力、建设社会主义文化强国服务；二要使中华传统文化与现代社会相协调，认真挖掘中华传统文化中的"精华"，并赋予其新的时代内涵，使之真正成为推进改革开放和社会主义现代化建设的精神动力；三要用符合时代需要和大众口味的形式对传统文化作出新的"阐

---

① 《习近平总书记系列重要讲话读本》，人民出版社 2014 年版，第 101 页。
② 《人民日报》2014 年 9 月 25 日。

释"，使之以人们喜闻乐见、具有广泛参与性的方式推广开来。①

创新性发展。继承中国优秀传统文化的目的是为了进一步促进中国传统文化的与时俱进，推进中国传统文化的创新性发展。那么，在当今时代条件下如何实现中国传统文化的创新性发展呢？习近平指出："提高国家文化软实力，要努力展示中华文化独特魅力"，"把继承传统优秀文化又弘扬时代精神、立足本国又面向世界的当代中国文化创新成果传播出去"②。实现中国传统文化的创新性发展，一要促进中国传统文化与时代精神的结合，把传统文化赋予其新的时代内涵，比如，社会主义核心价值观所强调的爱国、友善、诚信、公正、和谐等理念，就是把中国传统文化所强调的"讲仁爱、重民本、守诚信、崇正义、尚和合、求大同"的传统价值理念与当今时代特征和我国实际相结合发展而来的，是中国传统价值观的创新性发展；二要既立足本国国情又要面向世界。在当今改革开放新的历史条件下，要实现中国传统文化的创新性发展，必须根据本国国情的需要，认真吸收借鉴世界文明成果之精华，形成面向现代化、面向世界、面向未来的、民族的、科学的、大众的社会主义先进文化，比如，社会主义核心价值观所强调的自由、平等、民主、文明等理念，就是在"吸收了世界文明有益成果"（习近平语）的基础上产生的。③

（五）批判"全盘西化"思潮

第一，"全盘西化"论者否认文化的主体性，认为中国传统文化尽是糟粕，没有丝毫可取之处，必须彻底抛弃自己的传统文化，全盘接受西方文化。其实，中国传统文化能够绵延数千年而不断，这本身就说明了它作为一种社会文化积淀已经渗透到中国人的骨髓里面，并不是想斩断就能斩断的。在几千年的历史进程中，外来文化进入中国后，它们并没有能取代中国传统文化，而是被中国传统文化所日渐吸收，最终成为中国传统文化的一部分，可见中国传统文化具有强大的生命力。近代以来西方文化的输入，也不会冲击中国传统文化的基础，传统文化在任何时候都是吸收外来文化的前提和基础。第二，他们多从文化的时代性出

---

① 韩振峰：《习近平弘扬优秀传统文化讲话系列解读八》，http：//theory. gmw. cn/2014－09/24/content＿ 13349608. htm，2014 年 9 月 24 日。

② 《提高软实力，实现中国法》，《人民日报》（海外版）2014 年 1 月 1 日。

③ 韩振峰：《习近平弘扬优秀传统文化讲话系列解读八》，http：//theory. gmw. cn/2014－09/24/content＿ 13349608. htm，2014 年 9 月 24 日。

发，认为西方文化在各个方面都优越于中国文化。"全盘西化"论者认为西方文化和中国传统文化在时代性上不同，在对中国传统文化基本否定的同时，把西方文化吹捧得完美无瑕，在他们看来，现代化只有一种模式，即西方的现代化，中国只有彻底抛弃传统文化，全盘接受西方文化，才能走向现代化。这是彻头彻尾的民族虚无主义理论，不仅在理论上是完全错误的，而且在实践上也是极为有害的，这种理论在中国这块土地上根本无法生根。如果一个民族为了实现现代化，把自己的传统文化完全抛弃，完全照抄西方那一套，这在理论上和实践中都是行不通的。毛泽东早就说过，"所谓的全盘西化的主张，乃是一种错误的观点"。① 20 世纪 80 年代鼓吹"全盘西化"的人有时把"全盘西化"当成一个"全方位开放"同义的口号加以肯定，主张全方位引进西方文化，包括哲学、政治、经济等学说和制度，用以冲击中国现有的一切，冲击过后，剩下什么算什么。这种主张的政治含义是效法西方走资本主义道路。诚然，中国的现代化需要西方先进的科学技术，也需要学习和借鉴西方在经济管理、政治司法等方面的成就，但这种学习和引进应当在发扬民族主体性精神的前提下进行，否则的话就会危及我们的社会主义制度。要彻底批判"全盘西化"的错误思潮，必须正确对待中国传统文化，弘扬传统文化精华。在经济全球化、政治多极化、文化多元化的背景下，弘扬我们的传统文化增强民族身份认同尤其重要。"任何一个缺乏自己文化的民族，不管它在物质方面如何'发达'，它在精神文化方面也必然成为外国文化的俘虏。其结果，无疑是悲惨的。"② 实际上，就是一些西方有远见的政治家和学者也早就注意到了中国文化的价值。历史学家汤因比断言，将来统一世界的大概不是西欧国家，也不是西欧化的国家，而是中国……恐怕可以说正是中国肩负着不只给半个世界而且给整个世界带来政治统一与和平的命运。③特别是"9·11"事件以后，西方人更加重视从中国传统文化中寻找西方文化所没有的东西，如中国传统文化一直关注人与天、地的关系，并恰当地摆好这三者的位置，这在西方文化中是比较缺乏的。我们岂能对自己文化的价值视而不见？今

---

① 《毛泽东选集》第 2 卷，人民出版社 1991 年版，第 707 页。
② 钟敬文：《民俗文化学的梗概与兴起》，中华书局 1996 年版，第 181 页。
③ ［英］阿·汤因比、［日］池田大作：《展望二十一世纪——汤因比与池田大作对话录》，国际文化出版公司 1985 年版，第 289 页。

天，我们以更加开放的心态参与世界范围内的文化交流，积极学习世界优秀文明成果，但是，离开了民族化，也就不可能有世界化。这是文化发展的基本法则，也是我们正确对待传统文化的认识前提。

（六）反对教条主义和历史虚无主义

在对待中国传统文化的态度上，有两种错误思潮值得我们高度警惕并坚决抵制：一种是教条主义地对待中国传统文化。持这种态度的人把传统文化视为铁板一块的"高大全"，不加分析地照搬照抄、全盘肯定。他们看不到传统文化的"糟粕性""封建性"和"局限性"，主张用中国传统文化"代替"社会主义新文化，用所谓"新儒学""取代"马克思主义理论。这种对待中国传统文化的教条主义态度不仅不利于我们弘扬中国优秀传统文化，而且会给我们今天的现代化建设事业带来非常严重的危害。另一种就是全盘否定中国传统文化的历史虚无主义思潮。这种思潮把中华民族的"民族性""传统性"贬得一无是处，把中国传统文化视为"沉重的包袱"、"历史的惰力"，主张"要反传统"，彻底"摆脱中国文化的传统形态"，"根本改变和彻底重建中国文化"。这种不分青红皂白全盘否定中国传统文化的历史虚无主义思潮，不仅在理论上是完全错误的，而且在实践上也是十分有害的。在对待中国传统文化这个事关国家富强、民族振兴、人民幸福的战略性问题上，我们一定要以习近平同志的重要论述为指针："对我国传统文化，对国外的东西，要坚持古为今用、洋为中用，去粗取精、去伪存真，经过科学的扬弃后使之为我所用。"① 这就是我们对待中国传统文化的科学态度，就是要辩证地继承。中华传统文化是中华民族生生不息、发展壮大的丰厚滋养，也是我们今天全面深化改革和推进社会主义现代化建设的强大精神力量。习近平同志指出，要认真汲取中华优秀传统文化的思想精华和道德精髓，大力弘扬以爱国主义为核心的民族精神和以改革创新为核心的时代精神，使中华优秀传统文化成为涵养社会主义核心价值观的重要源泉。我们的先人曾经留下许多宝贵的优秀精神传统，古人所说的"先天下之忧而忧，后天下之乐而乐"的政治抱负，"位卑未敢忘忧国"、"苟利国家生死以，岂因祸福避趋之"的报国情怀，"富贵不能淫，贫贱不能移，威武不能屈"的浩然正气，"人生自古谁无死，留取丹心照汗青"、"鞠躬尽瘁，死而后已"的献身精神等，都体现了中华民族

---

① 《人民日报》评论员：《客观认识当代中国与外部世界》，《人民日报》2013 年 8 月 30 日。

的优秀传统文化和民族精神，我们都应该继承和发扬。当然，我们必须清楚地看到，在中国传统文化中也有一些糟粕性的东西，正如当年毛泽东所指出的那样，清理古代文化的发展过程，剔除其封建性的糟粕，吸收其民主性的精华，是发展新文化提高民族自信心的必要条件；但是绝不能无批判地兼收并蓄。习近平在强调继承中国传统文化精髓的同时也提醒我们，"对历史文化特别是先人传承下来的价值理念和道德规范，要坚持古为今用、推陈出新，有鉴别地加以对待，有扬弃地予以继承"①。

（七）对待传统文化要有三种精神

一是继往开来的精神。② 我国是一个历史悠久的文明古国。古往今来，中国人民在建设自己家园的艰苦奋斗中，一代接一代地积累、继承、创新和发展，铸就了源远流长、博大精深的中华优秀传统文化。这一优秀传统文化独树一帜、自成体系，是一个与时俱进、历久弥新的历史范畴，记载和反映了中华民族的坚强意志、崇高精神，早已同中华民族的兴衰存亡融为一体，是永远割不断的精神命脉，也是中华民族永葆青春、开创未来的强大历史基因。习近平同志讲得很清楚：优秀传统文化是一个国家、一个民族传承和发展的根本，如果丢掉了，就割断了精神命脉。他强调，要把握好正确对待传统文化和现实文化的重大课题，善于把弘扬优秀传统文化和发展现实文化有机统一起来、紧密结合起来，在继承中发展，在发展中继承。因此，在对待传统文化问题上，我们主张历史与现实的统一，尊重历史而不能割断历史，具备继往开来的精神。不能继往就不能开来。不很好继承中华优秀传统文化，是难以开创社会主义先进文化繁荣发展新局面的。

二是科学扬弃的精神。中华民族的历史和文化，从形成到发展，经历了数千年不间断的漫长过程，走的是一条富有个性的独特发展道路。中华民族传统文化既然是一个历史范畴，就必然受到历史条件的制约，从而打上不同历史时期的文化印记。因而，中华民族传统文化不是单一的、纯粹的、一成不变的体系，而是以积极健康、向上向善的优秀文化为中坚和主导，多元互补、彼此渗透，精华和糟粕杂陈的复合文化形态。中华民族传

---

① 韩振峰：《习近平弘扬优秀传统文化讲话系列解读八》，http://theory.gmw.cn/2014 - 09/24/content_ 13349608. htm，2014 年 9 月 24 日。

② 陈祖武：《对待传统文化得有三种精神》，《人民日报》2015 年 1 月 13 日。

统文化形成和发展的历史早已证明并将继续证明，把历史问题简单化，固步自封，是古非今，同无视、曲解乃至杜撰历史一样，都不是对待自己民族传统文化的科学态度。我们主张坚持古为今用、推陈出新的方针，坚持科学扬弃的精神，从实际出发，具体问题具体分析，取其精华，去其糟粕，努力实现传统文化的创造性转化和创新性发展。这是我们应该具有的文化观。我们不赞成厚古薄今、以古非今，也不赞成简单地从形式上去模仿甚至复原传统文化的某些特定仪式。

三是以人为本的精神。近百年来，对文化词义的界定，见仁见智，各有依据，可谓百花齐放、百家争鸣。尽管如此，就其本质来认识和把握，仍可以看到一个相似之处，即立足点都在人。在这个问题上，我们赞成这样的见解，即文化是一个民族的精神和灵魂，它既以经济发展为前提，又通过民族文明素质的提高反作用于经济，从而推动社会和历史前进。因此，我们讲弘扬中华优秀传统文化，归根结底是要解决人的问题，通过以文化人，达到提高全民族文明素质的目的。五千年来，中华优秀传统文化涵养了中华儿女的道德情操、精神追求、文化旨趣和人生价值，成为凝聚民族意志、维护国家统一、反抗外敌欺凌、谋求国家富强和人民幸福的强大精神力量。这样一个以文化人的过程，不知不觉地贯穿于每一个人的生命历程。《周易》说的"观乎人文以化成天下"，讲的大概就是这个道理。在新的历史时期，以文化人仍然是文化建设的神圣使命，需要以人为本的精神。春雨润物，任重道远。作为文化人，唯有慎终如始、持之以恒，为弘扬中华优秀传统文化而奋斗，方能不辜负时代的重托。

第三节　学习中国传统文化的意义和方法

一　学习中国传统文化的意义

（一）有助于坚定中华民族伟大复兴的信心

首先，学习中国传统文化是我们认识自身和把握中华民族精神的可靠途径。美国学者塞缪尔·亨廷顿指出："随着冷战的结束，意识形态不再重要，各国开始发展新的对抗和协调模式。为此，人们需要一个新的框架来理解世界政治，而'文明的冲突'模式似乎满足了这一需要。"[①] 而在

---

① ［美］塞缪尔·亨廷顿：《文明的冲突与世界秩序的重建》，新华出版社 2002 年中文版"序言"。

这种文明的冲突中，各国如何认识自己的身份非常重要。他在 2004 年出版的《我们是谁》一书中认为：“美国人应当重新发扬盎格鲁—新教的文化、传统和价值观，因为正是它们三个世纪以来为这里的各人种、民族和宗教信仰的人所接受，成为他们自由、团结、实力、繁荣以及作为世界上向善力量道义领导者的地位的源泉。”在经济全球化的今天，我们照样存在自己的身份认同问题。在现代化与全球化的语境下，我们是否存在着身份认同问题呢？我们又是谁呢？随着中国现代化进程的加快和对国际社会的深度参与，我们也越来越感到自己身份认同的重要性，感到自己价值观的缺失而导致的无所适从，感到物质丰富下的精神空虚，我们必须批判地继承自己的传统文化，重塑中华魂。应当看到，文化全球化意味着孕育和造就一种世界文化或全球文化，但同时在某种意义上也意味着民族文化主权的失落和动摇：它削弱了民族文化的向心力和凝聚力，以及人们对民族文化的认同感和归属感，引发了对民族文化的认同危机。故而，全球化给我们提出的任务之一就是保持和弘扬民族精神，这是文化全球化过程中维护民族文化主权以及保持文化多元化和多样性的前提，是中华民族在全球化背景下的一种准确的自我定位的迫切需要，也是今天我们学习和继承中国传统文化精华的意义之所在。

其次，学习传统文化有助于增强民族自尊心、自信心和自豪感。中国传统文化是世界上最古老的文化之一，而且是世界上唯一没有中断过的文化，它是东方文化的典型代表，有着独特的价值系统和思维方式，是人类文明发展史上的一块瑰宝，对世界文化的发展和进步发挥了重大的推动作用。中国传统文化中有不少优于西方文化，而且在漫长的岁月中在世界上处于领先地位的方面，即使在科学技术方面也是如此。英国著名中国科技史专家李约瑟博士曾十分中肯地说过：“中国文明曾经在科学技术史上起过迄今为止未被人充分认识到的多方面的巨大作用。”[1] 更不用说辉煌的象形文字、浩瀚的古籍经典、动人的诗词歌赋、灿烂的思想文化、美好的社会理想……学习这些，会以有这样的优秀文化而自豪，从而增强民族自尊心自信心，而不会妄自菲薄、自暴自弃。

最后，学习传统文化有助于增强民族凝聚力，坚定中华民族伟大复兴的信心。中国传统文化有着悠久的爱国主义传统。“夙夜在公”、“以公灭

---

[1]　转引自温克勤等《伦理学与道德建设》，天津人民出版社 2001 年版，第 433 页。

私，民其允怀"、"国而忘家，公而忘私"这些主张中包含着为统治阶级服务的一面，更内含着为了国家、为了民族的公利而牺牲个人私欲的爱国主义情怀。正是这种爱国主义精神的激励，才使中华民族在遭受外敌入侵时，能团结一致、不屈不挠、奋起抵抗。顾炎武提出"天下兴亡，匹夫有责"，林则徐写出"苟利国家生死以，岂因祸福避趋之"，都是爱国主义的民族精神的真实写照。中国传统文化凝聚力发端于上古，绵延数千年，成为不同民族情感的纽带，体现和包容了华夏诸多民族形成一个统一体。传统文化凝聚力不仅表现在全国各民族的团结一致共同奋斗中，还表现在对全球炎黄子孙的联结和沟通中。全球海外华人华侨有五千多万人，心向祖国，一直与祖国心灵相通。当祖国繁荣昌盛时，他们以祖国而自豪；当祖国处在民族危亡时期，他们以各种方式支援祖国。他们一直与祖国荣辱与共。中国传统文化凝聚力是实现祖国统一的深层次的思想基础，是实现祖国统一和维护民族团结、反对分裂之民族大义所在。台湾海峡两岸的中国人有共同的文化传统，有共同的血缘关系，血脉相通、血浓于水。正是由于共同的民族文化素养，共同的民族心理素质，共同的民族根本利益，所以我们坚信海峡两岸一定能在中国传统文化凝聚力的作用下实现祖国的统一。今天，我们比以往任何时候都更加接近中华民族伟大复兴的美好前景，学习中国传统文化，汇集巨大正能量，实现"中国梦"，谱写"长风破浪会有时，直挂云帆济沧海"的壮丽篇章。

（二）有助于坚定中国特色社会主义信念

首先，学习传统文化有助于继承传统。马克思说过："人们创造自己的历史，但是他们并不是随心所欲地创造，并不是在他们自己选定的条件下创造，而是在自己直接碰到的、既定的、从过去承继下来的条件下创造。"① 中国传统文化，就是我们"直接碰到的既定的、从过去承继下来的条件"，是影响中国人过去、现在和将来的传统。从一定意义上讲，传统是社会的一种生存机制和创造机制。借助于它，历史才得以延续和发展，社会的精神成就和物质成就才得以保存和实现。正因为如此，文化传统并非仅滞留于博物馆的陈列品和图书馆的线装书之间，它还活跃在今人和后人的实践当中，并且这种实践是不断改变自己的。每一个有志于为民族的未来贡献心智和汗水的中国人，都应该努力熟悉传统、分析传统、继承创

---

① 《马克思恩格斯全集》第 2 卷，人民出版社 1972 年版，第 603 页。

新。而学习中国传统文化正是培育这种理性态度和务实精神的最好课堂之一。

其次，学习传统文化有助于认清现实。社会主义制度在我国的建立，实现了中国历史上最广泛、最深刻的社会变革。邓小平曾指出："如果不搞社会主义，而走资本主义道路，中国的混乱状态就不能结束，贫困落后的状态就不能改变。"① 新中国成立后，中国共产党带领全国人民在建设社会主义的道路上进行了开创性的、艰辛的探索，取得了巨大的成就，事实雄辩地证明，只有社会主义才能救中国，只有中国特色社会主义才能发展中国。中国特色社会主义是当代中国发展进步的根本方向，是发展中国、稳定中国的必由之路。中国特色社会主义道路，来之不易。"这条道路，是在改革开放三十多年的伟大实践中走出来的，是在新中国成立六十多年的持续探索中走出来的，是在对近代以来一百七十多年中华民族发展历程的深刻总结中走出来的，是在对中华民族五千多年悠久文明的传承中走出来的，具有深厚历史渊源和广泛现实基础。"② 中华文化是我们民族的"根"和"魂"，也是中国道路生于斯、长于斯的深厚土壤。中华民族五千多年创造的灿烂文化，蕴含着宝贵的思想资源和崇高的价值追求，正因为这条道路是对五千多年生生不息的悠久中华文化的传承，从而才有如此深厚的中华文化积淀，才使中国特色社会主义道路充满生命力、活力和凝聚力。学习中国传统文化有助于增强中国特色社会主义的道路自信、理论自信和制度自信。

最后，学习传统文化有助于开拓未来。科学对待文化传统。不忘历史才能开辟未来，善于继承才能善于创新。优秀传统文化是一个国家、一个民族传承和发展的根本，如果丢掉了，就割断了精神命脉。我们要善于把弘扬优秀传统文化和全面建设小康社会有机统一起来，在继承中发展创新开拓未来。2014 年 9 月 24 日，习近平在纪念孔子诞辰 2565 周年国际学术研讨会暨国际儒学联合会第五届会员大会开幕会上指出："中国共产党人是马克思主义者，坚持马克思主义的科学学说，坚持和发展中国特色社会主义，但中国共产党人不是历史虚无主义者，也不是文化虚无主义者"，"中国共产党人始终是中国优秀传统文化的忠实继承者和弘扬者"。学习传

---

① 《邓小平文选》第 3 卷，人民出版社 1993 年版，第 63 页。
② 《习近平在十二届全国人大闭幕会上的讲话》，《人民日报》2013 年 3 月 17 日。

统文化，继承传统文化精华，认识中国共产党和中国优秀传统文化的关系，认识坚持马克思主义和弘扬中国优秀传统文化的关系，认识清楚坚持改革开放和弘扬中国优秀传统文化的关系，坚定对中国共产党的信任，坚定中国特色社会主义信念，把中国特色社会主义伟大事业推向前进。

（三）有助于中国特色社会主义文化大发展

首先，学习中国传统文化有助于坚持走中国特色社会主义文化发展道路。坚持中国特色社会主义文化发展道路，必须以马克思主义为指导，必须发挥人民在文化建设中的主体作用，必须坚持自己的民族特色，继承和发扬中华优秀文化传统，大力弘扬中华文化，建设中华民族共有精神家园。必须积极吸收、借鉴国外优秀文化成果，抵制西方腐朽文化的影响。学习传统文化，才能在学习中分清糟粕和精华、辩证扬弃、传承创新，发挥中华优秀传统文化的强大凝聚力作用。

其次，学习中国传统文化有助于培育社会主义核心价值观。面对世界范围思想文化交流、交融、交锋形势下价值观较量的新态势，面对改革开放和发展社会主义市场经济条件下思想意识多元多样多变的新特点，积极培育和践行社会主义核心价值观，具有重要现实意义和深远历史意义。"富强、民主、文明、和谐；自由、平等、公正、法治；爱国、敬业、诚信、友善"社会主义核心价值观，与中国特色社会主义发展要求相契合，与中华优秀传统文化和人类文明优秀成果相承接，是党凝聚全党全社会价值共识作出的重要论断。学习传统文化，有助于理解优秀传统文化对社会主义核心价值观的涵育，实现社会主义核心价值观与优秀传统文化的对接，夯实社会主义核心价值观培育的土壤。

最后，学习中国传统文化有助于建设社会主义文化强国。人类文明进步的历史充分表明，没有先进文化的引领，一个国家、一个民族不可能屹立于世界先进民族之林。当今时代，文化在综合国力竞争中的地位日益重要，谁占据了文化发展的制高点，谁就能更好地在激烈的国际竞争中掌握主动权。实现中华民族伟大事业大复兴，迫切要求我国由一个文化资源大国转变为一个文化强国，这是中华民族几千年文化积淀赋予我们的历史使命。因此，学习传统文化，了解丰厚的文化资源，增强文化使命感，增强文化自信和自觉，有助于增强文化软实力，建设文化强国。

（四）有助于推动中国特色社会主义经济健康发展

古老的中国在漫长的历史时期内，无论在经济文化方面还是在科学技术领域都走在世界前列，处于领先地位，只是自明中叶以后才逐渐落后于西方列强。近代以来，思想界先驱们在反思过程中，将中国落后的原因归咎于以儒学为代表的中国传统文化，于是才有了"打倒孔家店"之举。然而到了 20 世纪六七十年代，以中国传统文化为母体文化属于中华文化圈的东亚一些国家的经济开始腾飞，日本及"四小龙"经济出现了快速增长，这一事实显示出以儒学为核心的中国传统文化的价值。据说日本企业成功靠的是《论语》加算盘；新加坡的繁荣得益于重视儒学教育。英国学者迈克法克说东亚几国的经济起飞是因为"它们都享有经世永久的儒学传统"。这种经世致用的以儒学为核心的传统文化对经济基础是有积极的能动作用的。因此，学习传统文化弘扬文化精华对我国经济健康发展必将产生积极的推动作用。另外，中国传统文化中那种自强不息的奋斗精神等，在今天仍有它的现实意义。我们则要顺应时代的潮流，给它们赋予新的时代意义，使其永葆青春活力。在今天的现代化建设中，学习传统文化，有助于我们把中国传统文化凝聚力上升到理性认识，成为中华民族的共识，用中国传统文化凝聚力去团结人民、鼓舞人民，凝聚成现代化建设的巨大物质力量和精神力量，促进经济又好又快发展。

（五）有助于社会主义和谐社会建设

和谐社会是对人类美好社会状态的一种描绘，是人们梦寐以求的社会理想。和谐社会就是人与自然、人与社会、人与人之间和谐统一协调发展的社会。建设社会主义和谐社会，是中国特色社会主义的重大战略任务。和谐的基础是社会中的每一个体都学会做人，而学会做人就是学会处理人与人、人与社会的关系。中国传统文化可以说是如何做人的文化，可以说是学会做人的最好的教材。中国传统文化非常注重伦理道德和人格修养，被世人归结为伦理型文化。《大学》一书开宗明义指出："大学之道，在明明德，在亲民，在止于至善。"并且提出正心、诚意、修身、齐家、治国、平天下的主张。这完全是以对道德的自我追求和完善为宗旨的。孔子倡导的"仁者爱人""己欲立而立人，己欲达而达人""己所不欲，勿施于人"，更浸透了怎样做人的伦理精神。儒家的崇仁、尚义、重节的一系列言论，以及道家所主张的不为境累、不为物役、绝圣弃智、洁身自好，实际上也是对理想人格的追求。同时，中国传统文化注重以家庭的稳定维护社会的稳定。建立在伦理规范与小农家庭（家族）经济基础上的传统政治文化，是中国这个泱泱大国延绵几千年的黏合剂。国家与家族同构的模式，使大而统的国家浓缩为一个家庭，保持家庭的和睦关系便成为自觉维护国家正常运行的重要因素，每个成员都守好自己的角色以求得家庭和社会的和谐。因此，学习传统文化经典，吸取人文精神，学会做人，对于促进社会主义和谐社会建设具有重要现实意义。

（六）有助于社会主义生态文明建设

生态文明的核心是正确处理人与自然的关系，首先应该树立生态文明的理念，尊重自然、顺应自然、保护自然，在利用和改造自然的过程中，要主动保护自然，积极改善和优化人与自然的关系，建设健康有序的生态运行机制和良好的生态环境。在这方面，中国传统文化独树一帜光彩夺目。"道法自然、顺天应人"的思想是中国传统文化中宇宙观的主流观念和文化建构中的重要思想支柱。既然天人相谐，人们就应当顺应天时，不破坏自然界的规律。庄子告诫人们"春三月，山林不登斧斤，以成草木之长；夏三月，山泽不入网罟，以成鱼鳖之长"不能对大自然肆意破坏。学习这样的传统文化，吸收富有人文主义精神的传统文化精神，有助于将科学精神和人文精神结合起来，有助于纠正20世纪发展到极端的片面的科学主义倾向，实现可持续发展，实现人与自然的和谐相处，建设美丽中国。

二　学习中国传统文化的方法

2013年11月26日，习近平在山东考察时讲道："一个国家、一个民族的强盛，总是以文化兴盛为支撑的，中华民族伟大复兴需要以中华文化发展繁荣为条件。对历史文化特别是先人传承下来的道德规范，要坚持古为今用、推陈出新，有鉴别地加以对待，有扬弃地予以继承。"提出了学习传统文化的方法论。具体而言，学习中国传统文化需要史论统一、知行统一、理论与实践要结合、承继与创新相结合的学习方法。

（一）历史梳理与逻辑分析相结合

中国传统文化历经数千年积淀，内容非常丰富。在学习时我们既要对中国传统文化的来龙去脉、历史沿革有一个明晰的了解，又要避免被浩如烟海的材料所湮没，就需要将史和论结合起来，将历史和逻辑的方法结合起来。以史求论、以论带史，相辅相成，相得益彰。正如恩格斯所说，"历史常常是跳跃式地和曲折地前进的，如果必须处处跟随着它，那就势必不仅会注意许多无关紧要的材料，而且也会常常打断思想进程……因此，逻辑的研究方法是惟一适用的方式。但是，实际上这种方式无非是历史的研究方式，不过摆脱了历史的形式以及起扰乱作用的偶然性而已"①。

（二）经典诵读与社会体验相结合

中国传统文化的要义多被载录于汗牛充栋的古籍之中，研读这些古籍，尤其是具有经典意义的古籍，如《周易》、《诗经》、《论语》、《史记》等，对于我们把握中国传统文化的精髓，无疑是非常重要的途径。同时，中国传统文化的诸多内容是以非文本的形式存留于不断发展变化的社会生活之中，如起居习俗、交往礼仪、行为规范乃至衣食住行、婚丧嫁娶等。这就要求我们将视野扩大到社会生活的广阔领域，将文本与非文本、典籍研读与社会体验、静态的学习与动态的学习结合起来，相互参照，相互印证，从而对生生不息的中国传统文化有一个全面的发展的认识。

（三）批判继承与开拓创新相结合

中国传统文化是历史赋予我们的一份珍贵遗产，是我们建设现代文化的出发点和基础。那种全盘否定和彻底抛弃的民族虚无主义和非历史主义的态度是不可取的。但是我们也不能生吞活剥式地学习，那样就会窒息中国传统文化的生命。我们必须用历史唯物主义的科学观点和方法，取其精华，去其糟粕，推陈出新，将批判与继承结合起来，传承、创新，建设中国特色社会主义文化。

（四）知行统一的方法

文化是民族的血脉，是人民的精神家园。中华文化源远流长，积淀着中华民族最深层的精神追求，代表着中华民族独特的精神标识，为中华民族生生不息、发展壮大提供了丰厚滋养。学习传统文化，一方面要提高对传统经典学习的重视意识，同时要重视德行实践养成，即知行统一的学习方法。从孝道开始，从娃娃开始，在生活的一言一行中学习传统文化的要义。父母要以身作则，教师要言传身教，学生要身体力行，在实践养成中学习好传统文化。

第四节　传统文化融入高校思想政治教育研究综述

随着习近平主席在不同场合多次强调中华民族传统文化的重要作用，

---

① 《马克思恩格斯选集》第2卷，人民出版社1972年版，第122页。

关于传统文化的研究高潮再次掀起，加强中华民族传统文化教育成为从中央到地方的统一认识：博大精深的中华优秀传统文化是我们在世界文化激荡中站稳脚跟的根基。对历史文化特别是先人传承下来的价值理念和道德规范，要坚持古为今用、推陈出新，有鉴别地加以对待，有扬弃地予以继承，努力用中华民族创造的一切精神财富来以文化人、以文育人。传统文化与高校思想政治教育的融合是思想政治教育研究中的一个重要方向。从早期的代表性著作来看，主要有顾明远的《民族文化传统与教育现代化》（1998）、邓球柏的《中国传统文化与思想政治教育》（1999）、沈壮海的《思想政治教育的文化视野》（2005）、顾友仁的《中国传统文化与思想政治教育的创新》（2011）。已有研究集中在六个方面：一是传统文化融入高校思想政治教育的必要性（重要意义）论述；二是传统文化融入高校思想政治教育的实践现状及问题透析；三是优秀传统文化在高校思想政治教育中的资源挖掘的研究；四是传统文化融入高校思想政治教育的途径研究；五是传统文化融入高校思想政治教育应该遵循的原则阐释；六是加强优秀传统文化融入高校思想政治教育的对策思考。此外，还有学者指出了传统文化融入高校思想政治教育研究中存在的问题及今后的研究方向。

一　中国传统文化融入高校思想政治教育的必要性和意义研究

这方面的表述方法各有不同，集中为两个侧重点。一是从高校思想政治教育角度强调，诸如中国传统文化融入高校思想政治教育的必要性、重要价值、作用和意义；传统文化在当代思想政治教育中的功能；中国传统文化与高校思想政治教育契合的必要性、中国传统文化融入高校思想政治教育的意义、中国传统文化对高校思想政治教育的启示等。[①] 另一侧重点是从中国优秀传统文化对大学生成长成才的意义的角度强调，传统文化对塑造当代大学生思想品格的意义。如中国传统文化对大学生思想政治教育的影响及作用[②]、传统文化在大学生思想政治教育中的运用[③]、中国传统文

---

① 安涛、李蕾、翟广运：《试析中国传统文化教育与高校思想政治教育的契合》，《学校党建与思想政治教育》2012 年第 12 期。

② 刘吕高、田崇军：《中国传统文化对大学生思想政治教育的影响及作用》，《中华文化论坛》2014 年第 3 期。

③ 刘丽、宋明明：《浅谈传统文化在大学生思想政治教育中的运用》，《辽宁医学院学报》（社会科学版）2014 年第 2 期。

化与当代大学生思想政治教育①、大学生思想政治教育过程中优秀传统文化的介入②、传统文化在大学生思想政治教育中的价值与应用③。研究认同，继承和发扬传统文化是弘扬党的思想政治工作优良传统的需要；大学生思想道德现状使高校思想政治教育需要借助传统文化的力量；传统文化在大学生思想政治教育中缺失要求加强传统文化的作用。

（一）中国传统文化是大学生思想政治教育的思想沃土

中国大学生思想政治教育有着其时代的指导思想，但是离不开中国传统文化的思想土壤，挖掘中国传统文化中的思想道德资源，以优秀传统文化为载体引导今天的大学生学会用整体的眼光和思维去看待问题，走出专业壁垒，更加全面的、联系的去给自己通识性充电，激发学生更加广泛的学习和探究兴趣，而不是只囿于自己的学科和专业，大而空，小而狭，均不足取。同时强调心性的提升，真正意识到求真与求善、致知与修为的共通关系，重新评估自身的价值和正确定位自己，树立科学的世界观、人生观和价值观，在求学求知的过程中不忘本心，尊德崇德，有利于真正实现人的全面发展④。

（二）中国传统文化是大学生思想政治教育的精神命脉

中国传统文化能够传承今日，生生不息，与其"人文化成的创造精神，刚柔相济的辩证精神，究问天人的探索精神，厚德载物的人文精神，和而不同的会通精神，天下为公的责任精神"是密不可分的，这些精神依然潜在深刻影响着国人的思辨、情感和价值观，依然是我们的精神命脉。在全球化、信息化的今天，面对西方文化和网络文化等多元文化的冲击，各类思潮迭起，大学生的道德情感、价值观念、精神追求动摇不定，大学生思想政治教育面临的环境越来越复杂，任务越来越艰巨，如何固本清源，重建今日大学生之思想基础、道德基础，树立文化自信和价值观自信？越来越多的人开始思考"反求诸己"，重新浸润在中国优秀的传统文

① 王文：《中国传统文化与当代大学生思想政治教育》，《郑州轻工业学院学报》（社会科学版）2010年第5期。

② 王敏光、惠红丽：《大学生思想政治教育过程中优秀传统文化介入探析》，《科教文汇》2007年第6期。

③ 曲江滨、张薇：《传统文化在大学生思想政治教育中的价值与应用》，《学校党建与思想教育》2012年第1期。

④ 刘吕高、田崇军：《中国传统文化对大学生思想政治教育的影响及作用》，《中华文化论坛》2014年第3期。

化之中，寻找属于我们自身的、符合时代特征的精神命脉。

（三）中国传统文化是大学生思想政治教育的创新源泉

中国传统文化历经岁月淘沙，沉淀蕴含了一套非常完整的社会思想道德规范体系，其本身的包容汇通特点又使得其不断凝练、整合、更新，所表现出的道德规范、思维方式和价值体系不但拥有很强的历史性和遗传性，同时还拥有鲜活的变异性和现实性，是我们大学生思想政治教育很好的参考教材和创新源泉。在大学生思想政治教育的内容建构上，我们可以古为今用，推陈出新，汲取"中国优秀传统文化丰富的文化内涵、文化品位和文化精神"，创新性培养大学生社会主义核心价值观；在大学生思想政治教育体系建设上，可以借鉴传统文化的价值规范体系，建设有中国特色的大学生思想政治教育体系；在大学生思想政治教育的方法论上，可以借鉴中国传统文化的知行合一、经世致用、刚柔兼济等去处理思想政治教育中出现的新问题、新情况，创新具体的思想政治教育工作方法，充分发挥现有优势，进行创新性的转变。

（四）传统文化是提升大学生思想道德素质的有效手段

中国文化有着五千年的历史，源远流长，博大精深。古老的岁月蕴藏着无尽的财富，中华民族文化便是这样一座开掘不尽的富矿。文化包含一个民族长期积累形成的深层的心理积淀，如同名胜古迹一样，时间愈久远愈有价值，就像一棵根深叶茂的千年古树，一切现代文明都可以在这棵大树上嫁接生成。中华五千年的文化是博大精深的，每一句话都凝集了先人无限的智慧。大力弘扬优秀传统文化，可以让我们大学生接受中华民族优秀传统文化的熏陶，进而不断加强自身修养和人格锤炼，自觉养成文明礼仪的良好行为习惯。树立正确的世界观、人生观和价值观。我们首先要学会做人，然后是学会学习。人要勇于担当、有责任感才能做一个大写的人，才能顶天立地。

总之，这方面的研究，一是从高校思想政治教育的角度强调，高校思想政治教育的有效开展离不开中国传统文化教育；促进大学生个人身心全面发展离不开中国传统文化教育；正确引导大学生认识社会，增强社会责任感需要加强传统文化教育。二是从大学后主体的角度强调：传统文化注重仁爱、诚信、义利、忠毅的精神品格教育有助于培养大学生为国为民的爱国主义情操，有助于培养大学生严于律己的自律精神，有助于培养大学生求新求变的创新精神，有助于培养大学生健康和谐的心态，有助于培养大学生谦逊的品格。

二 传统文化融入高校思想政治教育的实践现状分析研究

学者刘淑霞指出，把传统文化教育纳入思想政治理论教育的范畴，可以说是十余年许多高校思想政治教育的创新①。自 1992 年以来，北京大学季羡林、张岱年、邓广铭、周一良、侯仁之等文化大师，或撰文阐述弘扬优秀传统文化的意义，或应邀开办传统文化讲座，受到大学生们的热烈欢迎。1993 年 11 月始，北大开展了由百余学生社团自发组织的"国学月"活动，吸引了众多的大学生参加。在此期间，北大相继播放《中国传统文化讲座》、《中华文明之光》两部电视系列片。这些电视片内容广泛，见解精辟，格调高雅，古典风韵和现代手段相统一，学术性、知识性和趣味性兼顾，且画面采用图片、实物、实景，形式生动活泼，使大学生们在欣赏中接受教育②。北大团委在 2009 年推出纪念中国传统节日主题图文展之后，2010 年又推出了"古韵新知"中国传统文化主题图文展。文展在整体风格上仍以文化普及为基调，在介绍古今文化知识的基础之上，突出传统与现实相结合的理念，将中华民族优秀传统与现代社会文化符号相结合，突出中国传统文化在当今时代的重要意义。复旦大学 2006 年在全校开展通识教育，而通识教育离不开中国传统文化教育。因此，传统文化教育可以做到和爱国主义教育、道德教育密不可分，这对学生培养成一个合格的社会主义接班人大有裨益。基于这种认识，复旦大学从 2005 年开始在全国率先成立以通识教育为中心的复旦学院和通识教育研究中心③。此外，湖南大学、东北师范大学、武汉大学、河北师范大学、河北科技大学、上海电力大学都进行了基于自身学校特色的探索④。全力打造富有中国传统文化特色的学生第二课堂，提升了大学生对传统文化认知度、敏感度，全面提升大学生的人文素养和综合能力。使中国传统文化对大学生思

① 刘淑霞：《中华传统文化与高校思想政治教育融合之实然状态与应然态势》，《唐都学刊》2011 年第 1 期。

② 陈占安、赵为民、潘成鑫等：《当代大学生与中国传统文化》，《北京大学学报》（哲学社会科学版）1996 年第 1 期。

③ 张祥浩、石开斌：《中国传统文化与思想政治教育的创新》，《东南大学学报》（哲学社会科学版）2008 年第 5 期。

④ 张仙智、赵铮、刘佳、吴涵：《中国优秀传统文化融入大学生思想政治教育的路径探析》，《上海电力学院学报》2014 年第 11 期。

想政治教育发挥了巨大作用，引领为价值典范、熏陶为校园氛围、内化为精神皈依、外化为自觉行动、充分挖掘优秀传统文化的内涵，又要让学生认真学习和研究中国的传统文化，通过宣传、教育、社会实践等方式，影响情感，激发民族意识和爱国热情，树立起社会主义核心价值观，开创新时期高校思想政治教育的新局面，实现高校立德树人的根本任务。

同时，从近十余年国内高校思想政治教育发展情况看，对思想政治教育与传统文化的融合模式，传统文化在思想政治教育中的价值，各高校的认识不尽一致，存在许多较为突出的问题。一是多数高校缺少传统文化教育内容。目前，只有极少数高校开设了诸如《孔子与论语》、《中国传统文化概论》之类的选修课，多数高校的课堂上找不到传统文化的音信。从思想政治理论课的现有内容来看，也存在严重的结构性缺失，这就是政治性的内容所占比例过重，道德性、文化性的内容太少，传统文化教育没有占到一席之地。多数高校基本上没有建立起传统文化教育平台，没有找到思想政治理论课与传统文化融合的有效模式。近年来一些高校虽然也举办过一些有关传统文化方面的论坛、讲座，但一般都是专业性较强的学术报告，其思想政治教育和人文素质教育的意义十分有限。二是缺乏党政有关部门的有力推动和指导。相关文件在涉及传统文化教育问题时都只是作一般性的号召和原则性的要求，未能就这项工作在高校如何定位、如何落实作出具体规定。对高校的考评体系从未见到过传统文化教育方面的指标，也没有相关部门就此项工作对高校进行督促、考评和组织交流。三是严重缺乏从事传统文化教育的师资。部分高校虽然也有一些传统文化方面的专业人员，但这些人员多是长于传统文化学术研究而疏于普及性教育，即使从事教学也是从事传统文化的专业性、学术性教学，不太熟谙传统文化教育的特有规律，不具备从事传统文化与思想政治理论课融合的知识结构。四是各高校现有图书资料远不能适应传统文化教育的需要。各高校图书馆书架上摆放的有关传统文化方面的图书多是令学生望而生畏、敬而远之的专深学术著作，而为学生喜闻乐见且具有一定思想深度的普及性读物所占比例太小。事实上，整个社会都缺乏高质量的传统文化教育读本。

形成这些问题的原因是多方面的，但较为突出的致命的原因有两个：一是整个高等教育人文教育现状不容乐观，文化素质教育有待加强。我国高等教育功利化倾向使伦理教育或价值教育在大学课程中的地位被严重削弱，以价值为中心的人文教育在大学的知识殿堂中的位置受到了挑战，因而作为思想政治教育的传统文化教育所赖以生存的土壤也就随之消失。二是多元文化并存，传统文化遭遇到前所未有的挑战。在中国社会转型、中华民族伟大振兴的时代，在经济全球化、东西方思想汇集、碰撞、激荡的浪潮里，在网络文化、娱乐文化、视觉文化的覆盖中，传统文化在现代大学教育中受到了巨大冲击。中国大学生们不知道西方大学把学习包括东方传统文化在内的经典阅读作为大学的必修课，把传统文化看作是过时的、保守的、落后的东西扔在了一旁。面对潮水般袭来的西方文化，缺乏理智分析与冷静思考的年轻的大学生们没有完全具备抵制不良影响的能力，不能正确区分西方文化的精华与糟粕。

另外，学者任燕指出，"五四"新文化运动时期，中华传统文化被进行了批判性的研究，虽然其开始的目的是为了破除旧的文化体制中存在的阻碍社会发展的弊端，然而其发展到最后却演变成为对中华民族传统文化的全盘否定和批判，一些激进人士甚至怀疑到中华文化的本质，要求"全盘西化"。这影响甚至阻碍了中华文化的传承发展，一定程度上割裂了中华文化的传承。"文化大革命"期间，中华民族传统文化又一次遭受巨大打击，传统文化精神丧失殆尽。"文化大革命"结束后，中国启动改革开放，经济发展被居于首要位置。从此，经济上行，思想下行，传统文化传承的断裂越来越显示出其对社会发展的负面效应。唯利是图、信用缺失、腐败高发、污染严重这些本为中国传统文化严厉批判的问题日益突出，多重问题交织使社会矛盾复杂化、多样化，社会矛盾陷入调和困境，并进而影响我国改革进程。重拾中华民族传统文化，加强传统文化教育已成为当务之急①。

三 优秀传统文化在高校思想政治教育中的资源作用研究

一是宏观上系统整理。一些学者尝试以现代思想政治教育的视野去梳理提炼中国传统文化中思想政治教育的内容。早期研究最具代表的是邓球柏教授的《中国传统文化与思想政治教育》，分别总结了《大学》《中庸》《论语》等八部经典论著以及董仲舒的思想政治教育理论，从宏观上分析了对中国传统文化具有深远影响意义的各位思想家的思想政治教育理论。

---

① 任燕：《论中华民族传统文化学习与思想政治教育之融合》，《中国党政干部论坛》2014年第7期。

虽然该著作只分析了传统文化中的部分论著，不够全面，但对于中国传统文化与思想政治教育系统研究方面仍具有开拓性意义。之后的沈壮海在《思想政治教育的文化视野》中对思想政治教育的基本理论和具体实践作了深刻的文化解读，对思想政治教育的学科理论建设具有理论意义。赵康太、李英华主编的《中国传统思想政治教育理论史》在中国历史分期框架下，研究了从传统思想政治教育的意识萌生与理论形态成熟，到大一统阶段的发展演变，再到理论多元化，直到近代的裂变，分析了各个时期思想家的各种思想政治教育主张，比较系统全面地讲述了中国传统文化对现代思想政治教育的价值。顾友仁的《中国传统文化与思想政治教育的创新》一书则以"透视传统文化在我国思想政治教育中地位的变迁为目的"① 对中国传统文化与思想政治教育的创新进行了独具特色的研究。这一系列著作都给我们宏观理解传统文化与思想政治教育提供了重要借鉴，具有重要的理论和现实意义。

二是局部简要提及。有些学者不是从专题的角度系统讨论传统文化与思想政治教育，有关内容只局限于他们学术著作中某些章节，或者是某个方面。例如，万光侠所著的《思想政治教育的人学基础》中篇第四章——人性和人的本质：思想政治教育的基本前提，对古代孔孟思想对于人性的探讨作了简要的介绍。② 虽然诸多论著只是局部提及，但我们也可以从中看出：传统文化与思想政治教育的研究已经是现代思想政治教育研究中必不可少的一个组成部分。

三是微观上重点分析。一些学者尝试着从传统文化中选取一个主要流派或某一主要流派的某些代表人物，重点阐述其思想道德理论对当代思想政治教育的影响及价值。如唐劭力、周敏的《论道家文化对现代思想政治教育的启示》。当前学术界的研究多集中于儒家及其代表人物孔子、孟子等关于思想政治教育的理论或观点，如郭建峰、朱莉的《儒家文化对现代思想政治教育的启示》、姜伟的《孔孟思想对现代思想政治教育的价值及其限度》等。严春宝在《儒家传统文化在思想政治教育中的作用》中指出③：向"90后"学生灌输儒家传统中的孝道文化不仅是必要的，而且也

---

① 顾友仁：《中国传统文化与思想政治教育的创新》，安徽大学出版社 2011 年版。
② 万光侠：《思想政治教育的人学基础》，人民出版社 2006 年版。
③ 严春宝：《儒家传统文化在思想政治教育中的作用》，《思想政治课教学》2013 年第 9 期。

有其现实意义。有针对性地对青少年施以孝道教育，一方面可以让他们体谅自己父母的艰辛；另一方面可以使他们认识到他们所受到的种种关爱并不是毫无原因的，更不是理所当然的。他们应该对自己的父母和长辈心存感激和感恩之心，并立志将来以更大的孝心加倍回报父母长辈曾经施与自己的养育之恩。除了孝道之外，儒家也提倡兄弟友爱、手足之情，事实上，这本身就是孝道的一个主要组成部分，在儒家伦理中占有突出的地位。与此同时，在儒家的经典著作中，也特别强调和重视交友的重要性，因为朋友不仅是快乐的源泉，也是提升我们美德的道德工具。在现代社会中，家庭中的兄弟姐妹成员可能是少了，但如果我们能正确引导青少年理解"四海之内皆兄弟"谁又能说他们没有兄弟姐妹呢？

　　四是概括提炼传统文化精神内容。这方面的研究结论比较一致。（1）传统文化中蕴含了培育大学生政治品格的丰富资源。诸如"天下兴亡，匹夫有责"的爱国情怀；"民惟邦本，本固邦宁"的民本思想；"大道之行，天下为公"的公忠观念等。（2）传统文化中蕴含了锤炼大学生思想品质的丰富资源。诸如"刚健有为，自强不息"的进取精神；"舍生取义，坚守气节"的思想境界；"与时俱进、革故鼎新"的创新意识等。（3）传统文化中蕴含了提升大学生道德品行的丰富资源。诸如"仁者爱人，厚德载物"的宽厚之道；"言而有信、一诺千金"的诚信品质；"明礼为仁，仁爱孝悌"的伦理规范等。（4）传统文化中提供了完善大学生人格品性的实践路径。诸如"正心诚意"的自觉意识；"内圣外王"的入世态度；"内省慎独"的修养方法；"知行统一"的践履路径等①。研究大都认同要挖掘和发挥中国优秀传统文化中的创造精神、刚柔相济的辩证精神、究问天人的探索精神、厚德载物的人文精神、和而不同的会通精神、天下为公的责任精神、自强不息的民族精神，赋予"仁义礼智信"新的时代解读。集中表述有：

　　1. 弘扬爱国主义传统，树立远大理想。自古以来，中国人尤其是士子一直把"修身、齐家、治国、平天下"作为自己的人生理想和处世准则，从而形成了中国特有的民族凝聚力、民族自豪感以及民族至上、国家为本的爱国主义精神和社会责任意识。"公忠勇毅"的爱国情节一直根植在中

---

① 刘张飞：《基于传统文化的大学生思想政治教育资源探析》，《湖北师范学院学报》（哲学社会科学版）2014年第3期。

华民族悠久文化历史中。不论是孟子的"以天下为己任",还是范仲淹的"先天下之忧而忧,后天下之乐而乐",再或是顾炎武的"天下兴亡,匹夫有责",都强调民族至上、国家为本的爱国主义精神和社会责任意识,都体现了中华民族这种不畏险恶、舍身取义的高尚品格。中国优秀传统文化感染、教育和激励着世世代代的炎黄子孙,成为中华儿女前赴后继、舍生忘死、报效祖国的强大精神动力。随着对外开放,各种外来文化也不断影响着中国人传统的生活方式和生存方式,一些中国人看不起国货,哈韩、哈日、吃洋快餐、过洋节,把对传统的背叛视为自己进步的标志。对此,思想政治教育中要利用中国传统文化资源,将传统爱国思想中的精华部分继承并发扬光大,培养学生爱国主义情操,培养学生的民族自豪感和责任感。今天,我们的伟大祖国正处在一个历史转折时期,要实现中华民族的伟大复兴之梦,必须要有无数具有高度责任感和爱国精神的人为之奋斗。

2. 弘扬"仁爱"思想。"仁爱"是中华民族传统美德中极为重要的内容之一,是中华民族固有的民族精神。目前受商品经济的影响,西方不良思潮的渗透,很多学生在日常生活中表现得自私自利,凡事以自我为中心,甚至不惜牺牲他人和集体的利益。因此,我们需要在日常的思想政治教学过程中,加入"仁爱"的教育内容,培养学生"仁者爱人""己所不欲,勿施于人"的高尚品质,教育学生在与人交往的过程中要真诚相待,平等待人,以尊重、真诚、友爱、信任去建立友情,发展和谐的人际关系。

3. 继承传统诚信观,学会诚信立人。诚信文化是我国传统文化的精髓。以诚相待,忠诚守信,历来是中国人的道德信条和优良传统。"民无信不立""人而无信,不知其可也。"诚信是为人之本,立国之基。挖掘、践行传统诚信道德,对加强大学生思想政治教育具有重要的借鉴、启迪价值。现在的学生由于缺少生活阅历,还没有完全了解诚信对于人生存发展的重要性,对于因缺失诚信带来的严重后果也没有给予足够的认识,因此导致了现在学生诚信危机的产生,如考试作弊、抄袭作业、撒谎逃学等现象屡屡发生。因此,要将诚信教育作为思想政治教育的重要内容,渗透到学校教育培养的全过程,逐步提高学生的诚信意识。通过诚信立人教育,唤起当代大学生自我教育和自我完善的意识,按照社会的道德要求进行自我锻炼和自我改造,加强性格修养。

4. 学习传统的"义利观"。中国传统文化中的义利观,是中国传统文化价值取向的核心，是构建传统道德文化的坐标。"义"，直指一种道德准则，是"利"的立足点和根本点。中国传统儒家主张"重义轻利"，在利益面前要以义为标尺，但同时并不否认"利"的重要性，提倡"礼以行义，义以生利，利以平民，政之大节"。高校思想政治教育要帮助学生树立既植根于民族传统文化，又反映时代精神的社会主义义利观，在充分尊重个人合法利益的同时，鼓励人们去追求、获得正当利益。

5. 辩证学习传统孝文化，增强家庭观念。对大学生进行传统孝文化教育主要是强化大学生的家庭观念，促进家庭和谐，进而促进社会和谐。第一，爱自己，爱生命。爱护自己的身体，这是孝的开始。第二，爱父母，爱家人。爱父母就要赡养父母、孝敬父母，不能要父母为自己担心。教育学生孝敬双亲，培养强烈的家庭观念，进而学会自强自立，承担自己的责任与义务。第三，爱他人，爱国家。实施仁爱的方法就是推己及人，要克己复礼，引导学生能够从大局出发，不要只顾个人利益、眼前利益。

四　中国传统文化教育与高校思想政治教育融合途径研究

讨论传统文化与思想政治教育深入结合的途径，是很多学者研究传统文化与思想政治教育的重要组成部分。在现阶段开展的思想政治教育工作中，应结合社会的客观情况，继承传统文化中的优秀成果，并充分运用到思想政治教育过程中来，加强思想道德教育的实效性，进一步提高当代学生的品德修为，为社会主义现代化建设培养合格的优秀人才。学者们研究的侧重点各不相同，提出的结合途径也多种多样，如贾钢涛提出实现传统文化与思想政治教育的结合要"加强制度建设，建立长效机制；提高准入门槛，打造优秀教师队伍；精心编写课程教材，改进教学方法；培育有利于大学生学习传统文化的校园氛围；兼顾差异性，凸显育人目标多样化"[①]。刘可则强调四种"转变"实现传统文化与思想政治教育的结合，"要实现由经验型方法向科学型方法转变，实现灌输型方法向交流型方法转变，实现多载体开展思想政治教育工作，实现工作方式由单一型向综合型转变"[②]。王文则指出道德课程建设、校园文化建设、相关课程师资力量

[①]　贾钢涛：《论以传统文化为载体的高校思想政治理论课程体系构建》，《学校党建与思想教育》2011 年第 7 期。

[②]　王威威：《中国传统文化与思想政治教育——思想政治教育研究的新方向》，《华北电力大学学报》（社会科学版）2011 年第 4 期。

建设以及大学生课外道德实践活动是引入传统文化加强大学生思想政治工作的主要途径选择①。学界在探索传统文化与思想政治教育结合的途径上已经取得了十分丰富的成果。比较集中的观点有：

1. 加强传统道德教育课程的建设。首先，在思想政治教育课程的基础上，开设介绍传统文化的专题，增加介绍儒家优秀思想文化、爱国主义传统文化的内容，帮助学生丰富传统文化知识，同时树立正确的世界观、人生观、价值观。其次，开设关于中国传统文化的选修课，为大学生学习传统文化知识提供必要的平台，使得学生能够了解到中国传统文化的历史。通过丰富生动的课堂内容来拓宽学生的传统文化视野，把传统道德内化于心，从而有利于他们接受传统文化熏陶、习得传统美德智慧。

2. 加强校园文化建设。高校可以在校内建设传统文化网站，让学生通过网络欣赏优秀的文化作品，陶冶道德情操。学校还可以请一些学者，开展形式多样、结合学生实际的民族传统文化专题教育讲座；让学生自己组织策划有关宣扬传统文化的知识竞赛等活动，使学生充分融入具体的活动中去。校园广播也是宣扬传统文化的好平台，在校园广播中穿插一些传统文化知识的内容，有利于形成浓厚醇郁的"博雅艺术"校园之风。

3. 加强中国传统文化相关课程师资力量的建设。国家要发展，教育是基础；教育要发展，教师是基础。建立一支专职中国传统文化的教师队伍，专职负责传统文化课程的宣传和教学工作，增加师生之间交流、学习的机会，调动学生对学习传统文化的积极性。教师在授课过程中，要结合时代的发展要求，用多元化的教育内容和方式充实思想政治教育的内容，增强教学感染力，提高教学方法的灵活性，从而达到提高教学质量的目标。

4. 加强大学生课外道德实践活动。开展课外道德实践活动不仅是开展高校思想政治教育的重要途径，而且对增强大学生思想政治教育的针对性和实效性方面有着不可代替的重要作用。将理论与实践相结合，用丰富多彩的实践内容、活泼多样的实践方式替代枯燥的说教。同时，要把课外道德实践活动与课堂教学成绩一同纳入综合评价之中，建立起课堂教学和课外道德实践相结合的规范考评体系，使课外道德实践活动逐渐成为高校思想政治教育的一种教学方式。

---

① 王文：《中国传统文化与当代大学生思想政治教育》，《郑州轻工业学院学报》（社会科学版）2010 年第 5 期。

尤其值得特别关注的是融入高校思想政治理论课的路径研究，迟成勇指出①：

1. 经典阅读是中华优秀传统文化与高校思想政治理论课教学融合的知识前提。开展经典阅读，引导学生阅读中华传统文化典籍，是思想政治理论课课堂教学融合优秀传统文化元素的知识前提和基础。

2. 理论教学是中华优秀传统文化与高校思想政治理论课教学融合的主要路径。在课堂理论教学中，自觉地运用中华优秀传统文化的价值理念、核心命题或经典格言等，来解读教材中的基本原理和基本观点，不仅能够增加思想政治理论课课堂教学的文化含量，而且能够增强学生对马克思主义中国化与中华优秀传统文化相结合的理解或把握。

3. 实践教学是中华优秀传统文化与高校思想政治理论课教学融合的有效路径。在熟读经典的基础上，在理论教学与传统文化优秀成分相融合的前提下，教师应该紧密联系当今理论界、学术界的热点问题或当今中国社会的实际问题，拟定相关传统文化的论题，让学生自由选择、思考探究、认真撰写。通过撰写中华传统文化的小论文，深化学生对民族传统文化的理解与掌握。组织学生参观体现中华传统文化的文物古迹或爱国主义教育基地。在参观考察的基础上，引导学生写观后感或撰写相关小论文。总之，通过把"读与写"、"看与写"结合起来，使得学生对中华优秀传统文化的认识由感性认识上升为理性认识，进而内化为自己的思想品德及行为方式。总之，高校应该争取社会支持，围绕弘扬中华优秀传统文化，有计划地建立一批稳定的德育文化基地和社会活动基地，不断拓展社会实践的活动领域，实现思想政治理论课理论教学与实践教学的项目化和制度化，真正做到课外与课内、理论与实践的相互促进。总之，实践教学是中华优秀传统文化与高校思想政治理论课教学融合的有效路径。

五 加强传统文化与思想政治教育相结合的原则研究

（一）遵循创新性原则

传统文化与现实的思想政治教育的结合，本身就是一种创新。创新不是对传统文化的全盘否定，也不是对传统文化内容的任意添加。不可否认

---

① 迟成勇：《论中华优秀传统文化与高校思想政治理论课教学的融合》，《思想理论教育》2014 年第 12 期。

的是，我们曾经在文化建设中出现过严重的不足，结果造成了中国人文化认同的危机和民族心灵的贫困化恶果。所以，高校有责任清除传统文化中不合时宜的糟粕，发扬和提升精华部分，创造一些过去没有的、现在需要的新内容，同时学习并吸取外来文化，最重要的是要吸取马克思主义思想，丰富发展中国传统文化，使传统文化保持时代性和先进性特点①。

（二）遵循主体性原则

遵循大学生思想政治教育的主体性原则，是将大学生作为独立自主的、具有主观能动性的个体，采用启发和引导大学生内在的思想政治需求，培养训练他们的独立性和主体意识、创造才能，使大学生能够自觉构建正确的思想政治品质，促进大学生自由、全面的发展。它尊重大学生的主体性，以大学生的全面发展为目标，使大学生形成高尚的人格为标志。但是，传统文化过度强调群体本位和强调主体的顺应性，往往忽视了主体对自然、社会的能动改造，致使人的主体性在与自然、社会的协调融合中逐渐消失，导致一些大学生缺乏主动进取精神，在学习和生活中缺乏能动性。这些倾向在一定程度上对大学生主体性的发展有不可低估的消极影响。现时的思想政治教育必须在对传统文化继承的基础之上有所批判和创新，必须要适应时代潮流，更新观念，并且要因势利导。因此，我们在对大学生进行思想政治教育过程中，既要有效利用优秀传统文化中富含的爱国主义等资源，又要注意克服传统文化的消极影响，注重鼓励、培养他们的主动性和能动性以及批判意识和创新思维。

（三）遵循开放性原则

大学生的思想政治教育工作是一个长期的、系统的工程，高校要注意家庭的陶冶和社会的影响，应该建立一个以家庭教育为基础、以学校教育为主体、社会教育作为校园教育的延伸的教育体系，从而实现思想政治教育的系统化和社会化。对大学生进行有效的思想政治教育，学校要有开放意识，紧密联系学生家庭、当地政府和教育行政部门、相关的企业事业单位和社区，使大学生始终保持教育目标和方向的一致性。现在的世界是开放、多元的世界，没有一种传统可以故步自封而不作任何改变。在经济全球化进程日益加快的今天，外来文化以更加迅猛的态势汹涌而至，使一部分大学生的精神状况和思想道德发生了新的变化。冷静面对复杂多变的国

---

① 帖伟芝：《浅谈优秀传统文化与高校思想政治教育》，《教育与职业》2013 年第 1 期。

内国际形势，广泛参与世界文化的对话，促进各国文化的相互借鉴，保持和维护文化的多样性，从而培养大学生的辨别能力，激发他们深厚的爱国热情和民族感情，是高校的历史使命。高校必须在弘扬传统文化的基础上，勇敢地敞开胸怀，博采各国各民族文化之所长，学习和接受外来的文化，使我国的文化事业融入世界文化大家庭，成为世界文化的领先者。

除此而外，还要做到下列几点：一是民主性精华与封建性糟粕的区分；二是批判继承与综合创新的结合；三是传统文化知识传授与传统人文精神弘扬的结合；四是优秀传统文化核心理念与马克思主义基本原理的结合；五是弘扬民族传统文化与借鉴外来文化的结合；六是建设中华优秀传统文化网站与打造校园文化的结合。只有如此，才能真正实现中华优秀传统文化与高校思想政治理论课的融合，才能真正实现对大学生进行中华优秀传统文化教育，不断增强大学生的文化自觉与文化自信，不断增强大学生的民族自尊心和自信心，进而激发大学生的爱国主义情感和实现中华民族伟大复兴中国梦的热情。

六 传统文化融入高校思想政治教育的对策研究

（一）加强高校传统文化普及工作的制度建设

中央与地方政府，特别是各级教育行政主管部门应尽快出台关于加强传统文化教育的文件，对传统文化教育在大学教育中的地位以及如何落实作出具体规定，积极推动和指导传统文化教育进校园、进课堂。同时制定包括课程建设、师资培养、教学研究、图书资料建设、政策配套、考评体系建设等内容在内的高校传统文化教育实施规划，以确保此项工作的扎实推进。

（二）增进课程改革力度

首先，思想政治教育的课程改革将首当其冲，应当将传统文化课程作为思想政治教育的重要课程开设，使思想教育和政治教育相辅相成，教材选编应该系统权威，避免为了服务于政治教育而零散地教授传统文化知识，要对传统文化进行系统地梳理和研究，同时，加强教育人才培养，形成有机统一的传统文化教育整体氛围①。其次，加大传统文化教育在整个课程体系中的比重。要改变现有的课程结构，强调历史传统、文化和艺术

---

① 任燕：《论中华民族传统文化学习与思想政治教育之融合》，《中国党政干部论坛》2014年第7期。

传统的教育。要通过思想政治理论课教学，将传统文化的内容直接灌输给学生，使之成为学生的知识内涵，转化为学生的精神追求。要鼓励教师开设《传统文化概论》或《儒学经典导读》之类的公共选修课程，并规定学生必须修满有关传统文化方面的学分。要把传统文化纳入学科教学的全过程，使学生在接受专业知识的同时，潜移默化地受到传统文化的教育。就课堂教学而言，要灵活运用各种教学方法，培养学生学习的主动性、自觉性和创造性，让学生自主批判、激浊扬清。

（三）高校要为大学生提供学习和掌握传统文化的丰富平台

大力支持和有效组织以传统文化教育为中心的校园文化活动，强化传统文化教育的环境氛围。要通过举办论坛、开设专题讲座、支持学生学术社团开展活动等多种方式，营造注重国学教育的浓厚校园氛围；通过征文、演讲、讨论、辩论赛、知识竞赛等，在学生中广泛开展传统文化教育活动；通过举办与传统文化教育有关的文化沙龙、传统文化艺术的展览、演出等，吸引学生广泛参与。要积极发挥学生生活社区在中华优秀传统文化教育中的作用，将中华优秀传统文化教育融入学生生活的每个场景、每个细节，让学生从生活中的一点一滴接受中华优秀传统文化的熏陶。校园中的文物类的建筑、橱窗、板报、横幅、标语、路牌，乃至草坪中的警世语，都可以成为对学生进行传统文化教育的重要载体。

（四）重视并促进教师的人格垂范作用，以此带动大学生中华优秀传统文化素质的提高

一方面，高校教师必须充分认识传统文化的价值，以崇敬的态度对待传统文化，增强自身对当代大学生进行传统文化教育的责任感和自觉性；要不断提高自己的传统文化素养，使大学生眼中的大学教师具有哲人与贤人的风度，他们不仅精通自然科学和人文社会科学，而且达到一种信手拈来的程度。另一方面，作为高校教师，应该处处以身作则，为人师表，以教师职业道德和学生良师益友的标准严格要求自己，在提高自身素质的基础上，指导学生提高治学、做事、律己、交友、待人、处世等方面的修养。教师要终生坚持学为人师，行为世范，发挥好自己的人格示范作用。教师要敢于敞开自己的心扉，坦露自己的成长和发展经历，总结以往道德经历中的得失及其所思所感，形成一种心理上的沟通。

（五）加大宣传力度，营造传统文化教育的良好舆论氛围

新闻媒体要确立正确的舆论导向，关注传统文化问题，介绍和宣传一

些传统文化的精华，提高全社会对传统文化的认识，加速传统文化适应时代要求的现代转型。各高校要通过校园网、校园电视台、校报、学生社团刊物等传媒手段，在学生中广泛地宣传中华优秀传统文化，加强优秀传统文化民族性和现实性的教育，以激发学生的民族自豪感、自尊心，增强民族认同感，充分发挥校园传媒的育人功能，使校园的每一处都体现中华优秀传统文化教育的韵味。

（六）利用网络平台，构建传统文化融入思想政治教育的全时空教育环境

马克思认为，人的本质是一切社会关系的总和。人的成长一刻也不能脱离人们的社会实践环境。"生活对人的教育是最直接、最有价值和最有效的。因此应该建立学生积极健康的生活环境，包括优美的自然环境，文明进步的人文环境，平等民主的制度环境。广大学生在这种民主、文明进步、健康、活跃的生活环境中时时处处受到潜移默化的教育。"[1] 据此而言，当代大学生的思想政治教育必须渗透大学生生活的各个领域，通过校园文化建设、社会实践活动、家庭教养等各个方面来提高当代大学生思想政治教育的效果。"将中国传统文化的精华以文字、图像、声音等形式融入网站内容中去，可以打破时间与空间的限制，利用网络媒体互动的特点，让学生从网上感受到传统文化的魅力，提高大学生学习优秀传统文化的主动性和积极性，自觉承担起传承传统文化的重担。"[2]

除以上几个方面，加强大学生思想政治教育与传统文化的融合必须以马列主义、毛泽东思想、中国特色社会主义理论为指导，古为今用，使传统文化既能保持中华民族特色，又能体现时代精神。要培养大学生的文化自觉意识，培养中华民族健康的传统文化心态，既不妄自菲薄，也不妄自尊大，积极主动地将传统文化内化为自身的知识框架、价值体系和道德信念的一部分，并以之指导实践。要努力把传统文化中反映传统美德的内容集中起来，改造和吸收其中有价值的东西，使思想政治教育更加具体形象，更加贴近学生，引导他们把握判断是非的标准和价值取向，正确处理人际关系，提高道德水平，陶冶高尚情操，养成良好的精神风貌。要创造

---

① 郭艳英：《新时期高校思想政治教育的实效性探究》，《湖北民族学院学报》（哲学社会科学版）2013 年第 2 期。

② 赵泽林：《传统文化融入当代青少年学生思想政治教育的思考》，《湖北民族学院学报》（哲学社会科学版）2014 年第 6 期。

条件开展形式多样的社会实践活动，进一步促进大学生知行转化、知行统一，使他们真正成为道德高尚的人。要根据传统文化教育的需要加强图书资料建设，达到以著供读①。

---

① 刘淑霞：《中华传统文化与高校思想政治教育融合之实然状态与应然态势》，《唐都学刊》2011 年第 1 期。

第二章　中国传统文化的现代价值

第一节　优秀传统文化是文化强国的历史支撑

优秀的传统文化，是文明的源泉，是宝贵的历史遗产，是世界上少有的精神财富，是我们实现文化强国的历史支撑。优秀传统文化塑铸文化强国的民族自豪、支撑文化强国的文化自觉、感召文化强国的心理自信；优秀传统文化凝结爱国主义民族精神，是我们建设文化强国的厚重精神基奠。我们应该熟悉民族的传统文化，研究民族的传统文化，尊重民族的传统文化，真正做到取其精华，去其糟粕，继往开来，综合创新，使中华文明在新的千年放射出新的光彩，走在人类文明的前列。

一　优秀传统文化铸塑文化强国的民族自豪

优秀传统文化对文化强国的历史支撑，首先是给予中华儿女的民族自信。传统文化有很多精华，给人类作出过重要贡献。中华民族是世界上少有的文明古国，具有五千年以上的文明史，博大精深，源远流长，曾数度辉煌。有过秦皇汉武的文治武功，有过唐宗宋祖的盛世雄风，有过明朝郑和的七下西洋，有过大清初期的康乾盛世，有过具有人类文明里程碑意义的四大发明，还有诸子百家的学术殿堂，流派纷呈，群星灿烂，有绵延不绝的二十四史，卷帙皇皇，还有抵达西亚、北非、欧洲的陆地与海上丝绸之路……直至17世纪，中国的经济实力一直领先于世界各国。自1840年始，中国人民面对西方列强的坚船利炮，在屈辱中抗争，以矢志不渝的爱国主义传统精神凝结力量，谱写救亡图存民族解放的近代史篇章。今天，我们走上了中国特色社会主义的发展道路，走向了民族伟大复兴的壮丽征程。在历史的风尘里，在岁月的长河中，我们看到了伟大的中华民族手握镰刀收割自己的灵魂，周而复始的命运，一轮又一轮的涅槃，使得炎黄的智慧以及繁衍得以生生不息……有生命力的民族，一个强大或追求强大的国家，无论经受怎样的磨难总是可以从坎坷中奋起。正在这不断的涅槃中，形成发展并传承着中华民族的浩然正气！中华民族由辉煌跌到低谷，又从屈辱中重新站起，一部中华文明史告诉人们，中华民族是伟大的，不可战胜的。正是以爱国主义为核心的民族精神，正是优秀传统文化的历久弥新的传承，成就了我们这样的民族——历经磨难而不衰，千锤百炼更坚强。"站立在960万平方公里的广袤土地上，吸吮着中华民族漫长奋斗积累的文化养分，拥有13亿中国人民聚合的磅礴之力，我们走自己的路，具有无比广阔的舞台，具有无比深厚的历史底蕴，具有无比强大的前进动力。中国人民应该有这个信心。"①确实，建设中国特色社会主义，建设文化强国，创造新辉煌，今天的我们满怀信心、无所畏惧，充满了民族自豪感。

二 优秀传统文化支撑文化强国的文化自觉

建设文化强国是中国特色社会主义现代化的必由之路。在具有五千年灿烂文明的中国，在具有厚重历史文化传统的中国，建设文化强国必须正视传统文化，重视优秀传统文化现代价值的发掘和创造性的阐释，因为优秀传统文化是文化强国的价值资源。不能割断历史而是要尊重历史，不能盲目否定历史而是要创造性继承历史并创新历史——建设文化强国应有的文化自觉和文化自信。我们今天建设文化强国，是在既有的历史条件下进行，既要立足当代中国文化建设的实际，也要面对世界文明发展的潮流，还要依托自己民族的历史文化传统。文化强国之强，不仅要有社会主义核心价值体系的引领，要有解放思想、改革开放、凝聚共识、攻坚克难的当代精神的指导，还要有对自己民族历史传统的理性认识。从孔夫子到孙中山，我们都要在温情和敬意中进行批判性清理和创造性转化。中国共产党从创立之日起，就是中国优秀传统文化的自觉继承者和创新性发展者。不割断历史而是要尊重历史，不盲目否定历史而是要创造性继承历史并创新历史，这是我们建设文化强国应有的文化自觉和文化自信。因此，我们应当自觉地寻找并构建历史传统的支撑。而这个历史传统的支撑，从价值观

---

① 《习近平总书记在纪念毛泽东同志诞辰120周年座谈会上的讲话》，《人民日报》2013年12月27日。

层面看，就是优秀的传统文化。毫无疑问，文化强国的价值资源的根本，在于发展中的当代中国的经济建设、政治建设、文化建设、社会建设和生态文明建设的生动活泼的实践，在于中外文化的交流互补，在于弘扬以改革创新为核心的时代精神。与此同时，文化强国的价值资源还要从优秀传统文化中去发掘，并进行富有时代精神的创造性阐释。优秀的传统文化，不仅在历史上产生积极的作用，而且在当今也能发挥其价值引领的功能，起到促进民族文化认同、整合价值观念、构建精神家园的作用。

三　优秀传统文化感召文化强国的心理自信

建设文化强国需要文化深层的力量，它源于历史传统，穿越不同时代，给人一种灵魂深处的安宁，以消除日常生活中的浮躁和急功近利。它本身没有先进和落后之分，却是先进文化的根基，能够为人类文明的进步提供无形而持久的支持，是一个民族或国家在跨越时代变革中保持自我的标识，它为时代变革提供最基本、最稳定的文化认同。弘扬中华文化、建设中华民族共有精神家园，就是要坚持并光大文化的民族性和大众性。共有精神家园的价值根底是中华文化，中华文化是海内外中华儿女文化认同、价值认同、民族认同的最大公约数。这个海内外中华儿女都可拥有的精神家园，既表现为家国意识、民族情怀方面的一致，也表现为对中华优秀传统文化的自觉认同。其中，和而不同的观念，万物并育而不相害、道并行而不相悖的思想，追求立德立功立言的"三不朽"精神，以义取利、见利思义的义利观，己立立人、己达达人的忠恕之道，做君子而不当小人的人格追求，等等，都是中华优秀传统文化的重要表现，是海内外中华儿女在文化认同价值整合方面的最大公约数，也是中华民族共有精神家园建设在历史价值资源方面的最大公约数。充满时代精神的24字社会主义核心价值观也离不开对优秀传统文化的继承和发展。文化强国的国民，对自身文化的历史传统总是感到自豪和自信，这就是我们中华民族共有精神家园。有了这个家园的召唤，我们就不会因为暂时的困难和挫折而丧失信心，更不会因为别人的批评和指责而无所适从，这就是我们的心理自信。

四　优秀传统文化凝结爱国主义民族精神

以爱国主义为核心的中华民族精神，最为典型地反映了自觉衔接优秀传统文化的意识。在五千多年的发展中，中华民族形成了以爱国主义为核心的团结统一、爱好和平、勤劳勇敢、自强不息的伟大民族精神。"夙夜在公"、"先天下之忧而忧，后天下之乐而乐"、"苟利国家生死以，岂因祸福趋避之"无不显示为国家、为民族、为整体而献身的精神。正是这样一代一代的精神操守塑造了最可宝贵的中华民族精神。中国共产党领导人民在长期实践中不断结合时代和社会的发展要求，丰富着这个民族精神。显然，团结统一、爱好和平、勤劳勇敢、自强不息之类的民族精神的重要内容及具体表现，渊源于并贯穿于五千年的中华文化，而不是后来一下子冒出来的，她自有其深厚绵长的历史底蕴。我们今天建设文化强国，必然要弘扬和培育中华民族精神；而弘扬和培育中华民族精神，就是弘扬中华优秀传统文化，就是从优秀传统文化中寻找价值资源。因此，我们说优秀传统文化是文化强国的价值资源，既符合历史事实，也适应现实需求。

五　优秀传统文化承托文化强国的精神基奠

传统文化的历史支撑，表现在理性、智慧、力量的传承上。传统文化是中华文明不竭的源泉，是建设现代化大厦的雄厚根基，是不断攀登人类文明高峰的丰厚积淀。2014 年 4 月 1 日，习近平在比利时布鲁日欧洲学院的演讲中指出："2000 多年前，中国就出现了诸子百家的盛况，老子、孔子、墨子等思想家上究天文，下穷地理，广泛探讨人与人、人与社会、人与自然关系的真谛，提出了博大精深的思想体系。他们提出的很多理念，如孝悌忠信、礼义廉耻、仁者爱人、与人为善、天人合一、道法自然、自强不息等，至今仍然深深影响着中国人的生活。中国人看待世界、看待社会、看待人生，有自己独特的价值体系。"2013 年"五四"青年节，习近平总书记在北京大学师生座谈会上发表重要讲话，明确指出：中华优秀传统文化已经成为中华民族的基因，植根在中国人内心，潜移默化影响着中国人的思想方式和行为方式。今天，我们提倡和弘扬社会主义核心价值观，就充分体现了对中华优秀传统文化的传承和升华，必须从中汲取丰富营养，否则就不会有生命力和影响力。比如，中华文化强调"民惟邦本"、"天人合一"、"和而不同"，强调"天行健，君子以自强不息"、"大道之行也，天下为公"；强调"天下兴亡，匹夫有责"，主张以德治国、以文化人；强调"君子喻于义"、"君子坦荡荡"、"君子义以为质"；强调"言必信，行必果"、"人而无信，不知其可也"；强调"德不孤，必有邻"、"仁者爱人"、"与人为善"、"己所不欲，勿施于人"、"出入相友，守望相助"、"老吾老以及人之老，幼吾幼以及人之幼"、"扶贫济困"、"不患寡而患不均"，等等。像这样的思想和理念，不论过去还是现在，都有其鲜明的民族特色，都有其永不褪色的时代价值。这些思想和理念，既随着时间推移和时代变迁不断与时俱进，又有其自身的连续性和稳定性。我们生而为中国人，最根本的是我们有中国人的独特精神世界，有百姓日用而不觉的价值观。优秀传统文化是我们建设文化强国的厚重精神基奠。

第二节　优秀传统文化是社会主义核心价值观的营养源泉

　　党的十八大报告提出，要"倡导富强、民主、文明、和谐，倡导自由、平等、公正、法治，倡导爱国、敬业、诚信、友善，积极培育社会主义核心价值观"。一般认为，富强、民主、文明、和谐，是从国家层面而言的核心价值观，自由、平等、公正、法治是从社会层面而言的核心价值观，爱国、敬业、诚信、友善是从个人层面而言的核心价值观。三者的结合，就是现今我们全国全社会的核心价值观。这样一个核心价值观无疑是站在中国特色社会主义现代化的高度提出的，充满了以改革创新为核心的时代精神，是完全不同于既往的新型价值追求。不过，从文化发展的连续性和文化的民族性的一面来看，这个新型的核心价值观也离不开对优秀传统文化的继承和发展，也不可能割断传统。国家层面的富强、民主、文明、和谐，就整体而言，当然不是古已有之，而是综合创新的思想成果。但其中的某些思想要素，却与中华优秀传统文化有着天然的联系。社会层面的自由、平等、公正、法治，具有鲜明的现代化特征，是社会主义时代的时代要求。但从民族文化发展的视角看，平等、公正的要求，在中国古代又何尝不是广大人民和进步的知识分子以及开明的政治家的愿景。个人层面的爱国、敬业、诚信、友善，更是与中华优秀传统文化直接相连。这些在中国古代为全社会信守的基本价值，今天经过创造性的阐释，仍然可以为我们所用。简而言之，我们今天建构社会主义核心价值观，应当而且可以从优秀传统文化中得到启迪，得到资源，得到支撑。习近平同志指出，"深入挖掘和阐发中华优秀传统文化讲仁爱、重民本、守诚信、崇正义、尚和合、求大同的时代价值，使中华优秀传统文化成为涵养社会主义核心价值观的重要源泉。

一　社会主义核心价值观体现在国家层面上内容

富强——中国历史上曾经出现了几个强盛的历史时期，就是所谓的盛世。分别是：西汉时期的文景之治、东汉时期的光武中兴、大唐时期的贞观之治、盛唐时期的开元盛世、清朝时期康乾盛世。这几个时期，总的来说，都是君主贤明，纳言听谏，体恤民情，爱民如子，臣子直言进谏，尽忠侍主报国，君臣上下团结，社会稳定，人口增长，经济繁荣，国家富强，百姓安居乐业。一度出现了道不拾遗、夜不闭户的安定局面。当今中国与西汉文景之治颇有相似之处。

民主——中国古代没有现代意义上的民主，民本是传统文化优秀的核心价值观之一。但民本实质上是以民为社会、国家的价值主体。由于历史局限性，儒家的民本思想不得已与君主制结合在一起，有人认为君主与民本存在着矛盾，即便如此，也潜含着从民本走向民主的种子。

文明——中国文明是世界上最古老的文明之一，也是世界上持续时间最长的文明！又称为"华夏文明"。夏，大也。中国有礼仪之大，故称夏；有服章之美，谓之华。华，夏一也。华夏皆谓中国，而谓之华夏者，言有礼仪之大，有文章之华也。中国者，聪明睿知之所居也，万物财用之所聚也，贤圣之所教也，仁义之所施也，诗书礼乐之所用也。唐代长孙无忌领衔撰文的《律疏》（后称《唐律疏议》）中对"中华"一词有如下释义："亲被王教，自属中国，衣冠威仪，习俗孝悌，居身礼义，故谓之中国。"今天的社会主义文明当然首先要继承几千年的礼仪道德，在确立我们自己的文化传统主体的基础上吸收消化外来文明，同时以自己文化传统为主体来参与世界多元文明的融合。

和谐——和谐是我们中国传统文化的核心价值观重要内容。中国传统文化的和谐思想内容非常丰富，集中体现在四个方面，即天地人（宇宙）的整体和谐，人与社会关系的和谐，人与人关系的和谐，人与自身（内在精神世界）关系的和谐。面对现代社会严重的生态危机、社会危机、精神危机，如何实现人与自然、人与社会以及人自身的协调发展，这些和谐思想具有重要的启迪意义和现代价值，都是我们今天需要着力实践的。

二　社会主义核心价值观体现在社会层面上内容

自由——中国虽然没有现代意义上的自由，但不能说没有自由。中国古代的自由是一个中性词，指一种摆脱或超越了社会习俗、礼仪规范或正式制度的个人自在自得的存在状态或随情任性的行为方式。道家是中国古代自由的代表，庄子的《逍遥游》等名篇为"自由"奠定了思想基础。相比较而言，中国古代"自由"一词主要被从否定意义上来理解和定位。儒家的自由是一种中道自由，儒家提倡中正平和，不要走极端，注重伦理秩序，但也不乏自主人格和自由精神，如孔子的"随心所欲不逾矩"就是自由的最高境界。当今中国的自由诉求主要在制度层面，随着中国社会的不断进步，会逐步实现现代意义上的自由，实现马克思主义者所讲的人的从必然王国走向自由王国，实现人的全面而自由发展。

平等——很多人说中国古代是专制社会，封建等级社会，没有平等。这是表面的看法，中国古代社会确实是一个讲究礼法的亲疏远近、尊卑贵贱的等级社会，但这种等级是在承认人的自然差别情况下的合理合情的等差，在大、小传统中均不乏对平等的思想主张和要求，如儒家在承认人有天然差别的前提下主张人格平等，这特别体现在孔子以"忠恕"为核心规范的仁学思想中，"忠恕违道不远，施诸已而不愿，亦勿施于人"。"己所不欲，勿施于人"，"己欲立而立人，己欲达而达人。""忠恕之道"是在把他人视为与自己在人格上平等的前提下将心比心，推己及人，在它后面隐含着的是一种"人格平等"的精神。儒家之所以要求视人如己，平等看待，又是与儒学恻隐之心，仁者爱人的价值核心分不开的，这一点，孔子的"仁者爱人"与孟子"恻隐为仁之端"的思想就是清楚地说明。当今中国的平等主义是外在制度和法律层面的落实问题，需要我们不断地争取。

公正——可以分解为公平和正义。公平是"一碗水端平"、"不偏袒"的意思，《管子·形势解》："天公平而无私，故美恶莫不覆；地公平而无私，故小大莫不载。"在现实中真正意义上的公平是不存在的，公平一般靠法律和协约保证，由活动的发起人（主要成员）制定，参与者遵守。"正义"在传统语境中是公道正直，正确合理的意思，如汉王符《潜夫论·潜叹》："正义之士与邪枉之人不两立之。"现在因为受西方罗尔斯正义论的影响，有学者在通过对"中国古典制度伦理学"、尤其是"儒家制度伦理学"思想资源的发掘，重建"中国正义论"，以回应"西方正义论"，为解决当代社会正义问题提供中国传统思想资源。

法治——"法治"一词很早就出现在古书中。《晏子春秋·谏上九》："昔者先君桓公之地狭于今，修法治，广政教，以霸诸侯。"在先秦法家注重法治，但完全否定了儒家的德礼之治，走向极端。儒家自孔子挖掘古代王道政治的思想资源，提出了"道之以政，齐之以刑，民免而无耻；道之以德，齐之以礼，有耻且格"的治道体系，朱熹《论语集注》云："愚谓政者，为治之具。刑者，辅治之法。德、礼则所以出治之本，而德又礼之本也。此其相为终始，虽不可以偏废，然政刑能使民远罪而已，德礼之效，则有以使民日迁善而不自知。故治民者不可徒恃其末，又当深探其本也。"认为"刑"、"政"是实现"治"的辅助方式，而"德"、"礼"则是实现"治"的根本，而"德"又是根本的根本。所以，在中国古代，法治不是唯一的至高无上的，而只是治道之一个层面。还需要辨别"法治"与"人治"的关系，简单地说，我们现在理解的人治是领导说了算的"一言堂"，与独裁、专断联系在一起，而古代的"人治"主要是指贤人之治，通过选贤任能，让贤能执政，制定法律制度。

三　社会主义核心价值观体现在个人层面上内容

　　爱国——爱国主义是中华民族血脉所依，体现对祖国的认同感和归属感，生命力和凝聚力。《战国策·西周策》论及"周君岂能无爱国哉"，《汉纪》中也提到"亲民如子，爱国如家"，在儒家文化中，提倡"正心，修身，齐家，治国，平天下"，注重个人身心的修养，通过实践和自省以提升和完善自己的人格和道德，以"为天地立心，为生民立命，为往圣继绝学，为万世开太平"，强调了以平治天下为己任的责任意识和爱国思想。爱国始终被视为一种"大节"。先秦时期，人民追求"廓然大公"的价值理想，即重视社会成员奉公尽忠。孟子认为，人有先人的善端，要扩而充之，其中的重要方法是"吾善养吾浩然之气"。何为"浩然之气"？"其为气也，至大至刚，以直养而无害，则塞于天地之间。其为气也，配义与道；无是，馁也。是集义所生者，非义袭而取之也。"后人把这种"至大至刚""塞于天地之间"的"浩然正气"理解为一种最高的正气和节操，爱国主义恰恰就是这种浩然正气和高尚节操的集中表现。荀子提出"成天下之事"等，展现了胸怀天下的理想和信念。而这种理想和信念在以后的发展过程中，宋代的范仲淹、明末的顾炎武又分别精辟地概括为"先天下之忧而忧，后天下之乐而乐""国家兴亡，匹夫有责"。中华民族的爱国主义就是中华儿女以天下为己任，忧国忧民、爱国爱民的行为中所表现的豪情壮志和浩然正气。

敬业——敬业的意思就是专心致力于学业或工作。《论语·述而》：叶公问孔子于子路，子路不对。子曰："女奚不曰，其为人也，发愤忘食，乐以忘忧，不知老之将至云尔。"春秋时期，孔子带领学生周游列国讲学，来到楚国叶邑，叶公沈诸梁接待了他，他对孔子不怎么了解，就悄悄地问子路，子路一时不知怎么回答他。孔子事后得知就对子路说了这段话。表现出孔子致力于讲学传道，自强不息，积极乐观的精神面貌。他老人家批评那种整天吃饱饭，不动脑筋，不干什么正经事的人，《论语·阳货》："饱食终日，无所用心，难矣哉！"整天吃饱了饭，不肯动脑筋去做点事，这种人是很难造就的啊！

诚信——在中国古代更是随处可见，反复强调。诚信可以说也是以儒家为主的中国文化核心价值观之一。关于"诚"，《礼记·中庸》中说："诚者天之道也，诚之者人之道也。"认为"诚"是天的根本属性，努力求诚以达到合乎诚的境界则是为人之道。又说"诚者，物之终始，不诚无物"。认为一切事物的存在皆依赖于"诚"。孟子也说"是故诚者天之道也，思诚者人之道也"（《离娄》上）；又说"反身而诚，乐莫大焉"（《尽心》上），认为反省自己以达到诚的境界，就是最大的快乐。荀子虽"不求知天"，但也把"诚"看作是进行道德修养的方法和境界。儒家把"信"作为立国、治国的根本。关于"信"，孔子说："人而无信，不知其可也。……其何以行之哉？"这就是说，一个人如果不讲信用，在世上就会寸步难行。子贡问孔子如何从政，孔子回答说："足食、足兵、民信之矣。"子贡又问："必不得已而去，于斯三者何先？"孔子回答说：先去食后去兵，因为"自古皆有死，民无信不立"。汉儒把"信"列入"五常"之中，成为中国文化核心价值观的重要内容。当今中国由于百多年来割断了传统文化，遗失了诚信价值观，造成诚信缺失、不讲信用，不仅危害经济社会发展，破坏市场和社会秩序，而且损害社会公正，损害群众利益，妨碍民族和社会文明进步。

友善——本意是指朋友之间的亲近和睦，后来泛化为对人乃至天地万物的友好与善待。儒家推崇的核心价值观以"仁"为核心的核心。仁的推衍是以同心圆的方式。友善是仁爱推广到泛爱众和爱物层面的具体表现，是中国人难以舍去、无法泯灭的道德规范之一。但是，毋庸讳言，我们当今中国人由于百多年来割断了中华文明的优良传统，不讲儒家倡导的"修身、齐家、治国、平天下"，所以国人的素质堪忧。且不说在国内，这几年突出的是国人出境旅游表现出不文明、不友善的行为，使人们发出了"做文明、守法、友善的中国人"的呼吁，提出"友善是敲开心房的钥匙。一个微笑、一句问候、一声感谢，平凡的点滴往往会意想不到地拉近心与心的距离"的口号。我们应以良好的修养，展现自尊自信，热情坦率、以礼相待，在友善他人的同时赢得尊重。

从源远流长的厚重历史中梳理，不难发现中华优秀传统文化是社会主义核心价值观的营养源泉。习近平总书记在 2014 年 2 月中共中央政治局第十三次集体学习时的讲话中指出：培育和弘扬社会主义核心价值观必须立足中华优秀传统文化。牢固的核心价值观，都有其固有的根本。抛弃传统、丢掉根本，就等于割断了自己的精神命脉。博大精深的中华优秀传统文化是我们在世界文化激荡中站稳脚跟的根基。中华文化源远流长，积淀着中华民族最深层的精神追求，代表着中华民族独特的精神标识，为中华民族生生不息、发展壮大提供了丰厚滋养。中华传统美德是中华文化精髓，蕴含着丰富的思想道德资源。不忘本来才能开辟未来，善于继承才能更好创新。

对历史文化特别是先人传承下来的价值理念和道德规范，要坚持古为今用、推陈出新，有鉴别地加以对待，有扬弃地予以继承，努力用中华民族创造的一切精神财富来以文化人、以文育人。要讲清楚中华优秀传统文化的历史渊源、发展脉络、基本走向，讲清楚中华文化的独特创造、价值理念、鲜明特色，增强文化自信和价值观自信。要认真汲取中华优秀传统文化的思想精华和道德精髓，大力弘扬以爱国主义为核心的民族精神和以改革创新为核心的时代精神，深入挖掘和阐发中华优秀传统文化"讲仁爱、重民本、守诚信、崇正义、尚和合、求大同"的时代价值，使中华优秀传统文化成为涵养社会主义核心价值观的重要源泉。要处理好继承和创造性发展的关系，重点做好创造性转化和创新性发展。这就说明中华优秀传统文化是社会主义核心价值观固有根本，是涵养社会主义核心价值观的重要源泉。

今天，我们要讲清楚这个根本才能增强文化自信和价值观自信，从这个源泉里汲取思想精华和道德精髓才能做好创造性转化和创新性发展。因此，我们可以概括地说，优秀的传统文化与中国社会主义核心价值观是"源"和"流"的关系，"不忘本来才能开辟未来，善于继承才能更好创新"，社会主义核心价值体系的形成应该在"继往"的前提下"开来"。

30多年来，经济改革，人民生活提高，国家综合实力长足进步，社会的开放度与自由度有相当提升。在这样的背景下，伴随中华民族的伟大复兴，社会主义核心价值体系的确立关系到中国整体的"软实力"，关系到中国能否真地富强起来自立于世界民族之林。现在，如何学习、践行社会主义核心价值观，使之内化于心，外化于行，就必须扎根中华历史文化土壤，注重传承汲取传统价值的精华，以传统价值作为基本资源，进行新诠释，赋予新内涵，使社会主义核心价值观成为凝聚中华民族，推进社会文明，走向世界大同的巨大力量源泉，最终实现中华民族伟大复兴的梦想。

第三节　优秀传统文化是以德治国、以文化人的根本

中华民族历来有崇德重德、以文化人的传统。这一传统，积淀着中华民族最深沉的精神追求，滋养了伟大的民族精神，创造了源远流长的中华文化，因而成为中华民族生生不息、发展壮大的精神营养和强大动力。常言说，人无德不立，国无德不兴。说的就是崇德修身无论对个人还是对整个国家、整个民族都有着极其重要的作用。习近平强调，历史是最好的老师。在漫长的历史进程中，中华民族创造了独树一帜的灿烂文化，积累了丰富的治国理政经验，其中既包括升平之世社会发展进步的成功经验，也有衰乱之世社会动荡的深刻教训。我国古代主张民惟邦本、政得其民，礼法合治、德主刑辅，为政之要莫先于得人、治国先治吏，为政以德、正己修身，居安思危、改易更化，等等，这些都能给人们以重要启示。治理国家和社会，今天遇到的很多事情都可以在历史上找到影子，历史上发生过的很多事情也都可以作为今天的镜鉴。中国的今天是从中国的昨天和前天发展而来的。要治理好今天的中国，需要对我国历史和传统文化有深入了解，也需要对我国古代治国理政的探索和智慧进行积极总结。

罗素曾说过，"中国文化的长处在于合理的人生观"。这是对中国文化的一种深刻认识和概括。传统文化是中国古圣先贤几千年经验、智慧的结晶，其核心就是道德教育。在整个中国传统文化中，伦理思想贯穿始终。褒善贬恶、追求崇高的思想品德，向往理想的道德人格，涵养美好的精神情操，是中国传统文化的一个主导思想，是大多数思想家所一贯追求的。在人和人的相处中，一个人既要有自强不息、奋发有为的创造精神，又要有设身处地为他人着想、爱人如己的博大胸怀。只有"与天地合其德"，

才算是一个道德高尚的人。儒学思想中的"修"、"仁爱"、"礼仪"、"信"、"义"、"廉耻"、"忠"、"孝"、"自省"、"慎独"、"勿以恶小而为之，勿以善小而不为"等类似相关内容，对培养遵守日常社会规范的态度以及自我控制的教育，不无裨益。中华民族优秀传统文化与时代精神的结合，它包括了自强不息、奋发有为、乐观向上的人生追求；社会与历史责任感以及爱国主义情操；把握现实，面向未来的胸怀和眼光；义利兼顾以义为上的价值取向；尊重、理解和关心他人、宽容合作及互助奉献的精神。有了这样坚实的人文底蕴就会牢固地构筑起精神支柱，而正确的精神支柱的构筑对崇高的思想品质的形成和发展具有重要作用。无数正反两方面事实证明，一个人要想在复杂多变的现实世界中始终洁身自好，必须不断省察自我、加强自律。始终坚持慎独慎微慎初，时刻从小事微处着手，见微知著，防患于未然。同时，还要时时处处检点自己的思想道德行为，做到"见善则迁，有过则改"。惟其如此，才能真正做到在任何情况下都会意志品质坚如磐石，耐得住清贫寂寞，顶得住歪风邪气，禁得起金钱美色诱惑，始终老老实实做人，扎扎实实干事，进而在深化改革的时代大潮中建功立业，成就自己的多彩人生。

儒家思想和中国历史上存在的其他学说都坚持经世致用原则，注重发挥文以化人的教化功能，把对个人、社会的教化同对国家的治理结合起来，达到相辅相成、相互促进的目的。习近平同志在同北京大学师生座谈时的重要讲话指出："道德之于个人、之于社会，都具有基础性意义，做人做事第一位的是崇德修身。"要大力弘扬中华优秀传统文化，自觉地崇德修身、修身养性。一个人的人格魅力对于立身做人、成就事业非常重要。人格魅力说到底就是"德"的影响力和感召力。道不可坐论，德不能空谈。只有把修德养性作为终生必修课，才能不断提高思想境界、丰富精神世界，形成高尚情操，以人格魅力铸就事业丰碑、创造人生辉煌，赢得人们尊重和爱戴。然而，当前面临社会转型期，各种思想相互碰撞，相互激荡，价值观念呈现多元多样多变的复杂态势，思想道德防线不可避免地受到冲击和浸染。日常生活中的道德失范、行为失信，销蚀着人与人之间的社会信任，严重危害着社会与人际和谐。因此，在全社会开展崇德向善、全民修身行动，既是一项迫在眉睫、刻不容缓的重大任务，也是弘扬优秀传统文化，以德治国、以文化人的重要举措。具体来说就是要做到明大德、守公德、严私德。

一　明大德

明大德，铸牢精神支柱，坚定理想信念。理想信念是一个人的世界观、人生观和价值观的集中体现。崇高的理想信念是人生的支柱和前进的灯塔。确立了崇高的理想信念，就有了正确的方向和强大的精神支柱，就能抵御各种腐朽思想的侵蚀，义无反顾、矢志不渝地献身于伟大的事业而不畏任何艰险。坚定正确的政治信念，是一个人的首先要修好的"大德"，也是立身做人的"定海神针"，任何时候都含糊不得、动摇不得。正如习近平同志一再强调的，理想信念是共产党人精神上的"钙"，没有理想信念，或者理想信念不坚定，精神上就会"缺钙"，就会得"软骨病"。当前，我们要时刻补充精神之"钙"，就要认真学习、深刻领会马克思主义中国化的最新成果——中国特色社会主义，使之成为崇德修身和做好各项工作的行动指南，成为坚定理想的"主心骨"、升华信念的"压舱石"，努力做到虔诚而执着、至信而深厚，真正树立实现理想的坚定信念和百折不挠的进取精神，关键时刻不动摇，危难关头挺得住，始终经受住困难和挑战的考验，为实现中国特色社会主义共同理想不懈奋斗，为党的事业和人民的利益鞠躬尽瘁，死而后已。

二　守公德

守公德，强化文明意识，校正人生坐标。文明意识是一个人综合素质的集中体现，强化文明意识，也是提高公民文明素质的重要环节。一个高素质、有教养的现代文明人，必须有良好的文明礼仪。对个人来说，文明礼仪是一个人的思想道德水平、文化修养、交际能力的外在表现。当前，在培育和践行社会主义核心价值观中强调崇德修身，强化文明意识，有许许多多的着力点，但特别重要的就是从中国优秀的传统文化中汲取营养，充分发挥优秀传统文化怡情养志、滋养心灵、涵育文明的重要作用。中华文化中的文明意识源远流长、丰富多彩。如"和而不同"；"大道之行也，天下为公"；"天下兴亡，匹夫有责"，"君子坦荡荡"；"言必信，行必果"、"人而无信，不知其可也"；"德不孤，必有邻"、"仁者爱人"等。像这样一些彰显文明意识的思想和理念，有其永不褪色的时代价值；就是在经济全球化的今天，仍然闪耀着时代的光芒。用中华文化中蕴含的丰富的思想道德资源来强化全社会的文明意识，对于在社会主义道德建设中把坚持以为人民服务为核心，以集体主义为原则，以爱祖国、爱人民、爱劳动、爱科学、爱社会主义为基本要求，抓好社会公德、职业道德、家庭美德建设，形成团结互助、平等友爱的人际关系等原则方针和要求落到实处，是非常有意义的。

三　严私德

严私德，锤炼意志品质，恪守做人准则。修养犹如一面镜子，照见一个人的道德境界、做人准则与精神追求。中国古代历来就有推崇"修身、齐家、治国、平天下"的传统，从其中的价值排序不难看出，修身居于基础性的地位。中国历史上无数先贤志士，之所以至今仍被人深深缅怀，令人敬仰，正在于他们都能严以修身、厚以责己、薄以责人、崇德向善，用崇高的爱国情操、专注的敬业精神、质朴的诚信素质、宽容的友善人格，书写了对中华民族核心价值的坚守，镌刻着中华民族优秀意志品质的标识。今天我们虽然不用面对枪林弹雨而抛头颅洒热血，但眼花缭乱的现实诱惑同样是对意志品质的严峻考验。日常生活中，有的人在名利诱惑中放任自流，有的人在义利纠结中迷失自我，有的人在利色面前甚至丧失做人底线、滑向犯罪深渊，造成极坏的社会影响，其中的教训非常深刻。

第四节　优秀传统文化促进人与自然和谐共生

一　优秀传统文化内含人对自然依存关系的正确认识

中国优秀传统文化包含着非常珍贵的处理人与自然的关系的内容。老子说，"道"是天地万物的本源，无始无终，"道即自然"，"自然即道"，道是无限的，无处不在，无处不有，道的运行是自由的，必然的，完全由自身的规律所决定。道生万物，宇宙间的一切都来自"道"，按照这种看法，人类也是自然界的一部分。即"有天地，然后有万物；有万物，然后有男女；有男女，然后有夫妇"。从老子"道法自然"的学说，可以逻辑地引出人类要遵从自然的法则，不能总向自然索取的观点，这在今天看来多么宝贵，而这种天道自然观产生于 2500 年前，真是让我们后人对先贤肃然起敬。因此，一切破坏、违背自然规律的言行、准则都是错误的，都将给人类社会及自身带来不可估量的灾难。于是，"顺天应人"的思想成为中国传统文化中宇宙观的主流观念和文化建构中的重要思想支柱。既然天人相谐，人们就应当顺应天时，不破坏自然界的规律。庄子告诫人们"春三月，山林不登斧斤，以成草木之长；夏三月，山泽不入网罟，以成鱼鳖之长"，不能对大自然肆意破坏。庄子甚至幻想一个人与鸟兽虫鱼、草木山川和谐共处一起嬉戏共存共荣的美好社会。今天，当人们为因不择手段的"发展"使生存环境遭到破坏而悲哀的时候，当因认识到自然界正在无情地惩罚人类的以怨报德而悔恨的时候，当为再也无法使那些因物质文明的进步而成种群成类别消失的动植物复苏而伤痛不已的时候，人们或许从高天的长风里听到遥远的二千多年前中国先贤发生的智慧的呼声。他们早就指出了后世的悲剧，他们早就在神采飞扬地向人们宣示：自然界与人类生存在一个共有的大家庭里。当然，老庄的学说不能与今日的"环保学说"作等量观，但"道法自然"，即"道法道"的思想是超越性智慧的学说，是无可否认的，它显示了中国先人在人与自然关系的研究上达到了极高的境界。

二　优秀传统文化提供正确处理人与自然关系的有益借鉴

传统文化蕴含的"天人谐和说"、"回归自然观"，追求自然、社会、人际、人与自然的全面和谐，为我们正确处理人与自然之间的关系提供了一套精辟的思想方法，对我们在市场经济条件下改造自然、顺应自然、不屈从自然、不破坏自然、坚持可持续发展都会有深刻启迪。比如"天人合一"就是为历代广为推崇的观念。中国古代思想家认为人与自然是和谐统一、互依互存的，不能对立和割裂。如张载所言，"乾称父，坤称母，予兹藐焉，乃混然中处。天地之塞吾其体，天地之帅吾其性，民吾同胞，物吾与也"（《西铭》）。张载认为，天地就像父母，养育人类。天、地、人是统一的，三者的本性一致。所有人都是亲爱的兄弟，自然万物都是朋友。《周易序卦传》中记载，"有天地然后有万物，有万物然后有男女，有男女然后有夫妇，有夫妇然后有君臣，有君臣然后有上下，有上下然后礼仪有所措"。这里说的是天地产生万物，万物孕育人类，人类世界因天地万物的承载而建立，万物与人类的内在联系是无法割裂的。还有儒家提倡的"不违天时"、"节用"、"御欲"，反对不守自然时令的乱砍滥伐、过度狩猎捕鱼，抵制"暴殄天物"的思想，都对于处理人与自然的关系提供了正确的指引。道家的"万物负阴而抱阳，冲气以为和"、"道法自然"、"上善若水"。这些敬重生命、关爱自然，主张天人和谐的思想，对于我们构建人与自然和谐相处的和谐社会具有重要的意义。我们可以把我国古代生态文明思想归为两点：遵循自然规律，保护生态环境，适当加以改造与引导；维护生态平衡，使自然资源得以可持续发展。例如孟子指出："不违农时，谷不可胜食也，数罟不入洿池，鱼鳖不可胜食也。斧斤以时入山林，材木不可胜用也。"意为不违背农作物耕种的时节，按照大自然的季节和节气，就会粮谷满仓，获得丰收。《吕氏春秋》里面从反面提到："竭泽而渔，岂不获得，而明年无鱼。"意为只顾眼前利益，不顾长远利益，违背自然规律，过度索取，自然资源就会耗尽。相近的典故还包括"焚林而猎"等。传统文化的这些思想告诉我们：自然界是人类生存和发展的基础，与人是相互依存的。人应该尊重、热爱、善待充满勃勃生机的自然界。人可以认识自然，让自然为自己服务，但是必须遵循自然界的规律。人若忽视自然界至关重要的地位，凭借自己的主观意愿破坏自然界的秩序，必将给自己的生存和发展带来难以想象的灾难。

进入 21 世纪，伴随"全球化"进程的推进，现代化所蕴含的发展与代价、成就与丧失、进步与退步等内在矛盾也在更深刻的层面和更广泛的程度上得到彰显和展开。现代文明遭到了前所未有的危机。西方文化片面主张人定胜天，强调科技改变一切，过度掠夺自然资源，最终遭到了自然界的报复。人们以人类中心主义为导向，将人与自然对立起来，从"人定胜天"的思想出发，强调人要征服自然，缺乏自觉保护环境的意识，人类的活动违背了自然规律、破坏了自然环境。正如恩格斯在《自然辩证法》说的那样：动物仅仅利用外部自然界，单纯地以自己的存在来使自然界改变；人则通过他所作出的改变来使自然界为自己的目的服务，来支配自然界。这便是人同其他动物的最后的本质的区别……但是我们不要过分陶醉于我们对自然界的胜利。对于每一次这样的胜利，自然界都报复了我们。人们的自以为是、肆无忌惮受到了自然无情而有力的回击。人们必须悬崖勒马、反思自己的行为，以正确的自然观及时改正错误，这样才是处理人与自然关系的正确态度。如今，老子及道家思想所蕴含的生存智慧特别是生态智慧，正在得到世界日益广泛的关注和认同，展现出其超越时代、民族和国界的强大生命力，成为一种有着警世、医世、救世功能的普适文化，在当代愈加显示出其独特的价值和魅力。先哲们所倡导的天人合一精神、礼治精神、德治精神、仁爱精神、民本精神等，经过现代的转化和洗礼，必然会成为一种具有世界意义的价值主张。

三　优秀传统文化促进人与自然和谐共生

党的十八大报告提出"把生态文明建设放在突出地位"的国家战略。"生态兴则文明兴，生态衰则文明衰。"西方发达经济体过度追求利益最大化的生产方式，迅速蔓延到了世界各地。发达工业文明经济体的国家很少采取在战略上与其他文明体经济和谐相处的战略，早期出现冲突的时候，更多的是用武力，强盗式地撞开人家的大门；近代升级版的方式是将较少污染、较少劳动的产业留在域内，将较多污染、密集劳动的产业转向域外，然后以理念的冲突来最大化自己的利益。工业文明的发展历程警告我们必须努力促进人与自然的和谐共生，实现生态文明。纵观人类成长的历史，有两个典型事例为我们理解总书记关于生态和文明间的兴衰关系提供了有益的启示。在南美国家智利向西约3200公里的地方，有一个孤悬在太平洋深处的小岛：复活节岛（Easter Island）。历史上这里也曾经是林木葱茏、鸟语花香的世外桃源。后来，人口增加，自然生态的承载能力最终被人类活动的重压超越，出现了"人增—地减—粮紧"的矛盾。随着人口不断增长，复活节岛文明陷入衰弱。另一个故事的结局是温馨的。在处于中华文明的西南边陲的摩梭人，建立起了尊重自然，自律性控制人口的生活方式。这种人与生态和谐相处的自然信念，不仅保存了自己，也影响了周边的普迷人、纳西人和彝人，包括原来贸易的汉人，成为一个缩微版的太平洋沿岸多民族和谐互动，人类活动和自然生态和谐的千年样板。在今天，我们应该充分认识中国古代生态文明思想的宝贵价值。先秦时期，就有哲人结合庄子"顺天"与荀子"制天"的思想，提出了"天人合一"的思想，本质就是将天、地、人作为和谐的整体来看待，既要遵循自然客观规律，又要发挥人类的主观能动性，改造自然和利用自然，在保护自然资源基础上进行人类活动，达到人与自然和谐相处的关系。形成"人类—自然"二者合一的复合型生态良性循环互动的关系。

时代的进步、科学技术的发展使人类拥有更大能力去支配自然的同时，也要求人们拥有更高的素质来处理人与自然的关系问题。在现代化的进程中，以环境为代价盲目寻求物质财富的积累将得不偿失，不会实现真正意义上的幸福，我们需要良好的生活环境。我们要正确认识自然，严格要求自己，从点滴做起珍爱环境，爱惜、珍视自然赐予人类的宝贵资源。面对环境污染严重、生态系统遭到破坏的严峻形势，必须要有尊重自然、顺应自然的生态文明理念，将生态文明建设融入政治、经济、文化与社会建设中，实现中华民族可持续发展。习近平主席从人类共同利益出发，讨论生态文明问题，倡导"人类命运共同体意识"。他在中央政治局第六次集体学习时进一步强调：要坚持节约资源和保护环境的基本国策，坚持节约优先、保护优先、自然恢复为主的方针，着力树立生态观念、完善生态制度、维护生态安全、优化生态环境，形成节约资源和保护环境的空间格局、产业结构、生产方式、生活方式。这种站在人类共同利益的视角思考生态自然、经济和人类关系的观点，内含了中国古代"天人合一"的方法论思想。"生态兴则文明兴，生态衰则文明衰"的思想，是东西方文化融合再创新的产物，既蕴含着中国传统文化的哲学思想，又贯穿了马克思主义历史唯物主义和辩证唯物主义的哲学思维。我们必须清醒认识到加强生态文明建设的重要性和必要性，通过制度建设、加强法制等行动努力走向社会主义生态文明新时代，建设美丽中国，实现中华民族永续发展。

第五节　优秀传统文化促进和谐社会、和谐世界构建

一　传统"和"文化内涵丰富

中华文化崇尚和谐，中国"和"文化源远流长，蕴含着天人合一的宇宙观、协和万邦的国际观、和而不同的社会观、人心和善的道德观。优秀传统文化是一座巨大宝库，和谐是其核心理念和思想精华。首先，传统文化追求"天人合一"的精神。有利于人与自然的和谐相处构建人与自然和谐相处的和谐社会，是与中国传统文化追求"天人合一"的精神一脉相承的。中国古代的思想家们把天地万物视为一个有机联系的整体，只有处于和谐关系中，才能得到发展并生生不息。儒家认为包括人类在内的自然界基本上是和谐的，传统文化中"天人合一"的思想虽然是农业文明的产物，但它反映了人与自然之间的亲和感与相互依存关系，对于我们反思现代工业文明对自然的征服态度，实现人与自然的和谐相处和经济社会的可持续发展，具有重要的启示。其次，传统文化中的"民本"思想，有利于巩固社会和谐，"民本"思想是中国优秀传统文化宝库中重要的精神资源，在中国传统思想文化中具有非常重要的地位。先秦文献中提到"民"的地

方很多。我们只有把构建和谐社会植根于优秀传统文化的土壤中，善于汲取"民本"思想的精华并赋予其崭新的时代内容，才能夯实构建社会主义和谐社会的基础。一个以民为本的社会，才是一个和谐的社会。最后，传统文化注重人与自我的和谐。修身养性，提升自我。古人云："修身、齐家、治国、平天下"，其中，"修身"是基础，意即修身养性，自强不息，磨炼自我；随遇而安，善待自我。古人认为，修身之本在于安心，亦即淡泊名利，进退有节，遇事豁达大度，保持平衡心态，实现人的自我和谐。

二 优秀传统文化为构建和谐社会提供强力支撑

首先，优秀传统文化为正确处理人与社会的关系提供借鉴。在建构和谐社会的过程中，伴随商品化程度的提高，追求个人利益的最大化成了人们生存的主要目标。人们经常为了获得更多的利益而侵害社会利益，不能正确处理人与社会的关系。在享受社会提供的各种资源和条件时，认为理所当然、只顾索取、不讲付出。偷税漏税、挪用公款、私用公车、学历造假、骗取补助等以权谋私、损公肥私、假公济私现象普遍，扰乱了社会的正常秩序，影响了社会整体利益的实现。个人的发展离不开社会。个人是社会的细胞，千差万别的个人组成了每个人所生存的社会。社会为人的存在和发展提供了环境，个人不能脱离社会而存在。人在谋求自身发展的时候要注意处理好与社会的关系，摆正在社会中的位置。个人的行为应符合社会的要求。当个人利益和社会利益、个人需要和社会需要发生冲突时要依据道德原则进行协调和解决。在这方面中国传统文化提供了值得学习的原则。儒家主张重义轻利，这里的"义"可以理解人民的需要。"君子以义为上"（《论语·阳货》）说的就是义具有道德的内在价值，是评判行为正当与否的主要准则。倘若一个人的行为以义为前提，合乎义的要求，那么即使它没有取得预期的效果，同样可以认为它具有善的价值，也会为人所肯定。儒家将"义"作为行为的规范，但并不绝对否定"利"在社会生活中的意义。依据儒家的见解，利无论对社会和个人而言都不是绝对的恶。对利不能一概否定和排斥，但是对利的追求必须在义的范围内，计较功利的心态不能有。"不义而富且贵，于我如浮云"（《论语·述而》）讲的就是利与义比较起来，利是从属于义的，义是超越利的，不能追求不合乎义的利。如果人只以追求利为目的，不追求人生价值的实现，那么人本身就会逐渐成为获取利的工具，失去了人的理性和人的尊严。董仲舒曾说

"正其义不谋其利，明其道不计其功"（《春秋繁露》），做任何事都要为了匡扶正义，而不是为了获得利益，要为了践行道德，而不是为了表明功劳。叶适、颜元持不同观点，主张义与利的统一。虽然各家关于义与利的观点不一致，但是可以看出他们都肯定义的重要地位，主张正确处理好个人利益与社会利益的关系。

中国传统文化提倡"见得思义"反对"见利忘义"的思想在现代社会显得弥足珍贵。这对引导人们树立正确的价值观，协调个人利益和社会利益，正确处理人与社会的关系，维护社会的安定，提供了参考和借鉴。

其次，为正确处理人与人的关系提供支撑。在和谐社会构建的过程中，人与人之间也产生了一些问题。生活在快节奏的现代社会的人们对物质财富的需求急剧上升，想方设法为自己谋求利益。为了利益，人们由熟悉变为陌生、由支持变为诋毁、由信任变为猜忌、由鼓励变为排挤……总之，人将利益看得越来越重要，将周围的人看得越来越不重要。人与人相处不再那么和谐友善，心与心之间保持着距离。人们每天都忙忙碌碌地为生计奔跑而忽视了情感的交流，亲情变得遥远、爱情变得功利、友情变得虚假。有的人为了金钱、利益冲破了道德底线，抛弃良心的呼唤，变得自私自利、麻木不仁、冷漠无情。摔倒的老人无人扶，助人为乐之人反被讹诈，为了家产父子反目、兄弟相残，危急时刻无人挺身而出，这些都成了司空见惯的现象。人与人的关系变得复杂而紧张。中国传统文化中很多思想为处理上述问题提供了理论上的支撑。中国自古提倡人与人相处要以和为贵，将和谐看成人际交往中最重要的原则。历代人们都遵循"父慈子孝、兄友弟恭、亲朋有信"的伦理观念和以对方为重的交往原则。在《论语·子路》中，孔子说："君子和而不同，小人同而不和。"这说的是君子在与人相处时可以和谐融洽，对待任何事都能独立思考，即使有不同的观点也会坦坦荡荡当面说出来，不会影响友谊；而小人与人相处时，没有自己的见解，不讲求原则，只求与其他人相同，往往表面上和气，迎合对别人的观点，但在私下却诋毁别人，不能与他人保持融洽的关系。孔子道出了君子与小人的区别，表达了对人与人友好和睦交往的期待。在此处，孔子也阐述了和的含义。和即是多样性的统一，不同的事物汇聚到一起，互不干扰，达到平衡。在儒家看来，每个人的权利是平等的，实现自己目标的同时应该尊重他人实现目标的权利。正所谓"己欲立而立人，己欲达而达人"（《论语·雍也》）；我们也不能只顾享受利益而不承担义务和责任，将自己的不想做的事情强行施加给别人，要做到"己所不欲，勿施于人"（《论语·卫灵公》）。在人性方面，孟子是性善论者，他说过，"恻隐之心，仁之端也；羞恶之心，义之端也；辞让之心，礼之端也；是非之心，智之端也"（《孟子·告子》）。孟子认为，人自出生时起就形成了善良的本性，拥有同情心、羞耻心、恭敬心和是非心，进而人才拥有仁义礼智各种品德。孟子将"恻隐之心"也就是"不忍之心"作为道德的出发点，他认为，无论什么人都应对处于痛苦处境的人给以同情、提供救助。孟子还以"天时不如地利，地利不如人和"这样质朴的语言，表达了对人们相互帮助、团结一致的称颂。墨子向人们提出了博爱的相处之道——兼爱。兼爱就是一个人要爱一切人，不分关系的亲疏远近、地位的高低贵贱，始终保持一颗爱心，到处传递爱的能量。这也不失为一种倡导团结、追求国家人民利益的理想信念。以上提及的古代人际交往的思想，无论在过去还是在现在都是有益的人际伦理准则，可以为处理人际关系冷漠、诚信缺失和信任危机等严重影响社会发展的问题提供理论支撑和信仰支持，为人们搭建良好的生存平台、营造融洽的生存氛围发挥积极而重大的作用。

最后，优秀传统文化为人自身的发展提供契机。在现代化进程加快、物欲横流、竞争激烈的社会，人们面对了太多的诱惑、太多的陷阱、太多的选择，往往不知何去何从。常常只流连于外在的追求，而忽视内在的发展。如何在利益面前保持清醒、坚守自己的原则，修己慎独，在独处时严于律己是每个人需要面对的问题。中国传统文化在修己慎独方面为我们提出了很多可资借鉴的途径和内容，这对于处于喧嚣环境的我们是很好的指导和帮助。中国传统文化提倡自身修养的提高，崇尚对真、善、美的追求。孔子说过："君子谋道不谋食……君子忧道不忧贫。"（《论语·卫灵公》）这里的"谋道"是指追求社会理想，人生理想。真正的君子用心追求理想，只担忧自己的理想能否实现，而不担忧自己是否贫穷。儒家认为人拥有良好的个人品行和情操，才能实现远大的抱负。孟子的"饱食暖衣，逸居而无教，则近与禽兽"就强调个性追求的重要性。人如果能不仅仅满足于生活的安逸，还追求独特的志趣、接受良好的教育、向往高尚的情操，就会拥有独属于人的美。儒家还提出"穷则独善其身，达则兼善天下"（《孟子·尽心上》）、"见贤思齐"和"见不贤而内自省"的主张，强调用"吾日三省吾身"（《论语·学而》）的办法提升自身修为。这都是可以提升完善自己的人生信条。在人自身的发展中，传统文化强调要有独立的人格，要不畏权威、不惧死亡坚持自己珍视的人生原则。"志士仁人，无求生以害仁，有杀身而成仁"（《论语·卫灵公》）、"生亦我所欲也，义亦我所欲也，二者不可得兼，舍生而取义者也"（《孟子·告子上》）、"君子不食嗟来之食"（《礼记·檀弓》以及"士可杀不可辱"（《礼记·儒行》）都是追求独立人格、坚守自尊的良训。中国传统文化中的仁、义、礼、智、信作为所谓的"五常"虽具有一定的阶级性，需在新时代进行扬弃，但是它仍是任何时期，每个人寻求自身发展必不可少的基本品质。"仁者爱人"（《孟子·离娄下》）体现的是友善、博爱；"义以为上"（《论语·阳货》）讲求的是对原则的坚守；"礼"遵循的是尊敬辞让的规矩和秩序；"智"是明辨是非，区分善恶的道德觉悟；"信"讲的是信守诺言，言出必行的品德。还有孝悌、忠节、廉洁、勤俭、勇敢等也都是中国人自古以来恪守的准则，提升完善自己的优良传统。它们在现代性建构的过程中依然能够为自身进步提供强大的动力。

　　纵观我国传统文化的和谐理念，人们不难领悟：身心和则康，家庭和则福，人际和则安，社会和则治，自然和则美。我们有必要认真汲取传统思想文化精华，进一步加深领会党的建设和谐社会的创新理论，在推进现代化进程中更好地发挥优秀传统文化的独特作用。综上所述，中国传统文化在中国现代性建构的道路上，对人处理各种关系，对解决现代社会的各种问题都具有重要的意义和价值。运用中国传统文化，有利于人的全面的发展，可以为社会提供更多的正能量，从而推动中国现代性建构事业顺利完成，让中国拥有更加美好的未来。

三　弘扬优秀传统文化为构建和谐世界提供宝贵借鉴

　　当今世界，和平与发展成为时代主题，但是世界仍然很不安宁。国际金融危机影响深远，世界经济增长不稳定不确定因素增多，全球发展不平衡加剧，霸权主义、强权政治和新干涉主义有所上升，安全威胁的综合性、复杂性、多变性日益明显，领土和海洋争端时有升温，恐怖主义、分裂主义、极端主义活动猖獗，局部动荡频繁发生，粮食安全、能源资源安全、网络安全等全球性问题更加突出，各种冲突不断发生。比如，旷日持久的巴以战争，是宗教信仰的冲突；以美苏为首的东西集团"冷战"，是政治形态的冲突；国内的贸易顺差与国外的反倾销举措，是经济体制的冲突；文化输出与文化侵略的论争，是中西文化的冲突；不同年龄段人群的代沟，是价值观念的冲突；旧有事物对创新态势的打压，是思维模式的冲突……应对这些层出不穷的冲突，中国优秀传统文化所蕴含的贵中尚合的和谐思维、和而不同的和谐思想、忠恕宽容的和谐心态可以帮助我们寻找解决冲突的突破路径。正如《甲申文化宣言》中提到："中华文化注重人格、注重伦理、注重利他、注重和谐的东方品格和是放射和平信息的人文精神，对于思考和消解当今世界个人至上、物欲至上、恶性竞争、掠夺性开发以及种种令人忧虑的现象，对于追求人类的安宁与幸福，必将提供重要的思想启示。"如此，就不会再用固执去拒绝异类、用偏激去反对异见、用自大去打击新生、用霸权去迫害弱势。

优秀传统文化蕴含构建和谐世界的朴素价值理念。首先，"爱好和平"是中华民族精神的重要内涵。中华民族历来以爱好和平著称于世。"礼仪之邦"、"协和万邦"、"德莫大于和"等观念，深深地扎根于中华民族的文化传统之中。"亲仁邻善"、"讲信修睦"等，充分表现了中华民族在处理民族问题上的宽宏胸襟。联欧亚，开辟丝绸之路；通亚非，郑和七下西洋；历万难，玄奘印度取经；为传经，鉴真东渡扶桑……这些典型的事例，是中华民族爱好和平，与其他国家和民族进行文化交流、发展友好关系的历史见证。因此，中华民族爱好和平不仅表现在各兄弟民族之间以和为贵、携手共进等方面，而且表现在与世界上其他民族的友好交往、休戚与共上。其次，"和而不同"是中国优秀传统文化的价值理念。曾经在两千多年前，就有一群知识分子，他们虽不同而和、虽不比而周，他们想人之所想、急人之所难，他们老吾老以及人之老、幼吾幼以及人之幼，他们尽管性情不同、出身不同、成就不同，但是在"忠恕"的感召下，都践行着儒者的光荣与梦想，体察万物，悲悯苍生。最后，"忠恕宽容"是中国优秀传统文化的处事心态。儒家在当今最有实践意义的思想之一，就是"忠恕"，它不仅是历史贡献给今天的，也是中国贡献给世界的。忠，是中人之心，尽心待人、忠于本心、己欲立而立人、己欲达而达人；恕，是如人之心，推己及人、换位思考，己所不欲、勿施于人。"忠"是要极尽所能，"恕"是要量体裁度，所以"忠"与"恕"，与"仁"与"义"一样，是一对相互辅助又相互制衡的概念。忠，就是尽己之心，去付出和助益；恕，就是待人如己，去换位和体谅。这样的理念，在今天听来，令人格外动容。这些关乎体谅、诚恳、理解、尊重的品质，随着历史河流的向前推进，常常是越来越沉入了河底，其踪杳杳。所目当今世界，矛盾一点就着，战争一触即发……都是因为"忠恕"这个看起来陌生的概念，实在是被我们遗忘太久了。

中国坚持走和平发展道路，致力于和谐世界构建。中华民族五千多年文明史，中国人民近代以来一百七十多年斗争史，中国共产党九十多年奋斗史，中华人民共和国六十多年发展史，改革开放三十多年探索史，这些历史一脉相承，不可割裂。脱离了中国的历史，脱离了中国的文化，脱离了中国人的精神世界，脱离了当代中国的深刻变革，是难以正确认识中国的。正是基于中国厚重的传统和谐文化，在当今的国际关系中，中国才能承担起当之无愧的和平力量。首先，中国坚持平等互信，坚持国家不分大小、强弱、贫富，一律平等，正是用"和而不同"的思维去推动国际关系的民主化，尊重主权，共享安全，维护世界和平。其次，中国坚持包容互鉴，尊重世界文明多样性、发展道路多样化，尊重和维护各国人民自主选择社会制度和发展道路的权利，相互借鉴，取长补短，推动人类文明进步。两千多年前中国人就认识到了这个道理："橘生淮南则为橘，生于淮北则为枳，叶徒相似，其实味不同。所以然者何？水土异也。"正如中国人喜欢茶而欧洲人喜爱啤酒一样，茶的含蓄内敛和酒的热烈奔放代表了品味生命、解读世界的两种不同方式。但是，茶和酒并不是不可兼容的，既可以酒逢知己千杯少，也可以品茶品味品人生。中国主张"和而不同"，人类各种文明之花竞相绽放而不是文明冲突。最后，中国支持追求和作共赢，就是倡导人类命运共同体意识，在追求本国利益时兼顾他国合理关系，在谋求本国发展中促进各国共同发展，建立更加平等均衡的新型全球发展伙伴关系，同舟共济，权责共担，增进人类共同利益，同国际社会一道致力于推动建设持久和平与共同繁荣的和谐世界。

优秀传统文化贡献和谐世界构建正能量。"忠恕"确实可以作为中国文化在今天提供给世界的智慧准则。早在1971年，联合国通过决议恢复中华人民共和国在联合国的合法地位，周恩来总理为联合国大厅带去了孔子的两幅语录，其一是"以和为贵"，其二就是关乎"忠恕"的解读："子贡问曰：有一言而可以终身行之者乎？子曰：其恕乎。己所不欲，勿施于人。"子贡请教孔子，是否有可以让人终身依照的一句话准则？孔子便回复给他这一句照亮万世的格言，这一句将中华文化的堂堂正气昭显于联合国面前的行事信条：己所不欲，勿施于人。可见，"忠恕"正是对

"和谐"的达成，而"忠恕"也不仅是古代知识分子个人修为的守则，更是当代政治风云涌动中具有现实指导意义的准则。正如习近平总书记讲话提出："要解决这些难题，不仅需要运用人类今天发现和发展的智慧和力量，而且需要运用人类历史上积累和储存的智慧和力量。"当今世界，人类文明无论在物质还是精神方面都取得了巨大进步，特别是物质的极大丰富是古代世界完全不能想象的。同时，当代人类也面临着许多突出的难题。要解决这些难题，不仅需要运用人类今天发现和发展的智慧和力量，而且需要运用人类历史上积累和储存的智慧和力量。所以，纵观以儒家文化为主体的中国传统文化，结合今天社会主义的理论成果，使我们更应具备一份中华民族的文化自信。而中国智慧，不仅属于过去，也属于未来；不仅属于中国，也属于世界。

第三章 传统文化融入高校思想
政治教育的现状

　　用中华传统文化来推动高校思想政治教育，并实现两者的融合，是高校思想政治教育的重要途径，是时代发展对高校思想政治教育的必然要求，是提升当代大学生思想文化素质的重大举措。近十余年来，国内相当一部分高校在传统文化与思想政治教育的融合方面进行了一系列探索，取得了一定的成就，但就两者结合的整体情况而言，仍然存在不少问题，思想政治教育与人才培养质量均受到一定程度的影响，传统文化的教育及其育人功能也未得到充分发挥。突出表现在四个方面：

第一节 全社会没有达成共识，缺少
思想认识上的高度

　　中国共产党主张把马克思主义的基本原理与本国的具体实际结合起来，而这个"实际"，当然就包括中国传统文化。反思我们党建党九十多年的历史，在对待传统文化的态度与策略上，是一个不断变化的过程，并有过沉重教训。作为执政党的中国共产党对中国传统文化的态度变化无疑会影响到全社会对传统文化的看法，从历史来看，中国共产党对中国传统文化的态度是有所起伏的，在这种大背景下，学术界对中国传统文化在高校思想政治教育中的影响也持有不同的看法，一定程度影响了认识高度的提升和社会共识的达成。

一　中国共产党对待传统文化的态度

　　历史地考察中国共产党对待传统文化的政策，其基本轨迹表现为"从革命思维和行为下的激烈否定、基本否定，到执政思维和行为下的理性看待，再到21世纪不同文明或文化之间百舸争流背景下的高度评价，既反映了时代主题的变换，也反映了中共思想认识的与时俱进"。① 中国共产党对待传统文化的态度与政策大体上经历了以下几个不同的历史时期：

从中国共产党成立到全面抗战爆发为第一阶段。在此阶段，受"五四运动"整体上激进的反传统思想背景的影响，加之当时具体的历史条件与中国共产党制定的革命纲领等，对传统文化在理论与行动上基本采取了一种否定和拒斥的态度，代表人物如陈独秀、瞿秋白等。应当说，这种否定与排斥在当时有其合理性，是为当时社会进步所必需的。因为不如此，不足以从根本上改变中国近代以来逐步形成的半殖民地半封建性质的社会结构。同时，当时对以儒学为主体的传统文化的批判，从大的历史背景来看，应该说与近代以来儒学总是被政治上保守或反动的势力所利用这一历史情形有密切关系。

从抗日战争到新中国成立为第二阶段。其特征是在延续"五四"新文化精神的基础上，在空前的民族危机时代条件下，对传统文化力求作出较为理性的评价。代表性的言论如1938年10月毛泽东在中共六届六中全会上的讲话，其中指出，"我们是马克思主义的历史主义者，我们不应当割断历史。从孔夫子到孙中山，我们应当给以总结，承继这一份珍贵的遗产。"② 之后在1940年1月，毛泽东在《新民主主义论》以及张闻天在《抗战以来中华民族的新文化运动与今后任务》的演讲中，都从正面阐述了中共对待传统文化的评价和立场。但应该注意到，他们对传统文化的肯定话语惜墨如金而且很宏阔、谨慎。但仔细分析，毕竟与抗战前相比是有了一些变化。

第三个阶段是新中国成立后到改革开放前。这个阶段又可分为1949年到1965年以及"文化大革命"两个时期。在前一个时期，与我们党"左"的错误的逐步萌芽、抬头、加剧相联系，对待传统文化的反对态度也愈演愈烈。虽然1956年毛泽东提出了著名的"双百方针"，但由于当时的国际国内气候，并没有能够在实践中加以落实。一个突出的例子是1957年1月召开的中国哲学史座谈会上，冯友兰先生提出对待传统文化的"抽象继承法"，区分哲学命题的抽象意义和具体意义，试图为哲学遗产的继承和发扬留下机会与空间，但随后即遭到批判。而"文化大革命"时期，

---

① 杨凤城：《中国共产党对待传统文化的历史考察》，《教学与研究》2014年第9期。
② 《毛泽东选集》第2卷，人民出版社1991年版，第78页。

以儒学为主体的传统文化遭到"横扫"，被扔进"历史的垃圾堆"，对孔子、儒学采取了极不慎重的态度，留下了惨痛的教训。以致在那个时期成长起来的知识分子和一般民众的心目中，传统文化、儒学、孔子等在很长时期内是"反动的"、负面的文化符号。应该说这是极不正常的。

第四个阶段是改革开放后。随着中国社会的巨变，中国共产党、专家学者、普通群众等不同主体对待传统文化的态度逐步归于理性与客观。"改革开放以来，实现了意识形态从革命话语到建设话语的历史性转型"①，正是在这种转型中，我们开始正面地认识民族优秀文化传统，视之为中国特色社会主义建设的重要思想资源、文化资源。尤其是中共十八大以来，习近平的几次讲话，高度评价孔子及中华优秀传统文化，使我们在对待传统文化的认识问题上有了新的突破。他指出，孔子创立的儒家学术及儒家思想，对中华文明产生了深刻影响，是中国传统文化的重要组成部分，而且对人类文明进步作出了重大贡献。从历史的角度看，包括儒家思想在内的中国传统思想文化中的优秀成分，对中华文明形成并延续发展几千年而从未中断，对推动中国社会发展进步、促进中国社会利益和社会关系平衡等，都发挥了十分重要的作用。中国传统文化中的许多价值理念，经过现代化洗礼和创造性转化，完全可以有效地服务于当前的经济建设与社会发展，是实现"中国梦"的巨大正能量。中国共产党自成立之日起，就既是中华优秀传统文化的忠实继承者和弘扬者，又是中国先进文化的积极倡导者和发展者。要用中华民族创造的一切精神财富来以文化人、以文育人，决不可抛弃中华民族的优秀文化传统。② 在这个意义上说，习近平关于传统文化的高度评价，可以视为中共在文化建设上与时俱进的又一重要表现。当代中国是历史中国的延续和发展，当代中国思想文化也是中国传统思想文化的传承和升华，"中国梦"所寄托的理想和价值观深深植根于中国优秀传统文化沃土之中。在哲学立场上，中国共产党人是马克思主义者，不是历史虚无主义者，当然也不是文化虚无主义者。在文化发展战略上，中国共产党坚持马克思主义基本原理必须同中国具体实际紧密结合起来，提出应该科学对待民族文化传统，科学对待世界各国文化，用人类创造的一切优秀思想文化成果武装自己。正如习近平指出的那样，"在21世

---

① 唐爱军：《中国共产党意识形态的话语转型》，《中共中央党校学报》2014 年第 5 期。
② 中共中央宣传部：《习近平系列重要讲话读本》，学习出版社、人民出版社 2014 年版。

纪的今天，几千年来人类积累的一切理性知识和实践知识仍然是人类创造性前进的重要基础。"①

二　学术界对待传统文化与思想政治教育关系的态度

（一）学术界对待传统文化与思想政治教育关系的肯定态度

学术界持肯定态度的学者很多，较有代表性的是武汉大学黄钊教授，他在《论中国优秀传统德育成果的丰富内容及其现实价值》一文中进行了系统阐述。他指出，中华民族是世界上最古老的民族之一，留下了璀璨斑斓的传统文化成果，其中传统德育优秀成果相当丰富多彩。"德育"这一概念，有广义和狭义之分。狭义的德育，仅指伦理道德教育；广义的德育，则指的是"思想道德教育"与"思想政治教育"的综合。其中既包括道德观教育，也包括宇宙观和政治观教育。这种广义的"德育"，从内涵上拓宽了"德育"之"德"的包容量，从而提高了对受教育者在思想政治品德综合素质方面的目标要求。从历史实践上看自从人类社会进入阶级社会之后，统治阶级为了培养自己的接班人，总是从宇宙观、政治观、道德观等多方面来开展对未来接班人的综合教育。因此，"德育"之"德"，从来不是限制在伦理范畴之内，它同时包括了政治向往与哲学智慧。基于这一认识，我们把传统德育理解为传统宇宙观、传统政治观和传统道德观的综合教育。中国传统德育学说，作为一种思想文化成果，不仅对我们民族历代的文明进步产生过积极的影响，而且对当今的思想文化建设也有着不可低估的现实价值。

1. 传统宇宙观优秀成果的丰富内容及其现实价值

中国传统宇宙观，集中体现了中华民族先圣的哲学智慧。它源远流长，博大精深，内容丰富，既包括朴素唯物论，也包括朴素辩证法和朴素认识论。

第一，关于中国古代的朴素唯物论。我国的先哲在探讨世界万物的本原时，曾先后提出过"八卦说""五行说""阴阳说"以及"精气说""元气说"等哲学见解。如果说"八卦说""五行说""阴阳说"属于多元论范畴，那么"精气说""元气说"等，则属于一元论范畴。无论是一元论

---

① 习近平：《在纪念孔子诞辰 2565 周年国际学术研讨会暨国际儒学联合会第五届会员大会开幕会上的讲话》，人民出版社 2014 年版。

还是多元论，都是把物质作为世界万物的本原，这无疑从特定层面彰显了我们的祖先坚持朴素唯物论的世界观。特别是"精气说"和"元气说"，直接成为中国古代气一元论的理论源头。"精气说"源于稷下道家。稷下道家遗著《内业》说："凡物之精，则为生。下生五谷，上为列星。游于天地之间，谓之鬼神；藏于胸中，谓之圣人。"这里明确把"精"看作产生世界万物的本原。那么，"精"为何物？《内业》又说："精也者，气之精者也。"明确把"精"释为精气。后来黄老新道家，又将"精气说"推到"元气说"。《鹖冠子·泰录篇》言："故天地成于元气，万物乘（按："乘"乃为"秉"之误）于天地。"这是明确把"元气"看作天地万物的本原。到了汉代，王充继承并发展了这一思想，创立了元气自然论。后来，宋代张载提出"太虚即气"的唯物主义的气本论。明代王廷相强调"学者必识气本，然后可以论造化"的"气本造化论"。清代王夫之提出的"絪缊太和，合于一气"的气化论，无不是沿着气一元论的路线，进入中国古代哲学唯物主义的殿堂的。它们均属于中国古代典型的朴素唯物论。朴素唯物论，诚然还不是科学的世界观——辩证唯物论。它具有直观性、狭隘经验性以及粗糙性等缺陷。但是，朴素唯物论却是引导人们掌握辩证唯物论的重要基础。从唯物论的角度来看，中国古代气一元论的独到之处，是承认物质世界的客观实在性。例如，王夫之曾说："阴阳二气充满太虚，此外更无他物，亦无间隙。天之象，地之形，皆其所范围也"（《张子正蒙注·太和篇》）。又说："太虚，一实也。故曰：'诚者，天之道也'"（《思问录·内篇》）。"夫诚者，实有者也……实有者，天下之公有也，有目所共见，有耳所共闻也"（《尚书引义》卷三）。在王夫之看来，"充满太虚"的"阴阳二气"，其最突出之处，是其"实有"性。这就抓住了物质的客观实在性这一要义。承认物质的客观实在性，是唯物论的反映论的必然要求。就这一点而言，它带有真理性。不仅有利于促进中国古代的文明进步，对于今天的社会主义建设也有启迪意义。我们今天强调"实事求是"，强调"一切从实际出发"，强调"实践是检验真理的唯一标准"，等等，归根结底，都是承认物质世界的客观实在性。可见，中国古代的朴素唯物论，即使到了今天，也有其不可忽略的现实价值。

第二，关于中国古代的朴素辩证法。要了解中国古代朴素辩证法，必须研读《老子》。老子是中国古代著名的朴素辩证法大师。人所共知，老子有着无比丰富而深刻的朴素辩证法思想，这集中体现在以下三个方面。

一是老子所讲的"有无相生"命题，透露了"对立统一"的辩证法原理。其书第二章说："有无相生，难易相成，长短相形，高下相倾，音声相和，前后相随。"这里说的"有无""难易""长短""高下""音声""前后"六对矛盾，可以用两个字来概括，叫作"相反"；"相生""相成""相形""相倾""相和""相随"六个概念，亦可用两个字来概括，叫作"相成"。"相反"，强调的是"对立"；"相成"，突出的是"统一"。不难看出，"相反相成"这一命题，乃是《老子》关于"对立统一"思想的表达形式，是中国古代朴素辩证法的深刻流露。

二是老子提出的"反者道之动"命题，透露了"否定之否定"的辩证法原理。"反者道之动"，见于《老子》第四十章，意为向相反的方向转化，是道的运动。这一命题告诉我们，世间一切事物都要走向自己的对立面，就是说，肯定的东西，终会走向否定；否定的东西也终会走向肯定。这里实际上已出现了一个循环：肯定—否定—肯定。其中，第二次"肯定"，人们又称之为"否定之否定"。这就不仅揭示了矛盾转化的法则，更为重要的是，其中已内含着我们今天所说的"否定之否定"原理。

三是老子所讲的"大小多少"，透露了质量互变的辩证法原理。"大小多少"一语，见于今本《老子》第六十三章，据严灵峰先生考证，说的是"大生于小，多起于少"。老子所谓"天下难事必作于易，天下大事必作于细"（第六十三章），以及"合抱之木，生于毫末；九层之台，起于垒土；千里之行，始于足下"（第六十四章）等，都体现了"大生于小，多起于少"的法则。这一法则，同现代辩证法所公认的"质量互变"规律完全吻合，是有关质量互变规律的表达方式。

以上老子所透露的"相反相成"思想、"反者道之动"思想以及"大小多少"（即大生于小，多起于少）思想，正好同现代辩证法所强调的"对立统一""否定之否定"以及"质量互变"三大规律相一致。这无疑是一个很大的贡献。它不仅对中国古代朴素辩证的思维模式产生过极其深远的影响，也对今人学习与把握唯物辩证法给予了正确的理论导向。人所共知，毛泽东的《矛盾论》是一部典型的现代唯物辩证法的光辉著作。它的伟大之处，不仅在于透彻地宣讲了马克思主义的唯物辩证法，而且在于融会贯通地总结了中国古代朴素辩证法的优秀成果，其中也包括老子的"相反相成""祸福相倚"等重要思想成果。因此，中国古代的朴素辩证法，即使到了今天，也仍有其不可磨灭的现实价值。

　　第三，关于中国古代的朴素认识论。中国古代思想家在探讨有关认知的法则时，往往围绕"知"与"行"的关系问题拓展开来。先后出现了"知先行后"说与"行先知后"说、"知行合一"说与"知行相资"说、"知易行难"说与"知难行易"说等涉及知行关系问题的著名学说。它们各从不同侧面透视出不同思想家对知行关系问题的不同见解。其所论虽各有某些片面性，但也各有其某些合理性，为后人探讨认识的普遍法则奠定了基础，开辟了道路。20世纪30年代，毛泽东之所以能著成《实践论》这一光辉论著，在于他对传统的知行学说进行了深刻的理论总结后，提出了"知行统一"的卓越见解。他的总结，既符合马克思主义的辩证唯物论的认识论，又吸纳了中国古代思想家在探索知行关系方面的许多优秀成果，是典型的中国化的马克思主义认识论。由此可见，中国古代有关知行关系的理论成果，对于我们丰富和深化辩证唯物论的认识论，仍有其值得关注的重要价值。

　　在探索认知的规律时，中国古代思想家还有一项特别值得关注的理论成果，那就是老子所提出的关于"知常"的学说。老子把"知常"作为认识的根本任务，曾说："知常曰明，不知常，妄作凶。"所谓"知常"，即把握常道，用今天的话说，叫作认识客观规律，或曰把握真理，表现了道家创始人老子对真理的炽热追求。这在认识发展史上，是一个开创性的贡献。它启迪着后来者在追求真理的道路上，不断进行有效的理论探索，影响十分深远。尔后，荀子提出"天行有常"，并要求人们把握"天之常"而"应之以治"；韩非把"道理"作为规律的代名词，认为"缘道理以从事，无不能成"；到了唐代，刘禹锡用"数""势""理"诸概念，揭示规律的客观性，要求人们通过"推数""乘势""揆理"，以达到照客观规律办事的目的。宋代学者陆希声强调指出："唯能知道之常，则常善救物。""万物之理得，而天下之事正。""坐为常理，德之大也；能顺常理，福之首也。"（以上均见《道德真经传》）表现了追求"常理"的理性自觉。清初王夫之从其朴素的唯物辩证思想出发，正确地揭示了"常"与"变"的辩证关系，提出"奉常以处变""变而不失其常"（《周易外传·杂卦传》）的常变观，从而把老子"知常"的理念，引向了深化。

　　以上说明，中国古代有关"知常"思想的深化发展，从特定角度表达了我们祖先尊重客观规律的深刻思想。它不仅在历史上推进了我们民族的文明进步，而且到了今天，也仍有其重大价值。当前，我们党强调大力推行科学发展观，这从本质上说，同中国古代先哲强调"知常"的思想是完全一致的。它启迪我们，只有坚持按客观规律办事，沿着科学发展的正确道路，才能将我们的事业不断引向胜利。

2. 传统政治观优秀成果的丰富内容及其现实价值

中国传统政治观，集中体现了中华民族先贤的政治向往与治国平天下的政治抱负。今人把政治归结为阶级对阶级的斗争，古人不懂得这一点。他们心目中的政治，属于治道，是济世安民的管理艺术。无论是儒家的德治、法家的法治，还是墨家的尚贤之治、道家的无为而治，从本质上说，都旨在济世安民。综观古代思想家的政治观，内容极其丰富。就其优秀成果而言，主要有"民惟邦本""天下为公""任人唯贤""无为而治""依法治国"等理念。这些理念，不仅对中国古代的治道产生过深远影响，而且到了今天也没有完全过时。

第一，关于"民惟邦本"理念。"民惟邦本"一语，见于《尚书·夏书·五子之歌》①，原文为："民惟邦本，本固邦宁。"这一思想虽未必出自夏代，但作为一种治道观，它即使是后人伪托，也从特定层面反映了古代思想家崇尚民本的政治主张。例如，早在西周时期，周公就明确提出过"敬德保民"的主张。在周公看来，天命和民意紧密相关，所谓"天视自我民视，天听自我民听"（《孟子》引《周书·泰誓》）；"人无于水监，当于民监"（《尚书·酒诰》）；"惟王子子孙孙永保民"（《尚书·梓材》）等语，都是其民本思想的写照。到了战国中期，孟子更明确地提出了"民为贵，社稷次之，君为轻"的主张。他说："得天下有道，得其民斯得天下矣。得其民有道，得其心斯得民矣。得其心有道，所欲与之聚之，所恶勿施尔也。"（《孟子·离娄上》）这都表达了孟子的民本理念。到了汉代，贾谊在总结秦朝覆灭的教训的基础上，对民本思想作了深刻总结，他说："闻之于政也，民无不为本也。国以为本，君以为本，吏以为本。"（《新书·大政上》）从而对民本的内涵作了最明确的概括。强调"民惟邦本"，表明古代思想家看到了"民"在封建政权的建设与维护中的重要作用。强调这一作用，虽然其主要宗旨是在于为封建政权的完善与巩固献计献策，但也从一定层面提醒统治者要注意关心民生，体察民意，从而实现"保民而王"。毫无疑问，这对于缓和社会矛盾，解救民众疾苦，乃至推动社会

---

① 据学者考证，《五子之歌》，属伪孔传古文尚书篇目。

进步，均有其不可低估的重要价值。它不仅可以启迪历代进步思想家关心民众的思想情怀，而且可以激励今人牢固树立"以人为本"和"全心全意为人民服务"的思想情怀，自觉为群众谋利益。

第二，关于"天下为公"理念。"天下为公"一语，最早见于《礼记·礼运篇》："大道之行也，天下为公。选贤与能，讲信修睦。故人不独亲其亲，不独子其子。使老有所终，壮有所用，幼有所长，鳏寡孤独废疾者，皆有所养……是谓大同。""天下为公"的积极意义，在于强调以公义战胜私欲，要求人们去私尚公，关心整体利益，献身于国家民族的共同事业。这是崇尚廉政和倡导爱国主义的思想基础。我们国家有着尚廉的优秀传统，提倡谋天下之利，除天下之害。要求为政者要廉洁奉公，不徇私舞弊，不贪污受贿。其核心内容，就是一个"公"字。我们民族也有悠久的爱国主义传统。一代代中华儿女，为了民族大利，曾挺起脊梁，献身于国家民族的事业。这种"天下为公"的精神，是我们民族的"民族魂"，已陶铸出千千万万以民族大义为重的民族精英。从贾谊的"国耳（而）忘家，公耳（而）忘私"，到范仲淹的"先天下之忧而忧，后天下之乐而乐"；从岳飞的"精忠报国"，到顾炎武的"天下兴亡，匹夫有责"，再到林则徐"苟利国家生死以，岂因祸福避趋之"等，都是"天下为公"精神的千古绝唱。它们从不同侧面体现了中华民族尚公的思想追求和政德取向。

今天，我国的社会主义新道德，强调"以为人民服务为核心，以集体主义为原则"，突出个人对社会的义务与责任，提倡为社会主义祖国无私奉献。在这样的时代背景下，大力弘扬传统的"天下为公"精神，很有必要。因此，我们应当通过借鉴传统的"天下为公"观念，把全社会"为公"奉献的意识，提升到新的境界，让爱国主义传统发扬光大。

第三，关于"任人唯贤"理念。"尚贤"的思想，最先见于《墨子》。该书指出："古者，圣王之为政，列德而尚贤。虽在农与工肆之人，有能则举之。""故当是时，以德就列，以官服事，以劳殿赏，量功而分禄。故官无常贵，而民无终贱。有能则举之，无能则下之。"（《尚贤上》）这些论述，鲜明地突出了"任人唯贤"的基本宗旨。墨家的"任人唯贤"主张，是针对奴隶制的世袭制而发的。奴隶制时代，强调以血统为标志来任人选人，其本质就是"任人唯亲"。墨子倡导"尚贤"，明确强调"举公义，辟私怨"，高高地举起了"任人唯贤"的旗帜，这在中国乃至世界政治思想史上，是一个独特的理论贡献。它启迪人们在政权建设中，要注意选拔贤才，任用能人，从而推进社会的文明进步。这一理论建树，不仅在历史上产生过无比积极的影响，也对今人有重大的借鉴意义。今天，我国的改革开放事业正在深入发展，我们要将这一事业继续推向前进，扎实地做好选贤任能，是一个无比重要的关键环节。

第四，关于"无为而治"理念。"无为而治"是道家的政治谋略，其创始人是老子。老子从"圣人之治，虚其心，实其腹，弱其志，强其骨，常使民无知无欲"的策略思想出发，提出了"无为而治"的政治主张。所谓"无为而治"，就是按照"无为"的法则去实现天下大治。老子说："圣人处无为之事，行不言之教。"又说："我无为而民自化，我好静而民自正，我无事而民自富，我无欲而民自朴。"这里所谓"我"，指的是最高统治者"王侯"。在老子看来，只要王侯等统治者坚持"无为而治"的路线，就可以让老百姓"自化"（自然而然地开化）、"自正"（自然而然地端正）、"自富"（自然而然地富足）、"自朴"（自然而然地纯朴），故又说："为无为，则无不治。""道常无为而无不为，侯王若能守之，万物将自化。"这些都体现了老子的"无为而治"思想。这一思想，对中国古代政权建设和国家治理，产生了十分深远的理论影响。

其一，"无为而治"的政治谋略，有利于提醒统治者在治民实践中，注重给予老百姓以"休养生息"的机会。"无为而治"思想的核心，在于要求统治者不干扰老百姓的生活，让老百姓靠自己的努力实现"自化""自正""自富""自朴"。这一思想在理论和实践上都对后世影响很大。后来的黄老学者，就是按照老子的"无为而治"，创造出"黄老之治"的思想体系，并努力将之付诸政治实践。在我国历史上，无论是汉初的"文景之治"，还是唐初的"贞观之治"，都汲取了"黄老之治"的思想成果，注重让老百姓休养生息，并且都收到了良好的治国安民的政治效应。

其二，老子"无为而治"的政治谋略，作为一种治国之道，弥补了"有为之治"的某些不足。中国古代有关治国之道，诸子百家各有所论，综合起来，有两种治国模式：一属无为而治，二属有为而治。如果说道家属无为而治者，那么，儒家、墨家、法家则均属于有为而治者。儒家讲德治、法家讲法治、墨家讲尚贤之治，这在本质上都属于有为而治。推行有为而治，从本质上说，就是主张发挥"圣人""贤人"在治国安民中的能动作用，设计出安民之方，或通过道德教育来感化民众；或通过法律制约来规范民众的行为；或通过任用贤才来为民众造福。毫无疑问，这些有为而治，在安民治国中，都有其合理性。但是，我们也应当看到，实行有为而治，也有其局限性。特别是在封建时代，统治者的有为，常带有主观随意性，难免导致胡作妄为。故河上公评曰："欲以有为治民，我见其不得天道人心已明矣。天道恶烦浊，人心恶多欲。""人乃天下之神物也。神物好安静，不可以有为治。其以有为治之，则败其质朴"（《〈老子〉河上公章句》第二十九章注）。这些评述，可谓深得老旨。正是针对有为之治的局限性，老子开出了自己的"药方"："无为而治"，要求统治者清虚自守，卑弱自持。用司马迁的话说，叫作"无为自化，清静自正"。用河上公的话说，叫作"以清静导化之也"（同上书第三十七章注）。"以清静导化"，可谓"知风化之本，见政理之源"（李世民语），避免了德治、法治之烦民扰民的弊端。故司马谈在《论六家要指》中评道家的"无为"之术时，指出："道家无为，又曰无不为。其实易行，其辞难知。其术以虚无为本，以因循为用。无成势，无常形，故能究万物之情。不为物先，不为物后，故能为万物主。有法无法，因时为业；有度无度，因物与合。故曰'圣人不朽（巧），时变是守'。"司马谈的这段评述，从"无为而无不为"的思想立论，有力论证了老子"无为而治"思想的合理性。这些都从特定角度告诉人们，老子的"无为而治"既是对儒、墨、法诸家"有为而治"思想的重要批判，也是对其重要补充，在中国政治思想史上独树一帜，自成一家。"无为"的本质，并非要求人们什么事也不做，而是要求人们按照"道法自然"的法则行事。所谓"法自然"，就是要坚持顺应自然之势而为。这一思想，即使到了今天，也未过时。今天，举国推行科学发展观，要实现科学发展，有许多工作等待我们去做，其中就包括把"法自然"的思想贯彻始终。

第五，关于"依法治国"理念。这一理念，最先出自商鞅，《商君书·慎法》曰："故有明主、忠臣产于今世而能领其国者，不可以须臾忘于法。破胜党任，节去言谈，任法而治矣。"其意是说，当代的明主忠臣要统治好他的国家，就不可以片刻忘记法治。破除私党包庇、杜绝空谈、依法治理，才能治好国家。突出了依法治国的基本思想。商鞅在《修权》一文中，明确把"法"看作"权衡"，说："先王悬权衡，立尺寸，而至今法之，其分明也。夫释权衡而断轻重，废尺寸而意长短，虽察，商贾不用，为其不必也。故法者，国之权衡也。"这里突出法的"权衡"作用，就是要求执法者一切以"法"为准绳，让人们在法律面前一律平等。故又说："夫爱人者不阿，憎人者不害，爱恶各以其正，治之至也。故臣曰：'法任而国治矣！'"（《慎法》）这些思想，对我国古代推行法治，均给予了积极影响。后来，人们提出"法不阿贵""王子犯法，与庶民同罪"等，都旨在强调严明执法，不徇私情。宋代以降，人们赞包公为"包青天"，就是因为他执法严明，不徇私情。这些对于我们今天推行法治，仍有不可忽视的借鉴意义。

3. 传统道德观优秀成果的丰富内容及其现实价值

中国古代思想家非常重视道德建设，老子特别推崇"玄德"，曾说："生而不有，为而不恃，长而不宰，是谓玄德"（《老子》第十章）。孔子明确主张"道之以德，齐之以礼"（《论语·为政》）。墨子力主"列德而尚贤"（《墨子·尚贤上》）。孟子明确提倡"明人伦"，认为"人伦明于上，小民亲于下"（《孟子·滕文公上》）。荀子倡导"隆礼"，说："人无礼则不生，事无礼则不成，国家无礼则不宁。"（《修身》）这些论述，都从不同侧面，表达了古代思想家对确立人伦道德的极端重视。正是由于先贤对道德建设的重视，我国有关传统道德的遗产十分丰富，其中主要有"自强不息"的进取观、"厚德载物"的宽容观、"泛爱大众"的博爱观、"以义制利"的义利观、"子孝父慈"的孝慈观、"朋友有信"的诚信观、"尚中贵和"的中和观、"勤劳俭朴"的勤俭观、"持守气节"的气节观、"成仁取义"的献生观等，都是传承千古的优秀道德成果。

第一，关于"自强不息"的进取观。"自强不息"一语，出自《周易·乾卦·象传》："天行健，君子以自强不息。"其意是说，天体的运行，表现出刚健有为的特性。君子学习这一特性，就要使自己做到自我奋发，永不停息。儒家先哲带头践行这一美德。孔子"发奋忘食，乐以忘忧，不知老之将至"（《论语·述而》）。孟子"苦其心志，劳其筋骨，饿其体肤"（《孟子·告子下》）等，都是"自强不息"的写照。"自强不息"强调的是一种奋发有为的进取精神，它曾激励历代无数志士仁人在战胜自然灾害和改造社会的伟大实践中，勇往直前，奋进不止。这对于今人勇攀事业高峰仍有启迪意义。

第二，关于"厚德载物"的宽容观。"厚德载物"一语，出自《周易·坤卦·象传》："地势坤，君子以厚德载物。"其意是说，大地博厚宽广，君子仿效其德，就应当像大地那样，能容载万物。这是我们民族宽厚包容精神的体现。这一道德取向，要求我们在与人交往中，做到宽以待人，虚怀若谷，宽厚大度，设身处地去理解人、关心人、体谅人，而不过分苛求于人。这一精神对于今人处理个人与他人、上级与下级的关系，仍具有不可忽略的现实意义。

第三，关于"泛爱大众"的博爱观。中国古代，儒家讲"仁者爱人"，墨家讲"兼爱无私"（即"爱人如爱己"），都表达了对人的关爱。孔子提出"泛爱众而亲仁"（《论语·学而》）、"己欲立而立人，己欲达而达人"（《论语·雍也》），"己所不欲，勿施于人"（《论语·颜渊》）；孟子强调"老吾老以及人之老，幼吾幼以及人之幼"（《孟子·梁惠王上》）；墨子提出"有力者疾以助人，有财者勉以分人，有道者劝以教人"（《墨子·尚贤下》），主张"兴天下之利，除天下之害"（《墨子·兼爱下》）等，都表达了"博爱大众"的情怀。这种博爱观，要求人们在履行道德义务时，发扬利他精神，提倡对广大人民寄予关爱。这种精神，到了今天，对于贯彻"以人为本"和构建"社会主义和谐社会"，均具有十分积极的现实意义。

第四，关于"见利思义"的义利观。"见利思义"一语，出自《论语·宪问》："见利思义，见危授命，久要不忘平生之言，亦可以为成人矣！""见利思义"之意，是说见到财利，要以"义"为标准，去衡量取舍：合乎义则取，不合乎义则不取。其本旨在于强调"以义制利"，或曰"以道制欲"，引导人们正确处理道德与金钱的关系。孔子说："富与贵，是人之所欲也，不以其道得之，不处也；贫与贱，是人之所恶也，不以其道得（'得'疑为'去'之误）之，则不去也"（《论语·里仁》）。孟子也说："非其道，则一箪食不可受于人；如其道，则舜受尧之天下不以为泰"（《孟子·滕文公下》）。这些都表达了儒家先哲"见利思义"的道德取向。它启迪人们，对于"利"，要有一种理性的约制：不苟取，不妄得，不受不义之财。所谓"君子爱财，取之有道"，讲的就是这个意思。这种道德精神，对于今天引导人们正确看待财利，批判金钱至上的拜金主义，仍有很强的针对性，值得大力弘扬。

第五，关于"父慈子孝"的孝慈观。"父慈子孝"是古代思想家一贯强调的家庭道德准则。"孝"与"慈"作为一对道德范畴，曾对我们民族家庭道德生活实践产生过无比深远的影响。何谓"孝""慈"？西汉学者贾谊说："子爱利亲谓之孝"、"亲爱利子谓之慈"（贾谊：《新书·道术》），用我们今天的话说，"孝"，指的是儿女对父母或晚辈对长辈尽自己应尽的道德义务，包括赡养、照料、尊敬、安慰老人等一些实际内容；"慈"，指的是父母对儿女或长辈对晚辈尽自己应尽的道德义务，包括抚养、教育、爱护等一些实际内容。"孝"与"慈"作为道德准则，其主要功能是协调家庭内部父母与子女或长辈与晚辈之间的伦理关系，它们对于保证家庭的稳定、和谐起着相当重要的作用。今天，我们正在努力建设社会主义家庭美德，对于传统"孝""慈"之道的合理部分，我们应当坚持"取精去粗"的原则，加以借用，促其与社会主义新道德相承接。

第六，关于"朋友有信"的诚信观。孔子非常重视信德，曾说："人而无信，不知其可也。大车无輗，小车无軏，其何以行之哉！"（《论语·为政》）在这里，孔子把"信"比作大车上的"輗"、小车上的"軏"。"輗"与"軏"都是车上的关键设置，离开它们，车就不能行。可见确立信德多么重要。孟子据孔子之言，直接提出"朋友有信"（《孟子·滕文公上》）的命题，表明交友必须以诚信待人。这也就是要求人们在与人交往中，做到不食言、不违诺，更不搞坑蒙拐骗，表现出诚实无欺、恪守信誉的品格。这种重视诚信的道德追求，到了市场经济日益发展的今天显得更为重要，值得我们对之大加弘扬。

第七，关于"尚中贵和"的中和观。"尚中贵和"，突出的是"中"与"和"。"中"，即适中、中正，《中庸》所谓"执其两端，用其中于民"是也。"和"即和谐、协调之谓，史伯曰："以他平他谓之和"（《国语·郑语》）。"以他平他"，讲的乃是矛盾的统一、融合状态。"中"与"和"结合起来，称之为"中和"，《中庸》曰："致中和，天地位焉，万物育焉。"其意是说，达到了中和境界，天地便各得其位，万物乃生长发育。该篇又说："中也者，天下之大本也；和也者，天下之达道也。"这都体现了先贤尚中贵和的理想追求。"中和"意识在我们民族早已深入人心，提倡中庸之道，强调以和为贵，主张友好相处、相互协作、共享祥和，已成为我们民族的优良传统，并在人们生财、理家、治国的实践中发挥着重要作用。今天，我们正在建设的社会主义和谐社会，尤其需要大力倡导"尚中贵和"的价值观。

第八，关于"勤劳俭朴"的勤俭观。"勤劳俭朴"包括"勤""俭"两个方面的含义，古人又称之为"克勤克俭"。"克勤克俭"一语，出自《尚书·大禹谟》："克勤于邦，克俭于家。"表达了先民勤劳俭朴的道德追求。勤劳俭朴由儒家提出后，早已成为我们民族的优良传统。《左传》

提出"民生在勤，勤则不匮"（《宣公十二年》），墨子提出"俭节则昌，淫逸则亡"（《墨子·辞过》）等，都同"克勤克俭"的勤劳俭朴精神一脉相通。勤劳俭朴是我国劳动人民优秀品质的集中体现，是我们民族强国兴邦的根本需要，不仅过去对中华民族的文明进步产生过十分积极的影响，而且对于现在建设社会主义物质文明和精神文明，仍有其不可忽视的现实价值。我国现在虽然比较富裕，但仍然不能丢掉勤俭这一传家宝。"勤"，是创造财富的动力，"俭"是珍爱劳动成果的要求。这两者对于今人都有借鉴意义，值得好好继承。

第九，关于"持守气节"的气节观。"气节"，包括志气与节操两层含义。"志气"，由"志"与"气"组成。孔子说："三军可夺帅也，匹夫不可夺志也"（《论语·子罕》）。强调了立志的重要性。孟子说："我善养吾浩然之气"（《孟子·公孙丑上》）。这"浩然之气"，即是正气，它是做人须臾不可缺的。"节操"，包括名节与操守两个方面。"名节"，指与忠义大节相关的名誉；"操守"，则指在志行方面的所行所守。"节操"一语，旨在提倡人格独立，主张为真理和正义而斗争。孟子曾说："士，穷不失义，达不离道。"（《孟子·尽心上》）表达了为真理和正义而斗争的人格取向。故荀子曰："权利不能倾也，群众不能移也，天下不能荡也，生乎由是，死乎由是，夫是之谓德操"（《荀子·劝学》）。其所讲的"德操"亦即"节操"。这种"持守气节"的优良传统，在历史上留下了深远影响。一代代志士仁人，自觉为真理和正义而献身，他们"富贵不淫、贫贱不移、威武不屈"的高尚情操，在维护祖国统一、反对外来侵略、抵制社会恶势力中，显示出可贵的高风亮节。唐朝诗人孟郊写下了"镜破不改光，兰死不改香"的壮志豪言；北宋诗人梅尧臣道出"势利压山岳，难屈志士肠；男儿自有守，可杀不可苟"的绝代佳句；南宋民族英雄文天祥，面对敌人的威胁，唱出永垂不朽的《正气歌》；明代诗人于谦更将"名节重泰山，利欲轻鸿毛"作为自己立身做人的座右铭，吟出"粉身碎骨全不顾，要留清白在人间"的震人心弦的诗句。所有这一切，都惊天地、泣鬼神，表现了我们祖先在持守气节方面的高风亮节。今天，继承与发扬我们民族持守气节的精神，对于提高广大干部与民众的人格修养，仍有不可忽视的现实意义。

第十，关于"成仁取义"的献生观。古代先哲由于十分推崇道德的价值，主张为维护高尚道德而不惜牺牲自己的生命。孔子说："志士仁人，无求生以害仁，有杀身以成仁。"（《论语》）孟子说："生亦我所欲也，义亦我所欲也，二者不可得兼，舍生而取义者也。"孔子主张"杀身成仁"，孟子强调"舍生取义"，都宣扬了高尚的献身精神。这种献身观的确立，开启了我国古代为正义和真理英勇献身的先河。后来，荀子提出君子"畏患而不避义死"的高尚追求，文天祥吟出"人生自古谁无死，留取丹心照汗青"的千古绝唱，都同孔孟的上述思想一脉相通。今天，我们正在做我们的前人从来没有做过的极其光辉、伟大的事业，更需要我们发扬传统的献身精神，自觉地拼搏进取，直至为之献出自己宝贵的生命。

以上，我们分别对传统道德中的"自强不息"等十大道德观念作了简要阐述。它们作为中国传统道德的主要优秀成果，不仅在推进中国古代的文明进步方面作出过杰出贡献，而且到了今天仍然闪闪发光，值得我们倍加珍惜，好好继承。

因此，中国古代德育成果，源远流长，博大精深。它涵盖了传统宇宙观、传统政治观以及传统道德观三大系列的基本内容。这些内容，既具有中华民族的民族特色，又包含了十分丰富的人文理念。不仅在古代德育建设中发挥过极其重大理论指导作用，而且到了今天也仍然显露出其特有的现实价值。今天，我们要深化社会主义德育建设，必须认真总结、借鉴传统的德育成果，以便推进当代思想文化建设，为践行"中国梦"、实现中华民族伟大复兴贡献力量。

（二）学术界对待传统文化与思想政治教育关系的否定态度

学术界另一种观点是中国传统文化对中国的消极作用，尤其对培养创新型人才的负面影响，代表性的是华南师范大学汤晓蒙老师在《中国文化传统对培养创新型人才的负面影响》一文中的观点。汤老师指出，传统文化和创新的关系十分复杂，有时相当矛盾。就中国文化传统而言，虽然它也时时表现出对创新的崇拜，但更多时候却相当严重地阻碍着创新。中国最早的祖先崇拜都取决于偶像们的创造本领，比如把建筑、织布、耕作、用火、渔猎、医术、制陶等等方面的业绩都归功于有巢氏、隧人氏、神农氏、伏羲氏、黄帝、炎帝等神话人物。但为了维护了封建制度的千年稳固与中华文化的千年传承，中国人产生了继承为先的责任意识，历代中国人似乎都具有了传递文化、传递生命的天职。当文化逐渐积淀为程式，便越发具有一定的不可选择性，也就越发鼓励模仿与沿袭，要求某种最优化、最合理的文化形态在传播过程中被恪守，尽量减少信息丢失与不走样而到完整地流布，于是创新逐渐被约束和限制。① 中国文化之所以历千年而基本不变与不断，正是由这种文化传统对创新的适度约束保证的。

中国文化传统是通过对个人的约束与限制达到国家与文化的千年稳定的，但这种对个人的约束与限制，也打击了勇于创新的文明的"逾越者"和"犯规者"，造成了中华文化的保守。

第一，家庭极权主义导致了不发达的私人状态。中国文化传统是以家庭群体本位为背景，以伦理道德本位为核心的封建农业性文化传统。② 宗法家庭是国家的基础，传统中国的组织结构、国家制度以及伦理道德都是以家庭为根基、模式和本源的。所谓"家国一体"不仅表现为国家与家庭模式上的"同构"，也表现为机制上的"同律"，这种机制便是于国于家都通用的伦理道德。伦理道德是中国传统社会的思想基础，体现着中国文化的深层结构。中国文化基于家庭群体的考虑而将个人设计成"身"与"心（精神状态）"相分离的"身体化"的个体，人的"心"只有在群体中才能体现出来，这样就便于群体对于个体的控制以维持社会与文化的稳定，但同时也造成了对人格的压制与抹杀。

家庭群体本位对个人的最大影响就是忽视个人价值。在中国社会中，个人是处于家庭的极权笼罩之下的。在家庭中，中国人的"个体"概念是身体化的，中国文化不允许"个体"拥有合法性与精神性，而是把它当作一个"身"。个体要在"心"（精神）上作自我完成，就必须借助于他人或群体，这就是中国文化传统中由"二人"定义"一人"的设计。这与西方自由主义、个人主义恰是相反的。自由主义、个人主义的前提是认为，"人"的主要特色是独立于社会系统之外的那一部分，而社会无权控制个人的私人状态；而中国式的"人"的概念，却赋予家庭对他进行无穷尽的教育和塑造的权力。③ 于是中国人的私人状态便处于不发达的状态，从私人空间、私人时间，到私人活动领域，再到私人意识都处于被上一代窒息的状态之下，而其后果则是"清晰的自我意识"无法形成。

家庭对个体的窒息状态最突出地表现在家长对子女的教育态度方面。子女是中国家庭生活的中心，为了下一代的成长和家族的荣耀，中国人往

---

① 邹文：《创新与中国文化传统专题：创新与复制》，《美术》2003 年第 11 期。
② 庞朴：《文化的民族性与时代性》，中国和平出版社 1988 年版，第 20—28 页。
③ ［美］孙隆基：《中国文化的深层结构》，广西师范大学出版社 2004 年版。

往不惜一切代价，但唯独不愿交出对子女的占有权和控制权。而且，这种占有和控制，又往往被理解和感觉为"爱"。父母无意识地将子女视为"私有财产"，就会出现以管束和干预为爱的想法和做法，产生爱的错位。这种错位有两个极端，一是"溺爱"，其实质无非是"子女至上论"或"子女中心论"。家长的诸事代劳与对子女错误的公然包庇对于子女个人能力的培养和自我意识的发展都是致命的危害。另一个极端是"戾爱"。虽然也是爱，却表现为"暴戾"和"戾虐"。这种爱是基于"防儿如防贼"的观念。除去体罚之外，思想上无时无刻不存在对子女的防范，后果更为严重，除了会埋下仇恨之种外别无益处。溺爱也好，戾爱也好，其共同特点都是形式上的错位与内容上的不平等，其结果是造成子女依赖、不负责任、不信任感以及暴力倾向等问题。因此，在"溺爱"与"戾爱"中成长的人很难形成健全和完善的人格。

家庭控制个体的原因主要是在无意识中把个体当作家庭的私有财产。在这里，中国文化传统的种种特色，如人身依附、面子、良心、人情回报以及长幼尊卑有序都化作这种"文化无意识"，将个体的私人状态限制在狭小的空间而不得充分发展。长久之后，这种外压便内化为个体无意识的自觉行为，造成对自我的压缩。

第二，不发达的私人状态导致了个体的自我压缩。家庭对个人的极权主义笼罩所造成的私人状态的不发达，其直接结果是形成个体的自我压缩，具体表现在个人欲望的消失、卑下心理等方面。

欲望是创造的原动力，对自己所爱之物的强烈的要求是创新必不可少的心理准备。但在中国文化传统中，个人的正常欲望是被压制的。如前所述，在中国文化"二人"定义"一人"的结构方式中，"一人"之"身"如果不受制约便会趋于"乱"，因此个体便被要求不要信任自己，并以抹掉自我为美德。但这就容易导致把个体的正常欲望也当作"人欲"处理掉。[1] 于是，中国文化传统要求每个人做到的是一种不生不死的状态，一个人不能太爱憎分明，否则会很痛苦，只有使自己处于麻醉状态，逐渐地与自己真正的感觉失去联络，对所爱不敢有太强烈的要求，对所憎也不敢断然决裂。于是，人的自我领域无法得到确立，生命力与意识失去接触，人的创造力在自我的主动压制下，就连面对外压时

---

① ［美］孙隆基：《中国文化的深层结构》，广西师范大学出版社 2004 年版。

仅存的反弹之力都丧失了。

个体的自我压缩在面对他人时还会产生卑下心理，不管对方是否真的比自己强。在面对"心理形势"比自己占上风的人时，总会觉得有一股强大的外力在带动自己，因此便身不由己地去迎合对方，明明是自己的意见比别人高明，但当别人说出不同的意见时，就会自信全无，赶紧取消自己的意见。之所以产生这种情况，就是因为自我领域确立不起来。于是不要说创新，就连自己的生命大事也束手无策，任由命运摆布。然而按照中国的文化传统，这种被自我压缩和弱化的个人却往往被当作听话的"老实"人，家长和老师也往往会偏好这类孩子。

第三，个体的自我压缩导致了个体的不发展。个体的自我压缩最终会导致个体的不发展，比如缺乏个性、强烈的依赖感、推卸个人责任等。

创新首先要求的便是"个性"。这是与创新本身所具有的独特性相吻合的，没有独特的个性就不可能有独特的思想，也就不可能产生独特的创造灵感。然而在中国文化传统下生长的中国人，由于其人格遭到外在与自我的双重压缩，并不具有明确的个性，而且不可否认的是，中国人的倾向也不欣赏有个性的人。即使要伸张自己的个性，其方式也总是通过求得"群众"认同来确立自我，而对有独特个性表现的人，总是采取铲平主义的态度。

一个个性被弱化了的"个人"，往往会觉得自己很无助，并由此产生对他人的依赖。中国人素有将儿童当作成人，而将成人当作儿童的倾向，这两种倾向都会使个人成为没有独立判断、依赖他人的人。把儿童当成人是在儿童心灵还很稚嫩的时候，给他灌输不能理解和吸收的事物，比如要儿童背诵不能理解的诗词古书，自然使其对这种枯燥与阴郁的教育心怀恐惧，兴趣索然；又比如好像是在教儿童懂得礼节，却是以成人的世故圆滑为内容，结果使人生中最具活力的黄金时代被抹去，儿童成了老于世故的少年老成。而当一个人长大之后，却又将他视作不成熟的主体去看管他，强烈暗示他是一个没有独立判断的人，一个人即使到了三四十岁，在父母眼中依然是一个必须常常呵护的儿童，造成永远长不大的"儿童化"心态。结果，一个在年少时代就被磨灭了个性、成年后又被强制地灌输依附心理的、人格不完善的个体被塑造出来。

个人不发展的另一个表现就是对个人责任的轻视。个人责任既以独立的人格为前提，又是其不可或缺的组成部分。中国人批评西方个人主义时往往只注意其"我行我素"的一面，却从来也看不到"个人责任"的一面，这一定程度上也是由于文化传统的原因。个人责任对于创新也是至关重要的因素。创新是一个人以"自我"为基础，通过内省去处理外在的各种问题而做出的自我选择，是一种违背过去、担负一定风险的活动，因此，创新者就必须做好为自己的选择承担一切后果的准备。而如果一个人的自我是内外力压制而成，又将一切都交由他人安排，自己无须做选择的话，便没有责任可言，也就不会有异于他人的成就。

第四，不发展的"个人"对他人的负面影响。尽管说创新主要是以个体为基础的，但创新者及其成果却必然要处于社会之中，因此，社会的态度将对创新者的心理和处境产生很大影响，进而影响到整个民族与国家的创新力。

社会对于创新的态度很大程度上也是由文化传统决定的。中国文化传统所导致的个体不发达，扩及他人时便会产生一种群体性的对人格的压制和对个性的抹杀，也可以说是人格与个性的集体自杀，这便是铲平主义。铲平主义倾向对于创新的影响是致命的。任何创新都是"犯规"（虽然并不是所有犯规都是创新），然而当中国文化传统反其道而行，通过一切手段保持所有人的"平齐"状态，把"大家都一样"的状态制度化时，任何勇于创新的"露头者"便会成为众矢之的，最终被迫成为庸愚大众的一员。

之所以产生铲平主义的倾向，也是由于个体的不发达。在任何个体不发达的情况下，大家都必须承受一样的压力。因为"二人"互相定义的措施足以将双方的个性都磨掉，造成人我界限的不明朗，而且只有在"二人"之间才能衍生出个人的精神状态。于是，个人的自我价值必须在与他人的不断比较中才能确立，这样每一个个体的需求也就会趋于相同，而对于超出这种需求之外的特异表现，由于会对自我领域的确立带来危机感，不利于"二人"之间的互相定义，也就难以接受，势必欲铲平之而后快。

中国人是以"人言可畏"的方式铲平他人的。对于创新者来说，尽管所做的都是为大家的有益之举，只是自己的风格、名气、收入等与庸愚大众稍有不同，便会招致以庸愚大众发言人自居者的"品评"。① 但这种品评

---

① ［美］孙隆基：《中国文化的深层结构》，广西师范大学出版社2004年版。

往往不是首先肯定他人的成绩，中肯地对不足提出意见，而是出于强烈的嫉妒心，用所谓的"公共标准"为武器的铲平之举。

因此，中国文化传统对创新的负面影响表现为逻辑上的递进过程，由家庭对个体的极权笼罩，到个体的自我压缩，再到个体的不发展，最终由集体的铲平主义完成了中国文化传统对个体完善人格的抹杀。在教育走创新之路的今天，我们不能不面对中国文化传统对创新的负面影响。剔除糟粕，汲取精华，认真对待中国文化传统的承袭，是中国教育现代化的必然选择。认清中国文化传统对创新的负面影响不是一件容易的事，而如何消解这种负面影响则更是一个难题。但需要指出的是，文化的问题仍要依文化之规律、以文化之方式解决，尤其是对于文化传统而言，任何武力的、政治的、经济的、宗教的强制施暴最终都无济于事，还会带来相反的恶果。

第二节　传统文化融入高校思想政治教育呈现 支离破碎的不平衡性

尽管中国传统文化在思想政治教育中有着重要的价值和意义，二者也存在着密切的联系，但当前中国传统文化在高校思想政治教育中的地位和影响力还远远不够。无论是当前高校思想政治教育与传统文化教育融入的概括、是对传统文化与思想政治教育关系认识方面出现的偏差，还是对传统文化融入大学生思想政治教育面临的困境，都表明当前传统文化融入高校思想政治教育呈现支离破碎的不平衡性。

一　当前高校思想政治教育与传统文化教育融入的概括

2004 年 8 月，中共中央、国务院又下发《关于进一步加强和改进大学生思想政治教育的意见》，要求各高校在哲学社会科学教学中充分体现马克思主义中国化的最新理论成果，用科学理论武装大学生，用优秀文化培育大学生。把传统文化教育纳入思想政治理论教育的范畴，可以说是十余年许多高校思想政治教育的创新。各高校思想政治教育与传统文化教育融入的方式也不尽相同，但主要表现为以下几种方式。

一是开设与传统文化相关的必修课和通识课。在学校里对某一方面的知识加强教育最主流、最直接的方式当然是开设课程。大学里的课程我们可以简单地将其分为必修课和通识课两类。在高校中与传统文化直接相关的必修课程主要是大学语文课程。目前，有的高校将大学语文列为不分文理的全校基础必修课，讲授包括中华传统文化等内容的人文、历史类课程。有的高校将大学语文列为文科专业学生的必修课。对于理工类学生不开设大学语文课程。有的高校在思想政治理论课中对于传统文化也有所渗透，但篇幅十分有限。绝大多数都开设了传统文化方面的通识课或称选修课。这些公选课一般都集中在人文通识课板块。课程名称类型都是五花八门。有总论式课程，如《中国传统文化概论》；也有某一具体方面的，如《中国哲学智慧》、《中国古代文学欣赏》、《中国古代史研究》；还有从中西文化比较的角度开设的课程，如《中西文化比较》、《儒家文化与当今世界融和》；更多的是从传统文化与当今问题结合的应用价值角度开设的课程，如《儒家文明与现代社会管理》、《孙子军事哲学思想与应用》等。

　　二是组织专家学者进行与传统文化相关的人文讲座。文化讲座的形式更轻松随意，利于学生接受，著名的专家学者有着很高的人格魅力，对学生的影响力很大。各高校近年来邀请全国知名专家学者进行与传统文化相关的人文讲座也蔚然成风，各高校开展的中华民族的优秀传统文化讲座并受到大学生的欢迎。很多高校都推出了与传统文化相关的系列讲座，形成了宣传传统文化的高潮，也大大地开阔了大学生们的眼界，补充了学生们的传统文化知识，使大学生们对传统文化更加热爱。

　　三是课下阅读与传统文化相关的图书资料，观看与传统文化相关的音像资料。大学教育相比中小学教育而言，学生的课余时间更充裕，学习的主动性更强，高校提供给学生的图书资源更丰富。最近几年，国内高校出版社出版许多与传统文化相关的图书，特别是针对大学生群体出版了一些大学生人文素质拓展系列的图书。高校计算机网络的普及使得大学生可以很容易地观看与传统文化相关的各种类型的音像资料。

　　我们看到这三种方式涵盖了大学生生活的各个领域，这些方式之间不是割裂开来的，而是相互补充、相互促进的关系。通过这三种方式的传播和影响，各高校学生大多数受到了传统文化的熏陶。传统文化教育在高校取得了一定的成绩。

　　同时我们发现高校在开展传统文化教育方面还存在一些问题。一是绝大多数高校都有讲授中华传统文化的必修或选修课，但仍不能满足大学生需求。尤其是理工科院校，学生学习国学的愿望非常强烈，但学校提供的资源明显不足。日前，天津教育科学研究院通过网络进行了一项题为"国学，你到底离我们有多远"的调查，抽样调查了天津市 1500 多名大学生。统计显示，82.9% 的调查对象认为开设国学课是有必要的。建议开设选修课、公开课、定时讲座的分别占 36.2%、33.5% 和 27.9%。面对学生强烈的求知欲望，很多高校特别是理工科院校开设的与传统文化相关的选修课还存在课程少的问题。很多学生反映这方面的课程供不应求。一般每学期只有一两门相关课程，很多学生有兴趣，却由于选课系统内的名额已满而被拒之门外，既遗憾又无奈。二是无论开设相关课程还是举办讲座都存在着系统性不强的问题。各高校开设相关公选课大部分没有经过系统性规划，所以存在着涉及知识面不够广，各课程之间相关性差等问题。举办相关的讲座也存在着没有形成统一、固定的制度、内容零散、杂乱等问题。这些问题都会影响传统文化教育的实效性。三是传统文化融入高校思想政治教育是一个最薄弱的环节，从思想政治理论课的现有内容来看，存在严重的结构性缺失，这就是政治性的内容所占比例过重，道德性、文化性的内容太少，传统文化教育没有占到一席之地。多数高校基本上没有建立起传统文化教育平台，没有找到思想政治理论课与传统文化融合的有效模式。近年来一些高校虽然也举办过一些有关传统文化方面的论坛、讲座，但一般都是专业性较强的学术报告，其思想政治教育和人文素质教育的意义十分有限。

二　对传统文化与思想政治教育关系认识方面出现的偏差

1. 高校重专业而轻思想

由于受市场经济的影响，高校在培养人才的过程中急功近利，在课程设置中更重视专业技能的培养，而对中国传统文化的教育内容却很少。虽然有些高校也开设了《大学语文》《中国传统文化概论》等选修课，但大多数高校缺乏对传统文化课的重视。因为，传统文化教育的效果是长期的、隐性的，而且无法带来实际的眼前利益，所以很多高校认为传统文化的教育并不重要，无论从制度上还是课程设置上，都对传统文化的教育和宣传从比重上加以降低，使得和传统文化密切相关的道德观、价值观等的教育都受到了极大的冲击和挑战，从而出现了重智不重德，重专业不重思想的结果，也使得很多高校缺乏人文思想和精神。

2. 思想政治教育重政治而轻文化

我国高校思想政治教育课长期以来一直存在结构上的偏失，课程内容以政治理论为主，而缺少文化尤其是中国传统文化内容，特别是"文化大革命"对传统文化的破坏，更让思想政治教育只有政治而没有文化，而没有文化做基础的政治灌输，效果是短暂的。当前，虽然有所改变，传统文化开始回归校园，但整体方向依然是重政治而轻文化。因此，随着市场经济的改革和发展，西方文化思潮的引进，一方面，有利于开阔大学生的学术视野，也有助于大学生进行中西文化的比较、交流和借鉴；但另一方面，西方文化的引进又在相当程度上影响着大学生的政治态度、价值观念和道德意识，导致一些大学生对主流思想文化的冷漠和对思想政治教育的排拒。

3. 高校大学生的传统文化意识状况不容乐观

一是大学生对传统文化具体内涵了解程度不高。《中国新闻周刊》曾经对北京几所高校开展了关于"当代青年对中国传统文化的认知与态度"的调查，结果显示：当代大学生对传统文化的认知不足、了解程度不高。[①]有学者通过对沈阳市高校大学生进行调查指出，仅有6%的同学回答对传统文化和历史知识了解得非常深入。[②]还有学者对四川大学、电子科技大学、西南交通大学、西南财经大学等15所高校的大学生传统文化缺失现象调查结果显示在"在校生接触传统文化的途径"这一问题上，通过各类书籍和课本了解传统文化的比例达49.01%，而家庭教育和社会教育的比例远没有想象中的高，分别是21.85%、25.64%。[③]从已有的部分调查结果不难看出，高校大学生对于传统文化认知程度普遍偏低，这对中国传统文化的继承与发展造成不利影响。《中国教育报》刊登的一篇关于大学生掌握传统文化状况的调查文章，其中让大学生在除春节以外的传统节日与西方节日中选择最重要的一个，调查结果显示：选择圣诞节一类西方节日的占47%，而选择中秋节等传统节日的占45.6%。[④]诸如对"韩剧"、"日本动画"等"洋文化"盲目崇拜远远超越了对传统文化的了解，大学生对西方圣诞节、情人节等节日的认识远远超过对中国传统节日的认识，他们吃着西式快餐，玩着时下网络流行的网络游戏，却往往背不全一首唐

① 覃萍：《走出传统文化教育的困境》，《梧州学院学报》2006年第4期。
② 王冠、司雁龙等：《中国传统文化与当代大学生》，《文学界》（理论版）2010年第11期。
③ 李程飞等：《大学生传统文化教育的现状与对策》，《四川烹饪高等专科学校学报》2010年第4期。
④ 陈佳琪、陈奇超、李虎诚：《走向现代勿忘传统——渤海大学等五校大学生掌握传统文化状况的调查》，《中国教育报》2007年12月14日，第3版。

诗，对一些中国历史上的重大事件和优秀人物更是了解甚少，能答出"四书五经"、"经史子集"是什么的大学生少之又少。特别是近年来随着我国大学生就业压力的增大，他们越来越注重业务能力的培养，过于注重实际专业知识的学习与掌握，而忽视人文素质的养成与提高。在高校就业回访中，许多用人单位反馈现在的大学生专业技术水平普遍较高，如计算机和数学应用能力很强、建筑工程专业理论知识丰富、外语口语流利，但社会的责任感、工作的责任心却不令人十分的满意。这种情况的存在，客观地提醒我们，高等学校在加强大学生专业知识的传授和实践能力培养的同时，也应加强对大学生传统文化教育和思想道德素养教育。

二是大学生对传统美德继承弘扬不够。中华传统美德是先祖留给我们的宝贵历史遗产和财富，然而当前相当一部分大学生的言行和做法与其身份不符。长期从事中国思想文化史研究和青年教育的清华大学张岂之教授在接受《中国教育报》记者采访时曾指出"中国的大学毕业生虽然拥有优秀的学业成绩，但缺乏合作精神，待人接物缺少文明礼貌"。这虽然反映的只是大学生个人素质中的一部分，但当代大学生集体主义和社会公德意识淡薄、缺乏诚信意识、心理素质较差已成为不公的事实。一些大学生存在过分强调以个人为主中心，社会、集体靠边站的现象；在处理物质和精神关系上，过分关注眼前，忽视远大理想和目标，不少大学生的人生追求目标就是实现较高经济收入和安稳生活，重物质、求实惠、轻精神，从而淡化社会责任感，甚至陷入极端个人主义的泥潭；在索取与奉献关系上，从不认为个人贡献应与社会索取相等价，一味地强调索取，忽视奉献。还有部分大学生的价值观发生扭曲，在价值取向上表现出急功近利、敬业意识薄弱、理想追求功利化，还有部分大学生思想消极，缺乏对事业献身和对集体奉献的精神。在一些大学生中存在"信义失范"的现象，缺乏诚信意识，如轻者考试作弊、论文抄袭，重者请人代考、慌报特困生申请补助、银行助学贷款不归还等，这些都与"明礼诚信"的传统美德相违背，更让人担忧的是很多大学生不能正确地认识到这些问题对个人发展的不利因素，认为这种现象很正常，并没有什么不妥。此外，当前很多大学生在尊敬师长、孝敬父母方面做得也很不到位，把师道和孝道这两个传统美德抛到九霄云外，和老师、父母发生冲突的现象时有发生，却意识不到自身的不足，很多时候他们认为起冲突的责任在于老师和父母。这些不愉快事情的发生不能不引起我们的重视。

　　三是大学生对传统文化的价值认识不足。19 世纪和 20 世纪的中国社会现实以及世界发展潮流导致大部分中国人对本民族文化的价值认识不足，西方文化的冲击致使很多中国人对传统文化丧失了信心，只有少数坚守着传统文化的思想家和学者仍然能在新旧体制交错的夹缝中研究和秉承中国传统文化。新中国成立后，传统文化发展在不同程度上遭受了来自国内各种因素的抑制，使传统文化进一步丧失了民众基础。20 世纪 90 年代以来，当国人渐渐感觉到有些外国人对于中国传统文化的兴趣和研究已经达到了相当的水平，甚至超过大部分中国人，中国传统文化典籍在国内已成为一种文化装饰无人问津，而在日、韩等亚洲国家和一些西方国家中掀起学习和研究的热潮，自尊心极强的中国人突然意识到了这一点，渐渐地开始回过头来重新发掘被我们遗忘的传统文化。当前，无数年轻时尚男女在享受改革开放带来的物质文明同时，却与我们优秀的传统渐行渐远，他们的思想里除了一些国骂，剩下的就是一些所谓的"西化"的思想观念。然而他们对西方文化了解多少呢？我们不难发现，他们对于"西化"的了解只是商业化带来的、带有炒作层面的一些表皮。对于中国传统文化的精髓与智慧带给我们的潜在的价值又能体会多少呢？我们通过网络调查发现，现在很多大学生忽视传统文化的潜在价值，他们的价值取向越来越单一，越来越多的大学生把经济利益放在了首位，他们心中的偶像已不是历史上作出突出贡献的伟大人物，而是现代商业大亨和影视明星；科学家、教师、医生已不是他们的理想职业，反而能挣到金钱的职业成为他们心中的理想职业。这些问题的出现已经不再是一个简单的社会事实，它凸显的是中国当今文化走势，这一走势严重偏离了中国特色社会主义文化建设。从传统文化的角度讲，中国传统文化是维系中华民族的灵魂所在，它造就了中华民族的民族之魂，使中华民族历尽磨难仍能自立于世界民族之林，中国传统文化长期形成的巨大凝聚力和永恒的魅力，对于今天我国的社会主义现代化建设仍将发挥重要作用。

三　当前传统文化融入大学生思想政治教育面临的困境

1. 优秀传统文化与大学生思想政治教育难以实现有效衔接

　　当前，优秀传统文化融入大学生思想政治教育过程中有两种倾向值得注意：一是"机械融合"问题。一些高校思想政治课理论教师在进行传统文化教育时，没有深入考察传统概念、范畴、观点的实质内涵、时代背景、阶级立场等因素，只是抱着"拿来主义"态度借用或移植传统文化中的个别语句，浅尝辄止，甚至认为传统文化教育就是"背诵点经典""搞些传统仪式"等。这样一来，未经创造性转换的传统文化不仅难以发挥良好的思想政治教育作用，而且还会使其中的"糟粕性"因素趁虚而入，从而给大学生带来不良影响。例如，如果将诸如"官本位""禁欲""集权主义""宗法秩序"等传统文化未加甄别就融入大学生思想政治教育中，那么可能会造成大学生价值观发生偏向，使大学生思想政治教育产生适得其反的效果。就目前而言，如何实现传统文化话语与其内在精神的"双重融合"是大学生思想政治教育亟待解决的问题。二是"过度转换"问题。由于受到后现代主义思潮影响，一些人通过所谓"解构""贬低""嘲弄"传统文化的方式对大学生进行思想政治教育，从而致使大学生对传统的敬畏感日渐式微。不可否认，大学生思想政治教育需要以喜闻乐见的形式传承和弘扬优秀传统文化，但这并不意味着将传统文化作庸俗化、低俗化、娱乐化理解，不能将其降低为"博取眼球"或"寻求刺激"的文化资源。但反观现实，很多思想政治教育者为了增强传统文化"魅力"，往往以所谓"戏说传统文化""解构传统文化""恶搞传统文化""过分诠释传统文化"的方式将优秀传统文化话语、内容、精神等融入思想政治教育过程中，导致传统文化教育的"失真"和"偏向"，这不仅无法传承优秀文化传统，而且还会使大学生停留于"一知半解"。更有甚者，以没有限度的娱乐狂欢心态对待传统文化，崇尚过度消费。比如，所谓对古代文言文的"神翻译"，将"尔等果如其母戏寡人软"，翻为"你他妈在逗我"，将"安能辨我是雌雄"翻译为"女汉子"等。无底线地迎合非主流话语，看似实现了传统文化与大学生思想政治教育的转换与对接，实则既无益于传统文化的传扬，又让大学生思想政治教育走向"歧途"。

2. "说教式"传递方法导致优秀传统文化教育效果不佳

优秀传统文化是在历史过程中逐步积淀下来的，它产生、形成于一定的历史和社会环境中，对其传承需要考虑不同的"时空场域"和"教育方式"。但在今天的大学生思想政治教育过程中，一些教育者依然扮演着生硬的"中介人"的角色，过于注重传统知识的灌输与情感说教，将优秀传统文化的有关内容原封不动地"递"给受教育者（大学生）。同时，优秀传统文化融入大学生思想政治教育过程中还存在"走形式、摆样子、拼噱头、争荣誉"状况，这种只注重"说教"而忽视"探究、启发"的教育模式难以调动大学生学习的积极性和主动性，也就不能得到他们的认同和共鸣，从而使其在内心产生抵触心态。更为关键的是，这种"说教式"传递方法难以让大学生受到传统文化精神的熏陶和浸润，无法真正地"入心入脑"。正因如此，当前优秀传统文化融入大学生思想政治教育才备受责难，致使优秀传统文化本身失去应有的吸引力。之所以如此，一个重要原因就是"灌输式"教育方式让大学生产生了"厌烦"心理。

3. "融入"过程脱离大学生的生活实际

优秀传统文化有效融入大学生思想政治教育需要结合大学生生活实际，在可感触的实践中提升大学生基本素养。不过，从"融入"过程来看，当前存在的种种错误的看法和做法造成优秀传统文化与大学生生活世界的分离，从而使"融入效果"大打折扣。也就是说，优秀传统文化还只是大学生思想政治教育过程中的"点缀"，而没有有效融入大学生日常生活过程。主要表现为：其一，重"课上"，轻"课下"。即侧重于课堂上给大学生传授优秀传统文化理论知识，但没有在大学生课下的生活领域继续通过各种方式进行教育，这造成"课上"教育与"课下"教育的分离，出现"课上讲的头头是道，课下基本忘掉"的尴尬现象。实际上，应该在大学生"课下"生活中进行持续性的传统文化熏陶，这样才能使"融入"效果更具实效性。其二，重"理论"，轻"实践"。在优秀传统文化融入大学生思想政治教育过程中，一些教育者还多停留在讲授优秀传统文化的思想理论之维，但对大学生社会实践层面的教育渗透不够关注，没有更好地发挥实践育人作用。

第三节　师资队伍急需加强建设和培训

高校师资力量的强与弱直接关系到教学效果、教育质量的好与差。传统文化融入高校思想政治教育成功与否尽管受多方面因素的影响，但在众多因素中师资队伍建设无疑是最为重要的一个环节。然而，当前高校能够承担将传统文化融入高校思想政治教育的教师素质与其作用发挥和要求仍然存在一定的差距，亟待加强建设与培训。

一　思想政治理论课教师在优秀传统文化教育活动中的作用

高校思想政治理论课是高校思想政治教育的主渠道和主阵地，在思想政治理论课教育中开展优秀传统文化教育有着独特的使命和任务。思想政治理论课教师对这些使命和任务的实现，发挥着不可取代的作用。

1. 思想政治理论课教师是优秀传统文化课堂教学活动的实施者

对于课堂教学在优秀传统文化教育中的作用，中发〔2004〕16 号文件指出：在课堂教学中，"以爱国主义教育为重点，深入进行弘扬和培育民族精神教育。深入开展中华民族优良传统和中国革命传统教育"，① 是帮助大学生树立正确世界观、人生观、价值观的主阵地。当然，在此过程中，学生不会孤军奋战，因为教育的目的是师生共同努力构建知识、形成品德，此时，教师的主体性是以向导和优秀传统文化知识的呈现者而体现出来的。

关于教师在教学活动中的重要作用，联合国教科文组织提出过一个影响教学质量的公式：即教学质量 =（学生 + 教材 + 环境 + 教学方法）× 教师。通过这个公式，我们可以发现，教师的业务水平越高，教学质量也就越高。中发〔2004〕16 号文件指出：大学生思想政治教育的主要任务之一，应当"以为人民服务为核心、以集体主义为原则、以诚实守信为重点，广泛开展社会公德、职业道德和家庭美德教育，引导大学生自觉遵守爱国守法、明礼诚信、团结友善、勤俭自强、敬业奉献的基本道德规范。坚持知行统一，积极开展道德实践活动，把道德实践活动融入大学生学习生活之中。"由上述文件可以看出，正确的知行合一是大学生思想政治教育和优秀传统文化所追求的理想目标，在此过程中，教师要充分体现出发展较成熟主体的主导和示范作用，以自身的言传身教来影响和教育学生，切忌照本宣科、循规蹈矩、僵化保守，最终影响到课堂教育教学的效果。

2. 思想政治理论课教师是优秀传统文化教育方向的引领者

中发〔2004〕16 号文件指出，大学生思想政治教育的主要任务，是帮助大学生树立正确的世界观、人生观和价值观。因此，在高校思想政治教育课教育中，开展优秀传统文化教育就有着它自己的特有使命，这是社会主义现代化建设需要。在建设有中国特色的社会主义事业的过程中，如果没有对优秀传统文化的继承和弘扬，中国的社会主义现代化建设就会因失去历史的基础而难以更好地推进。有了教师对教学内容的选择和把握，中国传统文化教育的内容和方向才不会偏离高校思想政治教育课教育的目

---

① 《关于进一步加强和改进大学生思想政治教育的意见》（中发〔2004〕16 号）〔Z〕。

标，才不会违背党和国家的教育方针和政策。优秀传统文化教育在方向性、思想性、政治性上的特定规定性，要求教师在进行优秀传统文化教育时，要对大学生进行思想上的倡导与指引，让学生明白哪些是符合时代需要的部分，哪些是需要淘汰的部分，例如崇德利用思想，一方面，它非常重视个人的道德修养、重视社会的道德教化、以德治国以及崇尚道义节操等，在崇德利用思想的塑造下，人有可能成为一名全面发展的人，可能处理好各种人际关系，这也是它对个人全面发展的重大贡献；另一方面，崇德利用思想有着明显的缺陷和片面性，它夸大了个人的道德修养在社会发展中的作用，将德治和道德教化在治理国家和维持社会运转中的作用理想化，甚至把修身当作治理国家的首要原则，把治理国家和维持社会稳定的希望寄托在个人的道德修养上，这样，其消极性就暴露无遗。因此，在高校思想政治教育课进行优秀传统文化教育时，教师应让学生明白，进行优秀传统文化教育是培养大学生民族意识的需要，是大学生全面发展的需要；中国传统文化既是中华民族的根，又是每一个炎黄子孙的根，对大学生进行优秀传统文化教育，一方面，可以强化大学生的中华民族身份认同，这对于大学生抵制西方堕落的资产阶级文化的影响有着非常重要的意义；另一方面，教师也要结合当今社会的特点，对优秀传统文化做出合乎社会需要的新的诠释，确保优秀传统文化教育的社会主义方向。

3. 思想政治理论课教师是校园优秀传统文化建设的引导者

课堂教学好像一座冰山的一角，它只提供学生在校期间所获得的优秀传统文化知识的一部分，学生大部分的优秀传统文化知识是通过课外而获得的。在初始阶段，外在于学生的传统文化知识或者其他知识只是以信息的形式存在，还没有对学生产生任何实质的影响，一旦这些外在的信息和特定的背景结合（例如各类校园优秀传统文化活动），并为"在场"的学生所接受，则学生的认知图式会重新进行建构，在此之后，这些外来的信息才转化为学生自己的知识。这些知识一旦形成，就必将影响和规范着学生的情感、信念和意志等方面的心理和思想的形成与发展。从知识的生成过程，我们可以发现，初始信息和特定的背景是生成学生知识的关键要素，因此，我们必须重视和开展优秀传统文化方面的校园文化活动，高校优秀传统文化教育的方向性原则，决定了思想政治理论课教师必须引导校园的优秀传统文化活动和建设。当然，校园文化活动和建设不仅仅是让大学生接受优秀传统文化知识，而是通过积极参与校园文化的实践活动，让大学生形成符合社会需要的、正确的思想品德。中发〔2004〕16号文件指出："大力加强大学生文化素质教育，开展丰富多彩、积极向上的学术、科技、体育、艺术和娱乐活动，把德育与智育、体育、美育有机结合起来，寓教育于文化活动之中。"① 在具体的实践中，在学生工作处、团委和思想政治理论课教师的有序组织和引导下，通过艺术节、辩论赛、学雷锋创新风、组织观看爱国主义英雄模范等题材的影片等活动，使学生积极参与到优秀传统文化的校园文化建设之中。

二 思想政治理论课教师应具备的基本素质与能力

高校思想政治理论课是对大学生进行思想政治教育的主渠道，目的在于帮助和培养学生树立正确的世界观、人生观、价值观、道德观、法制观等，使当代大学生适应时代的需要，成为德才兼备、全面发展的人才，为实现有中国特色社会主义的共同理想贡献力量。高校思想政治理论课教师作为教育活动的组织者、实施者，对学生的理论学习和实践应用起着教育、引导、规范等作用，因此，高校思想政治理论课教师自身应具备多方面的基本素质与能力。

1. 必须具有坚定的政治信仰和正确的思想认识，有较强的政治敏锐性，有高尚的道德品质

思想政治理论课的教学目的是引导学生学习社会主义核心价值体系和进行基本的思想道德教育，教师要以自己的人格魅力引导学生信仰马克思主义，要让学生真学、真信。教师必须首先具有较强的政治鉴别力和政治敏锐性，在复杂多变的现实生活中，能从政治的高度观察、分析问题，保持政治上的清醒和坚定，深刻领会和贯彻党的基本理论、基本路线和基本纲领，明确在重大政治问题上应该坚持什么、反对什么，在大是大非面前不糊涂，不动摇，不犯错误。在重大问题上能做到不造谣、不信谣、不传谣，必须立场坚定、旗帜鲜明地跟党中央保持一致。坚决维护党和政府的路线、方针、政策，为营造和谐、稳定的社会环境做出自己的贡献。如果教师自身的政治素质不高，政治敏锐性不强，在大是大非面前糊涂、动摇，那么你就不可能给学生讲清楚问题，不可能对学生进行正面教育。所以思政课教师要时刻关注国内外重大新闻，紧跟形势、紧跟时代、始终站在社

① 《关于进一步加强和改进大学生思想政治教育的意见》（中发〔2004〕16号）[Z]。

会发展的潮头，保持清醒的头脑，做党的政策和方针的宣传者、维护者，做思想政治工作的"排头兵"。

2. 必须具有丰厚的文化知识和理论素养

思政理论课教师必须博览群书，广泛涉猎各种自然科学和社会科学的有关知识，要给学生一滴水，首先自己要有一桶水。教师要不断学习新理论、新知识、新观点，博览群书，不断充电，不断完善自己的知识结构，努力提高自己的理论水平，以其昏昏，使人昭昭是不可能的。所以思政理论课教师应该是学养丰富的专家。

3. 思政理论课教师应该是善于做学生思想政治工作的人

教师要了解学生的心理特点、掌握学生的思想动态，善于发现学生的长处和优点，做学生的导师和朋友，要经常深入学生，了解实际情况，既严格要求，又循循善诱，把一些不良倾向和苗头扼杀于萌芽状态。

4. 思政理论课教师要掌握思想政治理论课教学的规律和方法

在具体的教学活动中，必须自觉遵守教育规律、采用科学的教学方法。教师还应该具有良好的语言表达能力、不断学习新的教育理念和教育思想，跟踪学术动态，关注社会发展中的新生事物。一个教师即使有深厚的理论知识功底，如果不能自觉遵守思想政治课教学规律、缺乏良好的语言表达能力，还是不能成功地进行思想政治课教学。

5. 思政理论课教师应该有良好的人格魅力，学高为师，身正为范

教师的言行潜移默化地深刻地影响着学生的成长，所有的教师都应该是学生言行一致的楷模，这就要求教师应该处处以身作则、率先垂范，在工作中尽职尽责、诲人不倦，具有无私奉献的精神，学习中坚持实事求是的学风；生活中严以律己、宽以待人、品行高尚。坚持全心全意为人民服务的精神和为社会主义事业奋斗终生的远大理想。现实中，学生对教师是听其言观其行的，如果教师口头上是马克思主义，行动中是非马克思主义，言行不一，就会失去对学生的影响力。能否做到言行一致直接影响着教师的形象，决定教师影响力的大小，进而深刻地影响着教学效果。能否言行一致是一个人世界观的重要表现。只有真正树立正确的世界观、人生观、价值观，站在最广大人民的立场上，才能真正做到言行一致。思政课教师要始终严格要求自己，身体力行，用自己的模范行为教育、影响、启发和感染学生。

6. 必须具备一定的教育教学能力

教育教学能力首先表现为语言运用、课堂组织的能力，语言是人与人

进行沟通的最基本的桥梁和工具，作为教师，对于语言运用需要一定的技巧和方法，要注意语言运用的逻辑性、生动性、亲和性等。在教学过程中教师要慎重组织自己的语言，避免在无意中对学生产生误导，或对学生的人格尊严有所影响的语言。一定意义上，教师的语言艺术可以使教育活动取得不同的教育效果。对于教师而言，还要具备课堂组织的能力，在教学过程中，教师对课堂起着主导的作用，这就要求教师要善于和学生沟通，掌握一定的教育规律，掌握一定的心理学知识，合理地安排和组织课堂，从而使课堂能够在良好的氛围和纪律下进行，这也是对教师教育活动过程的把握提出了较高的要求。良好的氛围和纪律是课堂教育活动正常实施和达到理想教育目的的前提和客观基础。教师要有把握教材、驾驭教材的能力。要领会教材的基本精神，要理解和掌握教材的体系，厘清教材编写的逻辑思维以及教材的灵魂和主线。教师对教材的理解将会直接影响到教育活动的实施。教师作为教育活动中"教"的主体，对于教材的正确理解就显得尤为重要。教师对于教材理解的偏颇容易使学生产生错误的理解，从而产生与教育目的相反的结果。

7. 必须具备一定的社会实践能力和科研创新能力

每一学科对于理论知识的学习，最终的目的是应用于实践当中，理论联系实际是一般学科都需要掌握的教学方法。因此，在日常的教学过程中应加强理论联系实际，尤其是高校思想政治理论课本身就是实践性很强的一门学科，想要使学生充分地理解和体会教材中的内容，就需要学生在日常生活中不断地去实践和感悟。在理论与实践相结合中，要使学生学到的知识能够和身边的事情紧密结合在一起，增强学生学习的兴趣。提高学生观察问题、分析汲取新知识、科研创新的能力。在现代社会，知识更新的速度在不断地加快，作为教育者，教师就应该有汲取新知识的能力，要不断地了解本学科知识的前沿以及亟待解决的问题。尤其是思想政治理论课教师，要与时俱进，及时了解当前的形势以及当前最新产生却又普遍存在的新问题，在教学过程中能够用所学的理论进行分析，从而对学生进行及时的教育和引导。对于教师而言，科研创新是一个永远的话题。在高校中，每个教师都在承担着不同的科研任务。在科研中探索新知识、新方法，找到更适合对学生进行教育的途径和载体，为自己的教学活动增添新的活力。

8. 必须具备一定的沟通协调能力

作为高校的思想政治理论课教师，因其专业的特点，就要求其具有敏锐的洞察能力，不仅要善于观察社会上的一些现象，对新事物要比较敏感，同时还要善于洞察学生中出现的新现想、新问题，要具有敏锐的洞察力就要求教师要提高自身的能力素养。作为做"人"的思想工作的高校思想政治理论课教师，就应该具备沟通协调的能力。才能够在教育的过程中，处理好各种关系，从而达到教育效果。

9. 必须具备一定的指导示范能力

思想政治理论课教师要以自己高尚的师德、完善的人格和较高的理论水平去感染学生、启发学生、引导学生、教育学生，要指导学生的学习方法、学习理念和学习意识，要启迪学生的智慧、思想和心灵，规范学生的行为，帮助学生规划自己的发展方向和奋斗目标，其身正，不令而从；其身不正，虽令不从，所以教师自己必须首先加强人生修养，提高学识水平。

10. 必须具备一定的自我调控能力和终身学习能力

作为教师就应该具备自我调控的能力，要善于调节自身的情绪、善于调整自己的心理状态，使自己能够有好的心情和心态面对工作、科研和生活，在学生中树立积极健康的良好形象，更有助于达到良好的教育效果。知识的更新就已经向人们提出了挑战，就需要大家树立终身学习的理念，才能够更好地适应社会的发展以及社会对人才的需要。思想政治理论课教师承担着教育当代大学生形成正确的世界观、人生观、价值观的重要任务和职责，这就要求教师要不断充实自己的知识、完善知识结构，不断提高自身的能力和素质，提高自身的修养。在教学实践过程中，以身作则、为人师表，用教师的人格魅力教育和影响学生，帮助学生形成健康、健全的人格，为培养合格的社会主义建设者和接班人而努力，为实现中国特色的社会主义共同理想，为实现中华民族的伟大复兴，做出自己的贡献。

三 思想政治理论课教师现实素质存在的问题

从总体来看，高校思想政治理论课教师队伍是一支有着较高思想道德素质和业务素质的优秀队伍，他们政治信念坚定，忠诚于党和人民的教育事业，为中国社会主义事业鞠躬尽瘁。然而，我们也应当清醒地看到一部分思想政治理论课教师还存在不容忽视和亟待解决的问题，这些都将影响高校思想政治理论课教师队伍建设以及对社会主义合格建设者和可靠接班人的培养。

1. 思想政治理论课教师理论素养问题

第一，极少数教师缺乏对马克思主义的坚定信仰。不可否认，在高校思想政治理论课教师队伍中，绝大多数人还是真正信仰马克思主义的，但也有极少数青年教师因为不真信马克思主义，把从事思想政治理论课教学当成一种谋生的手段，专注于教学科研等个人能力的发展，把马克思主义理论当成一般知识来传授，共同理想越来越淡漠，政治方向感越来越模糊，缺乏思想政治理论课教师应有的政治素质和政治敏锐力，甚至不讲政治，在课堂上发表一些偏激乃至极端的言论。

第二，极少数教师对马列主义毛泽东思想一知半解。极少数思想政治理论课青年教师对马列主义、毛泽东思想的学习存在着两种错误倾向：一是教条主义的积习挥之不去，在教学中，脱离学生的思想现状和改革开放的生动实践，照本宣科，从书本到书本，从概念到概念，从理论到理论，简单说教，答非所问，自说自话，不能解惑释疑。二是以随意创新的态度对待马克思主义，表现为只对个别论断，片言只语式、寻章摘句式的马列著作的引用或创新，没有掌握马克思主义精髓，一知半解，一味标新立异，哗众取宠，实质上与马克思主义相去甚远。

第三，极少数教师对中国特色社会主义理论体系学习不够、理解不透。极少数青年教师对党的最新理论创新成果——中国特色社会主义理论体系的学习上存在着浅尝辄止多、深入学习少，被动学习多、自觉学习少，零散学习多、系统学习少，应付学习多、理论联系实际少的现象。个别青年教师受西方思潮的影响，在教学和研究中有偏离中国特色社会主义的言论；以各种形式自觉或不自觉地成为西方文化价值观的鼓吹者，甚至将马克思主义和中国特色社会主义理论体系作为批判的对象去赢得喝彩和掌声，成为抵制马克思主义的帮凶，毒害了没有明确分辨能力的青年学生。

第四，极少数教师缺乏中国传统文化和中国历史与党史知识。高校思想政治理论课要取得实效，离不开对历史知识的把握，离不开正确的政治历史观和历史大视野。可以说，绝大多数青年教师有中国传统文化、中国近现代史、中共党史的基本理论知识，对重大历史事件和重要历史人物有一定的了解。但是他们中有的人对历史的脉络、历史发展的规律和历史唯物主义的基本观点还不能够系统地、准确地把握，对中国历史和中国人民的"三个选择"（马克思主义、中国共产党和社会主义）的历史必然性还缺乏深刻的认识，对马克思主义中国化的历程和历史经验的总结，把握不准。在课堂教学中针对影视无意地虚化历史、歪曲历史、解构历史；对英雄人物、历史事件进行颠覆性评价；诋毁近现代中国革命的历史、党的历史和中华人民共和国历史的现象，起不到释疑解惑，正本清源，还原历史真相的作用。面对大学生关注的中日钓鱼岛争端、南海争端问题，面对疆独、藏独、台独和西方反华势力在国内外频繁从事的分裂活动，国外媒体不断跟进造势、颠倒黑白、混淆视听，个别高校思想政治理论课青年教师不能及时"有根有据"、"有史有论"地"亮剑"，旗帜鲜明地表达自己的观点和看法。

2. 高校思想政治理论课教师队伍师德建设存在的问题

第一，职业认同感欠缺，敬业意识淡薄。思政理论课教师的职业认同感缺乏主要表现在职业成就感低。这一点可以从两个方面进行理解，一方面是思想政治理论课对学生的教育是一个潜移默化、逐渐显现的过程，其作用不会立竿见影，也无法直接量化体现，难以证明自己教书育人的效果；另一方面是人们对思想政治理论课的认同度不高，往往认为思想政治理论课是虚的，专业课才是实的。这在某种程度上影响乃至打击了部分思想政治理论课教师的教学热情，影响到其对思想政治教育价值的认可和践行，使其敬业奉献的意识日益淡化，表现为在工作岗位上不思进取，无心钻研业务，更缺乏对教学内容、教学规律的深入研究，不认真备课，甚至连教案也没有，上课照本宣科，应付了事。

第二，严谨治学不足，育人意识退化。据调查，有些思想政治理论课教师缺乏严谨的治学态度，把教师职业仅仅当成一种谋生手段，课上敷衍了事，教学内容陈旧，教学方式单一，教学手段落后；课下不刻苦钻研，不讲学术道德，弄虚作假，抄袭剽窃。有些思想政治理论课教师未能发挥思想政治理论课应有的育人功能，将教书与育人割裂，平时与学生接触交流少，不能掌握学生的思想动态和他们关心的热点、难点问题，在课堂上照本宣科、信口开河，不能有的放矢地对学生进行教育引导，对课堂上学生出现的旷课、迟到、玩手机、睡觉等自由散漫的不良现象也置若罔闻、听之任之。

第三，自律意识不强，示范作用欠缺。"学高为师，身正为范"，这是对每一位思想政治理论课教师职业道德的基本要求，也是师德的本质内容。然而，有的思想政治理论课教师自律意识不强，不严格要求自己，不注重自身修养，表率作用欠缺，从而使自己的言行也显得苍白无力。他们有的自由散漫，迟到早退；有的仪表不整，举止粗俗；有的缺少仁爱，语言粗鲁；有的怨声载道、信口雌黄；有的思想泛滥，观点偏激。诸如此类的言行，在一定程度和范围内搅乱了学生的思想，污染了育人的环境，结果，书没有教好，反而影响了教师在学生和社会心目中的良好形象。

3. 高校思想政治理论课教师人文素养存在的问题

第一，知识结构单一，人文知识薄弱。高校思想政治理论课教师所学学科大都是思想政治教育、哲学、历史、法律、心理学等专业，本身也属于人文社会学科，但是我国传统高等教育本身在教育过程中就存在知识结构单一，甚至是文史哲专业之间都各自为政，缺乏相通相融的路径。如一个有博士或者硕士文凭的历史专业的高校思想政治理论课教师，他在教育教学活动中往往史料堆积得很丰富，但缺乏理论的支撑，少了一些哲理的启发和追问；不少思想政治理论课教师不知音符、音节、节奏、旋律为何物，也不知色彩搭配的基本知识，说到审美也谈不出个一二三；课堂语言缺乏时代感、优美感、幽默感，因为没有充实的内涵和丰富的人文知识做底蕴，也就少了"腹有诗书气自华"的气质。同时，受文人相轻的传统遗风影响，高校思想政治理论课教师也不太善于从不同学科、不同专业的教师身上学习，固化了知识单一化的格局，使得部分教师业务面狭窄，知识更新缓慢，人文知识缺失严重。

第二，缺乏理性、独立、探索精神和人文精神。理性是人性的一部分，人之所以为人，就是因为他与动物不一样，有思想，有理性。正如陈寅恪 1929 年在给王国维的纪念碑写的碑文中所说："先生的著述或有时而不彰，先生之学说或有时而可商，惟此独立之精神，自由之思想，历千万祀与天壤而同久，共三光而永光。"①"独立之精神，自由之思想"本应成为今天中国知识分子共同追求的学术精神与价值取向，更应是思想政治理论课教师所坚守的学术情操和学术精神。但是，目前部分高校思想政治理论课教师缺失了这样一种理性精神、探索精神、独立精神，他们缺乏对前人探索科学问题的思维过程、思路与方法、学科与理论的发展史、本学科（专业）的前沿和尚待解决的难题的了解，不关注现实的问题、学生的实际问题。在科研中缺乏十年磨一剑、潜心治学的从容与执着，缺乏从事基

---

① 李慎之：《独立之精神自由之思想——论作为思想家的陈寅恪》，《学术界》2000 年第 5 期。

础性研究的勇气和魄力，热衷于一些"短平快"的横向课题，他们关注科研背后的功利（如名声、职称、利益）更甚于关心真理、关心价值。因为理性精神、探索和独立精神的缺失，使得在教学过程中，没有了自己的思想和独到见解，形成不了自己的风格，书本怎么写就怎么念，大众怎么看就怎么看，人云亦云，他们不能有意识地引导学生追溯知识的来源，探讨知识的形成原理，了解并探索知识的应用和发展。"学生不欢迎，老师没兴趣"就成了思想政治理论课在不少大学的现实写照。

第三，缺乏"以学生为本"的人文关怀。王琼玉老师曾经描述过她一次真实的经历：有一次她身着较为时尚的衣裙、略施粉黛，一走进音乐专业新生班，学生就惊呼："老师，你怎么是这个样子的啊？"我反问："那我应该是什么样子的呢？"学生答："好像政治老师都是穿着古板，素面朝天，板着面孔，讲话很严肃，而且年龄都很大的人。"笑过之后仔细想想，我们思想政治理论课教师在学生心目中的画像就这等形象，是学生偏见？是，也不是。因为部分思想政治理论课教师就是这等外在形象，年龄越大越趋近这形象。有句成语"相由心生"，我们内心是什么样的，表现于外当然也就是什么样的。一个心中有爱而大度的教师，因为爱心，他的眼底会闪现温柔、清澈的光芒，他的表情会柔和；因为大度，才不会因为跟学生斤斤计较而产生刻薄的表情纹，并且在天地间存一份慈悲心。部分思想政治理论课教师外在的刻板、不修边幅，其实是对生活缺乏热爱，对学生缺乏尊重，心中没有学生，他只是教书匠，为生计而教书，不是为事业、为使命而教书。

4. 高校思想政治理论课教师教学行为存在的主要问题

第一，对话行为水平有待提高。对话行为主要包括提问行为和组织讨论行为。在课堂提问行为方面，教师提问的质量较低。教师的简单提问所占比重过大，教师的提问对促进学生创造性思维没有太大作用，这样的提问，降低了教学效果，不利于大学生对所学思想理论知识的内化。在讨论指导行为方面，高校思想政治理论课授课仍然是以教师讲授为主，教师讲授所占比重过大，课堂讨论形式化。在讨论过程中，教师给予学生的讨论时间一般较少，学生不能有充足的时间讨论问题，再者就是学生在参与的过程中，出现了学生做自己的事情不参与讨论、被冷落的情况，教师对学生讨论的指导和监督不能到位。

第二，激发学生学习兴趣行为缺乏。高校思想政治理论课，学生违反课堂纪律的现象比较严重，大学生对思想政治理论课采取的是应付检查和考试的态度，对思想政治理论课缺乏学习的热情，教师专注于教学内容的讲授，课堂上对学生学习兴趣的激发行为缺乏，导致学生的学习需求没有被激发，学生在课堂上出现了与思想政治理论课无关的书籍、玩手机、讲笑话、吃零食等现象。

第三，多媒体展示行为在呈示行为中比重过大。多媒体技术在教学中能够有效地缓解高校思想政治理论课枯燥乏味等特点，能够把教学信息生动直观地展现给学生。但是现代教育技术的发展使很多的老师过分依赖多媒体，在调查中发现，所有的呈示行为基本都是通过多媒体技术手段来完成，这造成了高校思想政治理论课教师对多媒体的过度依赖。过度依赖多媒体不利于教师与学生的情感互动，也不利于学生学习积极性、主动性的发挥。

第四，教学评价反馈不足与课后教学反思行为力度不够。教学评价是教师专业发展的重要一步，是衡量教师教学专业水平的重要标杆，是大部分学校对高校思想政治理论课教学的评价处于一种转型阶段，既考虑学生的考试、考察成绩，又注重教师的课堂观摩评价，但是由于人力、物力等条件的限制，对思想政治理论课教师的教学评价不到位，教学评价与反馈体系不够完善。由于对教师教学的评价体系不够完善，教师对课堂教学行为的反思基本都是随意性的，并没有形成习惯和机制。

第五，部分教师教学行为形式化倾向明显。教学行为的形式化是指教师在教学过程中，某种教学行为流于形式，没有充分发挥其教学效用的一种状态。在提问行为上，尽管大多数教师能够提出合理的问题，促进学生相关知识的学习，但在观察和调查中不难发现一些教师邀请学生参加互动，表面上气氛较好，但是实效性却值得商榷。

5. 高校思想政治理论课教师科研育人工作主要存在的问题

第一，科研育人的意识有待进一步强化。在对高校思想政治理论课教师教学、科研情况调研过程中我们发现，很多思想政治理论课教师对科研育人的现实意义认识不清，科研育人的意识不强。有的老师认为，科研育人工作是大学生教育、大学生管理等部门的事，是主管大学生工作的党政领导和大学生辅导员的事；还有的老师把科研育人看成是专业课教师的事，看成是理工科教师的事。这些思想政治理论课教师虽然宏观上知道科研育人的概念或思想，但自身缺乏科研育人的意识，更没有主动设计、大胆实践科研育人工作。由此看来，高校思想政治理论课教师科研育人的整体意识还有待进一步强化。

第二，科研育人的内容有待进一步拓展。有的高校思想政治理论课教师虽然接受了科研育人的思想，认清了新时期高校科研育人的现实意义，也产生了科研育人的思想意识，但不知道什么是科研育人，怎样做到科研育人，究竟应该向大学生讲些什么。产生这种现象的主要原因有两条：一是教育教学管理部门缺少对科研育人的总结、概括和提炼，缺少对思想政治理论课教师科研育人的具体要求，缺少对高校科研育人工作的考核和指导，只是从普遍意义上进行了科研育人的号召和宣传；二是思想政治理论课教师缺少对科研育人的研究和思考，没有把它纳入思想政治理论课的教育教学体系，没有从思想政治教育的视角研究和解决这一问题。

第三，科研育人的方法有待进一步创新。高校大学生思想政治教育方法需要结合新形势、新特点，不断加以研究和总结创新。科研育人工作是高校思想政治教育工作的重要组成部分，高校科研育人的方法同样需要不断总结、创新和提高。从目前我们了解和掌握的情况看，高校思想政治理论课教师科研育人的方法比较简单，有的思想政治理论课教师只是在课堂上介绍了相关科学家的科研成就、成长经历和科学家的拼搏精神，没有深层次挖掘科学工作者崇尚科学的行为习惯，献身科学的意志品质和诚实守信的学术道德。有的思想政治理论课教师只是从课堂教学本身开展科研育人工作，没有结合思想政治理论课的社会实践活动，以及大学生课外活动给予指导。还有的老师只是沿用传统说教的方法，没有结合现代教学手段，没有结合国内外先进的科技创新成果开展科研育人工作。

第四，科研育人的合力有待进一步形成。21世纪以来，高校科研育人工作不断深入，涌现出许多先进高校和典型人物。比如，清华大学谢维和教授提出"育人是大学科研的重要任务"，并用这种思想有力指导了清华大学的科研育人工作。又如厦门大学戴淑庚教授以"腹有诗书气自华，科研育人实可嘉"的精神状态开展科研育人工作，在科研中感受育人幸福。这些成功的做法和经验，有力推进了高校科研育人工作。然而，调查中我们发现，一是全国高校中科研育人的先进高校和典型人物不多，没有形成普遍意义；二是没有形成高校科研育人的创新团队，思想政治理论课教师的科研育人凝聚力没有形成；三是没有形成学校、教育教学管理部门、思想政治理论课教师的群体合力。

第四节　制度、组织建设不健全,缺乏统一的教材、大纲和指南,缺乏经费保障机制

一　制度、组织建设不健全

近年来,中共中央、中央人民政府及党和国家领导人非常重视传统文化融入思想政治工作,多次强调并制定了相关制度,然而这些多表现为会议论述及宏观的法律法规,缺少后续中观、微观的制度和组织建设与之相配套。

当下宏观制度及党和国家领导人的论述非常丰富,主要表现有:2012年党的十六大报告指出:"必须把弘扬和培育民族精神作为文化建设极为重要的任务,纳入国民教育全过程,纳入精神文明建设全过程,使全体人民始终保持昂扬向上的精神状态。"① 党的十七届六中全会报告明确强调"加强对优秀传统文化思想价值的挖掘和阐发","发挥国民教育在文化传承创新中的基础性作用"。②

党和国家的领导在各种场合不断反复强调高校进行中华民族优秀传统文化教育的重要性,其目的在于通过高校中华民族优秀传统文化的教育,使我们的青年了解祖国的悠久历史和灿烂文化,了解我们党和人民的光辉业绩和优良传统,满怀信心地投身于祖国社会主义现代化建设的伟大洪流。习近平总书记曾多次在各个场合强调中华民族传统文化的重要作用。2013 年 3 月 7 日,在中央党校建校 80 周年庆祝大会暨 2013 年春季学期开学典礼的讲话上,他指出:"中国传统文化博大精深,学习和掌握其中的各种思想精华,对树立正确的世界观、人生观、价值观很有益处。学史可以看成败、鉴得失、知兴替;学诗可以情飞扬、志高昂、人灵秀;学伦理可以知廉耻、懂荣辱、辨是非。"说明了传统文化的学习可以培养人的价值观,提高个人修养;2013 年 9 月 26 日在会见第四届全国道德模范及提名奖获得者时,他强调:"中华文明源远流长,孕育了中华民族的宝贵精神品格,培育了中国人民的崇高价值追求。自强不息、厚德载物的思想,

---

① 《中国共产党第十六次全国代表大会文件汇编》,人民出版社 2002 年版,第 38 页。
② 胡锦涛:《中共中央关于深化文化体制改革推动社会主义文化大发展大繁荣若干重大问题的决定》,《人民日报》2011 年 10 月 19 日。

支撑着中华民族生生不息、薪火相传，今天依然是我们推进改革开放和社会主义现代化建设的强大精神力量。"说明了传统文化对推进我国改革开放的重大意义。2013 年 11 月 26 日，在山东考察时他讲到，一个国家、一个民族的强盛，总是以文化兴盛为支撑的，中华民族伟大复兴需要以中华文化发展繁荣为条件。对历史文化特别是先人传承下来的道德规范，要坚持古为今用、推陈出新，有鉴别地加以对待，有扬弃地予以继承。提出了学习传统文化的方法论。2013 年 12 月 30 日，在中共中央政治局第十二次集体学习时他又讲到，对中国人民和中华民族的优秀文化和光荣历史，要加大正面宣传力度，通过学校教育、理论研究、历史研究、影视作品、文学作品等多种方式，加强爱国主义、集体主义、社会主义教育，引导我国人民树立和坚持正确的历史观、民族观、国家观、文化观，增强做中国人的骨气和底气。对传统文化的学习和弘扬提出了具体的指导意见。2014 年 2 月 24 日，习近平总书记在中共中央政治局第十三次集体学习时的讲话中指出："培育和弘扬社会主义核心价值观必须立足中华优秀传统文化。"离开中华优秀传统文化的支撑，社会主义核心价值观将成为无源之水、无本之木。

党和政府在《爱国主义教育实施纲要》《加强和改进学校德育工作的若干意见》《加强和改进大学生思想政治教育的意见》《加强和改进高等学校思想政治理论课的意见》以及《关于在学校开展民族团结教育活动的通知》中，都明确要求对大学生进行中华民族悠久历史教育和中华民族优秀传统文化教育，特别指出高校思想政治理论课作为思想政治教育的主渠道、主阵地，担负着进行民族传统文化教育的重要责任，思想政治理论课要积极探讨民族优秀传统文化进教材、进课堂和进学生的头脑。①

然而，当前的现实是缺乏党政有关部门的有力推动和指导。从中央教育部门到基层学校教务领导机关，没有专项针对传统文化教育工作的文件和政策，所有相关文件在涉及传统文化教育问题时都只是作一般性的号召和原则性的要求，未能就这项工作在高校如何定位、如何落实做出具体规定。对高校的考评体系从未见到过传统文化教育方面的指标，也没有相关

---

① 赵刚：《将民族传统文化融入思想政治理论课的途径》，《宁波大学学报》（教育科学版）2013 年第 2 期。

部门就此项工作对高校进行督促、考评和组织交流。① 缺少相应的配套制度和组织机构支撑，使传统融入思想政治教育的工作保障方面处于不利的局面。

二 缺乏统一的教材、大纲和指南

2007 年新年伊始，一本以"两岸三地"学术精英历时五年合力编撰，系统完备、深入浅出的中国文化基础读本《中国文化导读》摆上三联书店书架。1 月 10 日，三联书店为《中国文化导读》的出版召开以"传统文化修养与通识教育"为主题的座谈会，有意思的是，与会者在热议该书的重大价值及意义时，纷纷发出这样的慨叹："这样的教材为什么是香港城市大学出? 内地为什么没有早些出?"② 这突出反映了当前我国传统文化教材及传统文化融入思想政治教育的教材非常少的现状。近几年，这种局面尽管有所改观，但全国统一使用的教材是没有的，并且是否需要统一的教材也处于不断的争论中。

教材是一个国家意志的体现，加强大学课堂教材的建设是各国的普遍做法，也是教育的基础性工程。中国办的大学是社会主义大学，要通过教育来培养学生对中国特色社会主义的理论认同、政治认同、情感认同，增强道路自信、理论自信和制度自信，以及我们的文化自信和价值观的自信，务必有相应的大纲与指南，以此来保障立德树人教育目标的实现，然而当前的现实缺失统一的大纲与指南，从而使传统融入思想政治教育的工作缺乏所遵循的依据，路径也不明朗。

三 缺乏经费保障机制

2007 年 1 月 10 日，全国人大常委会副委员长许嘉璐在以"传统文化修养与通识教育"为主题的座谈会上措辞严厉地说："现在全国一千四百多所公办大学有哪一所大学让所有学科的学生以《中国文化导读》为必修课? 没有。香港城市大学一学期上课的学生有 3000 人，每年投入 2000 万港元，我们的重点大学哪一个肯做这样的投入? 没有。"③在这里突出反映

① 刘淑霞:《中华传统文化与高校思想政治教育融合之实然状态与应然态势》，《唐都学刊》2011 年第 1 期。

② 丰捷:《统文化通识教育:内地高校落后了》，《光明日报》2007 年 1 月 18 日。

③ 同上。

了一个问题，传统文化融入思想政治教育是一个系统工程，需要大量的经费投入做保障，当前这方面仍然缺乏经费保障机制。

尽管 2014 年颁布的《完善中国优秀传统文化指导纲要》提出："要不断完善社会力量和市场力量参与的传统文化教育投入机制，鼓励和引导多途径增加传统文化教育投入。"① 但是经费保障方面还是不尽如人意。尽管资金投入不足有多方面的原因，但这项系统工程浩大，需要资金巨大，各方面都需要用钱是一个不争的事实。在大学阶段，以提高学生对中华优秀传统文化的自主学习和探究能力为重点，培养学生的文化创新意识，增强学生传承弘扬中华优秀传统文化的责任感和使命感，分学段有序推进中国优秀传统文化教育需要资金；在课程建设和课程标准修订中强化中华优秀传统文化内容、围绕中华优秀传统文化教育的主要任务，适时启动课程标准修订和课程开发的研究论证、试点探索和推广评估工作，修订相关教材和组织编写中华优秀传统文化普及读物等把中华优秀传统文化教育系统融入课程和教材体系需要资金；以打造一支中华优秀传统文化教育骨干队伍、加强面向全体教师的中华优秀传统文化教育培训等为内容的全面提升中华优秀传统文化教育的师资队伍水平需要资金；建设不断适应时代需要的中华优秀传统文化网络教育平台。利用好现有全国文化资源共享工程、公共电子阅览室建设工程、数字图书馆推广计划等数字文化惠民工程的数据资源成果，推动优秀传统文化网络传播，制作适合互联网、手机等新兴媒体传播的传统文化精品佳作。重点打造一批有广泛影响的传统文化特色网站，支持和鼓励学校网站开设传统文化专栏。加强校园网络建设，依托高校网络文化示范中心、大学生网络文化工作室等，拓宽适合青少年学生学习特点的线上教育平台。选取一批有代表性的中华优秀传统文化经典诗文，建设"中华经典资源库"。在中国大学生在线、易班网等设立中华优秀传统文化教育专栏，进行形式活泼、内容丰富的在线学习需要资金；加强中华优秀传统文化校园教育活动。利用学校博物馆、校史馆、图书馆、档案馆等，结合校史、院史、学科史和人物史的挖掘、整理和研究，发挥其独特的文化育人作用。深入开展创建中华优秀传统文化艺术传承学校活动，邀请传统文化名家、非物质文化遗产传承人等进校园、进课堂。依托少先队、共青团、学生党支部、学生会、学生社团等，开展主题教育、理

① 教育部：《完善中国优秀传统文化指导纲要》，《中国教育报》2014 年 4 月 2 日。

论研讨、社会实践、志愿服务、文艺体育等形式多样、丰富多彩的活动需要资金；构建互为补充、相互协作的中华优秀传统文化教育格局。充分利用博物馆、纪念馆、文化馆（站）、图书馆、美术馆、音乐厅、剧院、故居旧址、名胜古迹、文化遗产、具有历史文化风貌的街区等，组织学生进行实地考察和现场教学，建立中小学生定期参观博物馆、纪念馆、遗址等公共文化机构的长效机制。积极配合文化、新闻出版广电等部门，提倡和扶持弘扬中华优秀传统文化的各类文艺作品创作，在评奖、宣传等方面加强引导，办好青少年电视频道，做好图书出版规划，创作、出版一批青少年喜爱的影视片、音像制品和文学艺术作品，为加强中华优秀传统文化教育提供丰富、生动的教育资源需要资金；加强中华优秀传统文化教育教学研究。充分利用传统文化优势学科、重点研究基地和相关科研力量，深入开展中华优秀传统文化教育教学研究，为中华优秀传统文化教育教学提供理论基础和学理支撑。鼓励各地各校组织专门力量，加强中华优秀传统文化研究机构建设，为学校和教师提供专业服务和指导等方面需要资金。这么多用钱的地方如何保障是一个考验智慧的大问题。

第四章 传统文化融入高校思想政治教育的途径

优秀传统文化是中华民族五千年历史文明的文化积累，将其更好地传承下去，将对大学生的思想政治教育发挥重要的作用。传统文化与大学生思想政治教育工作的融合是一项复杂的系统工程，需要不断探索优秀传统文化与大学生思想政治教育的融合途径，从而不断提升思想政治教育的有效性，使优秀传统文化得到更好地继承与发展。

第一节 加强对大学生学习传统文化的正确引导

将中国传统文化作为文化载体引入大学生思想政治教育是一个重要的举措，思想政治教育工作者应因势利导，引导大学生树立科学的文化观，将中国传统文化的精髓引入思想政治教育体系中，发挥其在大学生思想政治教育中的作用。充分发挥中国传统文化作为大学生思想政治教育文化载体的作用，引导大学生学习传统文化。

一 培养大学生的文化自信

加强文化建设，提升文化自信，是新时期国家发展的重大战略决策。大学生是文化的传承者、实践者和创新者。大学生文化自信的培育是大学人才培养的重要使命，既关涉中华民族文化的传承与创新，更关系着中华民族的发展和复兴。加强大学生文化自信培育，不仅是一项紧迫而艰巨的时代任务，也是一项长期而复杂的系统工程。

1. 引导大学生形成正确的文化态度

态度是人们对某一特定对象比较固定的一种综合心理反应倾向。文化态度，是指在社会生活中人们对某一特定文化的评价、好恶、行为倾向，包括怎样对待主体文化和怎样应对外来文化。总的来说，在人类历史上出现了三种不同的具有巨大影响的文化态度。第一种是民族中心主义，强烈认为自己的群体或种族比其他群体或种族要优越，是种盲目自负的文化态度。第二种叫作极端保守主义，认为外来文化具有一定的历史价值，但只当作珍稀物品收藏，排斥其在现实生活中的作用，崇拜其空壳。第三种是文化相对主义，认为每种文化都具有独特价值体系，理应受到尊重，主张评价具体的文化体系从这种文化自身的角度进行。不过，极端的文化相对主义会导致故步自封和排他性。在中国，文化态度实际是一个怎样处理古今中外文化的问题，一直是中国近代以来文化论争的焦点。代表性的观点有：曾国藩等主张"中学为体，西学为用"；胡适等主张全盘西化；章太炎等主张中国传统文化唯我独尊；毛泽东等主张世界各民族文化是平等的，要将中外文化融合，并在此基础上改造中国传统文化，从而创造新文化。前三种观点或各持一端，要么全盘肯定要么全盘否定，或人为地将中西文化割裂，各自为用，都不是历史地辩证地看待中西文化。以毛泽东为代表的马克思主义者认为科学的态度应是"古为今用，洋为中用"。因此，在处理中外文化问题上，要引导大学生以开放、理性的态度对待外来文化，充分汲取外来先进文化的营养成分为我所用。采取拒斥或全盘接受的态度对待外来文化，不利于中国特色社会主义的文化建设。

　　纵观当前世界形势，要引导大学生形成一种正确合理的文化态度，能够批判地继承中国传统文化。同时，用动态的眼光去评价外来文化，取其精华，弃其糟粕，并将中国的优秀文化在世界传播开来，使中国文化发扬光大并永葆活力。

　　始终保持对优秀传统文化的崇敬和自豪的态度。中华民族的文化历史悠久，波澜壮阔、博大精深，留下了浩如烟海的文化典籍，提供了众多的发明创造。要使当代大学生尊重优秀传统文化，并对其充满坚定的自豪感。同时，又能把它放在世界多元文化格局中进行考察，做到既不孤芳自赏，又不妄自菲薄。应提升大学生对民族优秀文化的崇敬和自豪，促使其把民族优秀文化当作中华民族生生不息的母体和精神之源，引导以一种理性的文化精神继往开来，从而在当代大学生心中产生文化自信。

　　始终保持对外来文化的开放和包容的态度。大学生的文化态度应该是开放包容的，而不是封闭狭隘的，是面向世界的，而不仅仅是面向本土的。培养开放包容的文化心态，把一切优秀文化视为精神食粮，不断吸取消化，这是在全球化进程中实现民族复兴对每个有素养的公民提出的必然要求。在民族文化与外来文化的双向互动中，既要保持开放态势，又要具有包容态度，这是一个大学生必备的文化态度，也是文化自信的具体表现。要引导大学生了解和掌握世界主要民族文化的重要特点，密切关注其发展趋势，秉持开放包容、共赢合作的文化心态，推动世界各民族文化和谐共处、共同进步。

始终保持对先进文化的坚定追求的态度。在当代中国，中国特色社会主义文化是先进文化，是以马克思主义为指导，既传承中华民族优秀文化又吸收各国优秀文明成果的优秀文化，反映了时代特点，顺应了人民的期待，符合历史发展规律。应要求大学生对中国特色社会主义文化的发展充满信心，内心真切认同并产生深切的至爱之情，真正成为社会精神家园的创造者和守护者。只有具有深厚的感情基础，才能真正树立自觉弘扬社会主义先进文化的主人翁意识，才会自觉学习、主动拥护、广泛传播、勇敢创新，从而对社会主义先进文化产生自觉和自信。

2. 丰富大学生的各类文化知识

知识是人类智慧和经验的结晶，包括历史经验和科学新成就。它是文化的精华，是人类文化的精神载体。人们常常将文化和知识一起连用，统称为"文化知识"。只有对各类文化知识有充分的认识和了解，才能真正做到文化自信。文化自信来自对文化知识的充分掌握。普及和充实中外相关文化知识，是培养大学生文化自信的一个重要途径。只有不断学习和了解中华民族的各种文化知识，从各个角度审视民族文化，才能找到民族文化完善、创新的方向。只有努力学习和掌握当今世界其他民族的文化知识，才能促进世界各民族文化的共同繁荣和发展。外来民族文化精华的学习继承，可以为中华民族文化注入新鲜血液，并成为大学生获取文化自信的力量。

强调青年大学生学习和积淀文化知识的重要性。文化知识决定国家与民族的命运和前途。"一定要在党内造成一种空气：尊重知识、尊重人才。"① 学习知识是每个大学生的责任和义务。"知识引导人生，学习成就未来。青年时期是学习的黄金时期。"② 大学生须努力学习掌握过硬本领，

① 《邓小平文选》第2卷，人民出版社1994年版，第41页。
② 胡锦涛：《在同团中央新一届领导班子成员和团十六大部分代表座谈时的讲话》，《中国青年报》2008年6月15日。

"一定要以强烈的求知欲和上进心，发愤读书，刻苦学习各门功课，打好知识基础"。① 大学生应使自己学有专长，全力拓展知识面，利用人类社会一切优秀的文明成果来丰富、提升自己。事业没有止境，知识不能穷尽，只有不断更新和丰富知识，才能不断开阔视野。

大学生要熟知中华民族文化的发展历程和发展趋势，了解中华民族文化发展的地位及作用，通晓其他民族文化的历史进程、发展特点和发展趋势，尽可能地具备广博的文化知识，并真正理解领悟这些文化知识，为文化自信打下坚实的知识根基。

努力学习马克思主义理论知识。马克思主义理论是社会主义事业发展的科学指南，缺乏坚定的马克思主义信仰，社会主义就会丧失基石。大学生必须认真学习马克思主义理论，特别要深刻学习中国特色社会主义理论体系，掌握马克思主义的思想精髓。要把马克思主义理论作为行动的指南，活学活用，能够用马克思主义理论来处理现实问题。通过马克思主义理论知识的学习，使大学生践行社会主义核心价值观，学会做人，懂得怎样把个人发展与民族、人类发展融合起来；学会做事，观察社会，懂得传承、弘扬、创新中华民族文化，从而培育高度的文化自信。加强广博而精深的专业知识学习。邓小平强调，不管在哪个工作岗位上，都需要具有相应的专业知识。"搞建设，行业非常多，每一项都需要有专业知识。"② 倘若没有专业知识，又不去努力学习，即使有心为社会做贡献，也做不了贡献，可能还会适得其反，妨碍他人为社会做贡献。因此，大学生要努力打下扎实的知识基础，极力培养严谨学风，踏踏实实地积累知识。同时，要尽力开阔视野，全面学习各类新知识、新技能，与时俱进，竭力完善自己的知识结构，为自身文化能力提升打下坚实的基础。

大学生还应学习各种科学知识和人文知识。知识经济时代不但要求人们终身学习，也要求人们接受通识教育，具备各个方面的文化知识，在向大学生进行专业教育的同时，做到两手抓，两手并重。即一手抓科学知识教育，一手抓人文知识教育，将其贯穿到大学生的专业课程教育中去，使他们熟知各类文化知识，拓宽知识视野，拓展文化层面，培养文化感情，

① 胡锦涛：《为推进祖国新世纪大业做好全面准备——在中国少年先锋队第四次全国代表大会上的祝词》，《中国青年报》2000 年 6 月 2 日。

② 《邓小平文选》第 2 卷，人民出版社 1994 年版，第 264 页。

增强文化自信。

3. 提升大学生的全面文化能力

能力简单来说就是为顺利地完成某一项活动而必备的主观条件，是人们运用知识的各种本领及认识世界、改造世界的智慧和才能。文化能力是文化主体以既得的文化知识与德行为基础，对自己民族文化和外来民族文化进行筛选、重组、更新和优化的本领。文化能力是产生文化自信的强力催化剂，使得大学生在文化全球化不断加速发展中，能够做出正确合理的价值判断与文化选择，清楚文化的归属，主动积极地传承、弘扬和创新中华文化，提升其在世界的穿透力和影响力，产生文化的高度认同，从而增强文化实力和文化自信。

马克思在《德意志意识形态》中认为，"任何人的职责、使命、任务就是全面地发展自己的一切能力"①。这里的"能力"自然包括文化能力。毛泽东主张德智体全面发展，强调将文化知识运用到社会实践中去，转化成文化能力。认为，若仅有书本知识，没有社会实践，即使念到大学，也是不行的。② 社会实践活动是获取文化知识、培养文化能力的重要途径。"不仅要学习书本知识，而且要向社会实践学习。"③ 走出书本，参加社会实践，视野才能打开，社会经验才能增长。由此，应引导大学生全面发展，博约结合，学思并行，积极参加校内外的社会实践活动，在实践中化知（知识）为能（能力）。

提升大学生的文化鉴别能力。文化鉴别能力，是指在多种文化交流、交锋过程中，文化主体通过对比分析、相互比较，做出理性选择并吸收文化营养的能力。要引导大学生及时了解校内外、国内外文化发展趋势和特点，领会自身对文化的诉求，学会有效宣泄文化生活中的困惑等消极情绪。在面对文化冲突时，以清醒的文化意识、坚定的文化信念、敏捷的文化思维、客观的批判精神为核心，形成对文化的鉴别能力。同时，明白优秀进步的文化与腐朽没落的文化之间的本质区别，形成对各种腐朽文化的免疫力，做优秀、进步文化的主人，使自己的文化行为朝积极、健康方向发展，增强文化认同感和文化自信。

---

① 《马克思恩格斯全集》第 3 卷，人民出版社 1960 年版，第 330 页。
② 《毛泽东选集》第 2 卷，人民出版社 1991 年版，第 566 页。
③ 江泽民：《在庆祝北京大学建校 100 周年大会上的讲话》，《人民日报》1998 年 5 月 5 日。

提升大学生的文化传播能力。文化传播能力，是指借助一定载体，运用有效的文化传播手段、技巧与策略，将先进文化加以广泛扩散的一种能力。文化传播能力的强弱体现了文化生命活力的强弱。当前，我国正在努力推动中华民族优秀文化走向世界，提升中华文化的世界影响力。由此，要使大学生牢固树立对中华文化的荣耀感，明确自己在传播中华文化过程中应担负的责任，积极参与跨文化交流，不断将中华文化推向世界，维护中华文化在世界主流文化中的辐射力。

提升大学生的文化创新能力。文化创新能力，是指从旧文化中产生出新文化的能力，即在旧文化扬弃的基础上进行新文化的创造。任何文化只有在创新中才能获得生命力，由此文化的繁荣进步才可以实现。大学生是否具有文化创新能力，是衡量人才培养质量的重要标准之一，也是在未来国际竞争中立于不败之地的关键。青春活泼、富有知识和拥有创新潜质，是大学生群体的鲜明特点。要引导大学生主动传承中华民族的优秀文化，自觉投身于文化的创新实践中，营造文化创新氛围，激活文化创新热情，强化文化创新实践的制度保障，身体力行，努力成为文化创新的积极分子。

总之，大学生文化自信培育是一个集合理文化态度的培育、丰富文化知识的积累、全面文化能力的提升于一体的文化育人过程。大学生的文化态度体现其内在精神动力，正确合理的文化态度有利于文化知识的积累和文化能力的提升。文化知识是基础，不管是正确文化态度的坚守，还是文化能力的增强，都必须依靠文化知识的积累与扩展。

文化能力是催化剂，文化能力强的大学生容易获得文化知识，而文化能力弱的人要获得同样的文化知识一般要付出更多的努力。

二　将传统文化教育纳入高校思想政治教育理论课体系

1. 将中国传统文化纳入思想政治理论教材

马克思主义哲学作为外来思想，需根植于中国优秀文化之中。从根本上说，毛泽东思想、邓小平理论、"三个代表"重要思想、"科学发展观"，都是马克思主义与中国文化相结合的理论产物。因此，教育主管部门和各高校必须加强思想政治理论课的学科建设、课程建设、教材建设，必须把思想政治理论课程教学大纲和教材编写纳入马克思主义理论与研究建设工程，组织专家和骨干教师编写既能全面反映马克思主义、毛泽东思想、邓小平理论和"三个代表"、"科学发展观"、习近平同志重要讲话等重要思想的最新成果，又能反映传统文化优秀成果的教材，努力形成以当代马克思主义为指导的具有中国特色、中国风格、中国气派的学科体系和教材体系。

2. 提升教师的传统文化素养

思想政治教育工作队伍是加强和改进大学生思想政治教育的组织保证。思想政治理论课教师和高校辅导员作为大学生思想政治教育工作队伍的主要力量，首先要在思想上认识到中国传统文化之于大学生思想政治教育的重要性；其次，要认真学习中国传统文化，提高自身文化修养；最后，要自觉将中国传统文化与思想政治教育相结合，努力探索两者之间的联系和契合点，创新思想政治教育的新思路和新方法。

3. 改进教育、教学的方式

优秀传统文化卷帙浩瀚、博大精深，其特点之一就是具有丰富的美学内涵，无论是经史子集还是诗词歌赋，其内容之深奥，形式之华美，情感之充沛，表现之多样，令人叹为观止。要用优秀传统文化的这种独特魅力来吸引大学生，使他们对传统文化产生浓厚的兴趣。方洪刚教授讲党的创新理论，所用的方法是传统的演讲式，就是把传统理论与现实结合起来进行灌输，实现了群众与理论的对接，对做好思政课教学不乏启示。要用通俗易懂的语言、鲜活的事例、新颖活泼的形式，增强教学效果。要精心设计和组织教学活动，认真探索专题讲授、案例教学等方法，充分应用现代技术手段。在指导大学生进行阅读时，应让他们获取多维度的文化知识，以拓宽自身的文化素养，如在经典阅读中，既应读儒家经典，也应读其他名著，还应涉猎近代以来文化批判，尤其是"五四"以来的经典名作。

4. 必须兼顾差异性，凸显育人目标多样化

个性多样化是当代中国发展的必然趋势，众生一致的生存模式已经成为遗留于特定年代的历史。首先要坚持以人为本，注重人文关怀。在思想政治教育过程中，要警觉并抵制整体主义伦理观中否定、压抑个性的内容，在对教育目标的追求中实现由一元质量观向多元质量观的转变。在我们运用现代理念引导社会成员的价值观取向时，要用心体察个体原有思想觉悟的差异、接受能力的差异，深入挖掘我们所倡导的理念与个体思想实际的对接点，寻找对不同类个体行之有效的教育方法并建立多元化的评估激励机制。其次要落实"三贴近"原则，强化服务理念，并要因人而异，

区别对待。这要求思想政治工作者在工作过程中，先分层次、分对象，再根据不同层次和对象的特点和个性有针对性地选用不同的手段和方法，做到有的放矢。

三　综合运用多种思想政治教育载体

思想政治教育载体不仅包括文化载体，还包括活动、管理和大众传媒等载体。这诸多载体之间并非相互排斥，而是相互交叉和融合关系。要充分发挥中国传统文化作为大学生思想政治教育载体的功能，需将其与其他载体形式相结合。

1. 中国传统文化与活动载体

活动载体即以活动为载体之意，指教育者为达到一定的思想政治教育目的，有意识地开展各种活动，寓思想政治教育的内容于活动之中，使受教育者在活动的过程中受到教育，提高思想道德素质。我们需充分发挥活动载体实践性的优势，开展相关的文化活动、校园活动、社会活动，"活化"中国传统文化的人文精神，从而使大学生潜移默化地接受中国传统文化，这体现了寓教于行的教育理念。

第一，以校园文化为载体，营造传统文化学习的良好氛围。作为课堂教学的延续与补充，良好的校园文化对学生形成正确的世界观、人生观和价值观发挥着重要作用，是传统文化传承的重要载体。传统文化要融入高校思想政治理论课，就必须要以校园文化为载体，营造传统文化学习的良好氛围。为此，我们要积极举办以中国传统文化教育为主题的国学讲坛、专题讲座、文化沙龙、演讲比赛、知识竞赛、戏剧表演等，以激发学生学习传统文化的热情，营造中国传统文化教育的舆论氛围；要充分利用校园网、校广播站、校报、学生社团刊物等多种传媒手段，在大学生群体中广泛宣传中国传统文化，扩大中国传统文化的影响范围；要将传统文化气息融入院校的每个角落，让校园建筑、橱窗、广告牌、文化广场等校园文化的重要组成部分都成为大学生传统文化教育的重要内容。

第二，以社会实践为平台，积极开展社会教育实践活动。社会实践是对大学生进行中国优秀传统文化教育的重要环节。它有助于提升大学生的人文素养和文化品位，增强学生理论联系实际的能力。传统文化要融入高校思想政治理论课，就必须要以社会实践为平台，积极开展社会教育实践活动。为此，我们要把传统文化的社会教育实践活动纳入学校的教学计划，并规定相应的学时学分；尽可能创造条件，带领学生走出课堂、走入社会生活，组织学生开展社会实践活动，如参观考察、实地调研、社会服务活动、青年志愿者活动等，激发学生学习传统文化的热情并锻炼实践能力；建立传统文化教育实践基地，定期组织学生开展活动，充分利用祖国富饶的历史与人文资源加强学生的爱国主义与民族精神教育，将优秀传统文化寓于实践活动中，将理论教学与社会实践、知与行紧密结合起来。

2. 中国传统文化与大众传媒载体

大众传媒载体，即以大众传播为思想政治教育载体之意，指思想政治教育主体通过各种大众传播工具向广大群众传递思想政治教育内容，其具体表现形式有报纸、期刊、广播、电视、网络等。高校思想政治教育工作者要利用大众传媒载体，借助网络扩大中国传统文化的覆盖面和影响力，进而提高大学生的思想政治教育的时效性和科学性，发挥对大学生学习传统文化的引导功能。

第一，传统文化的通俗化。传统文化的通俗化传播就是在充分考虑现实的文化生存环境和文化传播目的的前提下，站在体谅社会大众的接受水平的角度，用大众广为接受的方式传播传统文化。通俗化方式首先是对古代典籍的"解读"，对老庄思想、儒家学说、《三国志》、《红楼梦》这样的经典著作，用通俗易懂语言"翻译"为人人可懂的现代读本。用电视、网络媒体的方式，由做好充分准备的学者加以讲解，使晦涩难懂的古籍变得明白无误又趣味横生。其次是用电视连续剧的方式，"正说"或"戏说"古代历史事件和人物，使原本束之高阁的历史传统文化惠及大众，让人们在故事情节的观赏中了解历史。对少年儿童，则用动漫的方式，把《三字经》、《弟子规》以及古代励志的故事变成儿童喜闻乐见的动画，寓教于乐。甚至可以用网络游戏的方式把三国的人物作为游戏的主人公，身临其境地体会三国时期叱咤风云的战争场面。《百家讲坛》就是把传统文化在网络上广为传播的成功范例。有人说《百家讲坛》是把埋藏在历史深处中华文明的宝藏挖掘出来，还给最大数量的普通人。传统文化对于多数受众来说，是既熟悉又陌生。熟悉是因为大家从小或多或少接触过这样的知识，陌生是因为很少有人对传统文化进行系统、深入的了解。《百家讲坛》只是巧妙地运用电视网络这样的舞台，顺应了传统文化热的趋势，成功地实现了传统文化在电视网络中的传播。

第二，传统文化的网络化应用。古代传统文化的意义并不在于放在书斋中吸收年轮的气息，而是在于如何在更大范围内应用和普及。中国传统文化的网上传播，归根结底是要充分挖掘传统文化资源，并且与现代精神相结合，推动社会主义文化建设。例如，已经开通的中国孔子网，就是利用互联网的传播优势，将孔子、儒学和传统文化传播到全世界。由于互联网的互动式特点，直接在网络上发表的文章不计其数。无论学问高低、年龄大小，都可以在 BBS、博客、社区论坛以及各式各类的网站上发表自己的文字，或提出问题，或解疑释惑，或吟风弄月，一发古人之幽思，或指点江山，评说世界风云变幻，其中不乏渗透传统文化精髓的佳作。新浪、搜狐等网站的"读书频道"就包含了旧的文学形式和新出现的体裁、题材。风行一时的"穿越"小说，以古今时空变换的方式，把古代历史环境换上现代人的思维方式，演绎出一出出糅合古今的悲喜剧。"穿越"小说是一种基于对传统文化理解的历史重构，体现了一种对我国传统文化当下意义的强调。① 大部分的"穿越"小说都引用了古代或现代流行歌曲来显示主人公的与众不同，借助于脍炙人口的古典诗词，技压书中男女英雄人物。最为典型的是，唐宋时期婉约经典的歌词成了大多数"穿越"小说的最爱，古代传统文化的精髓在不知不觉间从书中渗透出来。②

第二节　建构高校传统文化教育的保障机制

《完善中华优秀传统文化教育指导纲要》指出，各级党委教育工作部门和教育行政部门要把加强对学生中华优秀传统文化教育作为一项战略任务，加强对中华优秀传统文化教育的组织领导、完善中华优秀传统文化教育的评价和督导机制、加强中华优秀传统文化教育教学研究等措施为中华优秀传统文化教育的组织实施提供保障。当前普遍没有高校传统文化融入思想政治教育的体制机制，考虑到"传统文化融入高校思想政治教育"仍然属于思想政治教育的范畴的实际，我们可以依托高校思想政治教育的领导组织体系构建有效的保障机制。根据安庆师范学院闵永新教授的研究可

---

① 宋楠：《浅谈网络文化与传统文化的冲突与融合》，《辽宁师专学报》（社会科学版）2008年第 2 期。

② 高鸿飞：《从穿越小说看网络类型小说的传播动力要素》，《学术探讨》2010 年第 5 期。

以从组织领导工作队伍、经济物质、环境支持、法规制度等方面构建保障机制。[①]

一　组织领导保障

大学生思想政治教育整体保障机制体现在组织领导、工作队伍、经费物质、校园环境、法规制度等方面，这些保障机制的整体建构，是大学生思想政治教育工作能够正常、有序、有效地进行的根本保证。

高校的思想政治教育组织领导直接关系到思想政治教育目标和任务的实现，关系到学校各项思想政治教育活动的统筹和协调以及各项资源整合力量的发挥，它对于大学生思想政治教育的开展、实施、改进起着统率作用，因此，必须建立健全大学生思想政治教育领导体制，切实做好大学生思想政治教育组织领导机制保障工作。

1. 坚持党组织在高校思想政治教育中的核心地位

党的领导是大学生思想政治教育的核心保证，坚持党委的统一领导，首先必须明确党委的领导职责。党委的统一领导并不是事无巨细，均由党委过问，党委领导主要是政治方向领导、决策领导、协调和监督领导。党委要贯彻落实中央和有关部门关于大学生思想政治教育的文件精神，领导学校思想政治教育目标的制定、计划的安排，负责思想政治教育工作，整合学校思想政治教育资源的力量，形成思想政治教育合力，通过联席会议、听取报告、学生反馈、相关评估等渠道掌握学校思想政治教育情况并进行监督；坚持党委的统一领导，必须确立党委书记的责任。党委领导是集体领导，对思想政治工作集体负责，每个党委成员都是思想政治工作的责任人。在党委班子中，党委书记是班长，对党委决策具有重要的影响作用，在党委集体负责人中自然是第一责任人，一所高校能否在党委领导下，真正将思想政治搞上去，关键在一把手是否重视。坚持党委的统一领导，还要发挥基层党组织的战斗堡垒作用及广大党员的先锋模范作用。要大力加强高校基层党建工作，积极慎重做好学生党员发展工作。基层党组织要通过创新学生党支部活动形式、丰富活动内容等途径，认真履行高校思想政治教育的职责，把加强和改进高校思想政治教育的各项任务真正落到实处，成为开展思想政治教育的坚强堡垒。

---

① 闵永新：《大学生思想政治教育整体有效性问题研究》，中国社会科学出版社 2012 年版。

2. 建立和完善高校思想政治教育行政运行系统

党委领导主要是制定思想政治教育的总体规划、做出思想政治教育的重大决策，规划、决策的执行与实施主要依靠教育职责、校长及其领导下的行政系统。高校的校长应该是马克思主义的教育家，是献身党的教育事业的专家。为了大学生的全面发展，校长要对大学生德智体美全面发展负责，要把思想政治教育与教学、科研、社会服务结合起来，同时部署，同时检查，同时评估。只有这样，学校的各项工作才能在党委的统一领导下形成"党政齐抓共管"的统一体系。随着高校教育体制改革的不断深化，高校行政部门在思想政治教育中的重要作用也日益凸显。大学生思想政治教育的许多决策、规划离不开高校行政部门的参与和实施，必须建立和完善高校思想政治教育的行政运行系统，把思想政治教育渗透在行政业务工作和行政管理之中，强化行政管理部门的思想政治功能。首先，行政管理部门的领导干部要在党委的统一部署下，党政协调配合，共同参与高校思想政治教育工作重大问题的决策，要在领导高效的教学、科研、管理等业务工作的同时，经常分析广大师生的思想状况，切实做好师生的思想政治教育工作。其次，行政管理部门领导人要牢固树立思想政治教育意识，把思想政治教育融入学校管理之中，建立长效机制，使自律与他律、激励与约束有机地结合起来，有效地引导大学生的思想行为。最后，行政部门领导要为高校思想政治教育工作的开展创造条件，要提供人、财、物方面的保障，努力促进教书育人、管理育人、服务育人的良好氛围和工作结局。

3. 建立和完善高校思想政治教育合力机制

高校思想政治教育在党委的统一部署下，党政齐抓共管，还要建立和完善高校思想政治教育合力机制，努力形成高校思想政治教育各部门、各主题相互配合、彼此联系、共同推进的合力局面。首先要形成高校党、政、团、学等部门思想政治教育的合力。如前所述，党委主要是制定思想政治教育目标、计划，对思想政治教育重大问题进行决策；行政部门既参与学校思想政治教育部分重大问题的决策、讨论，又通过行政管理具体落实各项思想政治教育计划和决策；团委、学生处在学校范围内配合各院系开展思想政治教育，组织各项校园文化活动、社会实践活动。党、政、团、院系各部门应相互沟通、相互协调。其次要形成高校党政干部、共青团干部、思想政治理论课教师、哲学社会科学课教师、班主任、辅导员等各教育主体的合力。各教育主体因部分性质和分工不同，在思想政治教育方法和途径上存在差异，有各自的工作规律、职责与分工，但要避免各自为政，应加强合作、沟通与支持，取得事半功倍的效果。总之，高校思想政治教育作为一个系统，追求的是整体效应，思想政治教育组织领导必须采取各种措施，促进各部门、各教育主体既分工明确又协同作战，形成合力。在部分高校，专门成立了由党政领导、院系、团、学主管领导以及德育专家组成的思想政治教育委员会，统筹安排、协调整个学校的大学生思想政治教育，这一机构的建立有利于高校整合不同的思想政治教育资源，促进各教育资源的互动，形成各教育资源的合力，有利于创建党政协调、专兼结合、主辅相配、全员育人的工作局面。

二　工作队伍保障

大学生思想政治教育工作队伍是实施大学生思想政治教育的主体，在大学生思想政治教育活动中，始终起着主导作用，占支配地位。大学生思想政治教育队伍建设是加强改进大学生思想政治教育的组织保证和人力基础。

大学生思想政治教育工作队伍主体是学校党政干部和共青团干部，思想政治理论课和哲学社会科学课教师、辅导员和班主任。学校党政干部和共青团干部负责学生思想教育的组织、协调、实施；思想政治理论课和哲学社会科学课教师主要是根据学科和课程的特点，对大学生进行思想品德和人文素质教育；班主任、辅导员是大学生思想政治教育的骨干力量，辅导员按照党委的部署有针对性地开展思想政治教育活动，主任负有在思想、学习和生活等方面指导学生的职责。当前，高校采取了多种措施加强思想政治教育工作队伍建设，取得了较好的成绩，也积累了一定的经验，但是，从总体来看，思想政治教育工作队伍的建设任然存在一些问题，如人员数量不足、结构不合理、队伍素质有欠缺、工作积极性不高、激励保障措施不健全等，应从以下几个方面着手，抓好思想政治教育工作队伍建设。

1. 建设结构合理、专兼配合的思想政治教育工作队伍

思想组织教育工作队伍的结构主要包括年龄结构、学历结构、职称结构等。从年龄结构来看，思想组织教育工作队伍老中青三代年龄结构有三种模式，一是老中青三代呈正三角模式，即青年人多于中年人，中年人多于老年人，这种结构有利于队伍的传、帮、带，有利于队伍稳定和持续发

展，被称为"前进型"结构；二是呈纺锤形模式，两头小，中间大，虽有利于眼前工作开展，却后继乏人，不利于队伍的发展，被称为"静止型"结构；三是呈倒三角形模式，老年人多于中年人，中年人多于青年人，因老年人太多，难以胜任工作，被称为"衰退型"结构。显然，高校思想政治教育工作队伍应建立"前进型"年龄结构，避免或改造"静止型"、"衰退型"年龄结构。在学历结构方面，与高校专业教师相比，思想政治教育工作队伍学历普遍偏低，目前仍然是本科及以下学历占多数，研究生学历占少数，博士生学历占比例极小；在职称结构方面，思想政治教育工作队伍中低级职称比例大，高级职称比例小，这些状况显然不利于思想政治教育工作者全面、高效地开展教育。在大学生思想政治教育工作队伍建设过程中，应尽量将以上三种结构调整到最佳状态。

思想政治教育工作队伍中的党政干部、共青团干部、思想政治理论和哲学社会科学课教师、辅导员和班主任是专职从事思想政治教育的人员。兼职人员的来源主要是高校退休教师、党务管理干部、专业教师、研究机构人员等。聘用兼职人员从事思想政治教育工作。可以有效缓减当前高等教育大众化迅猛发展造成的思想政治教育资源的有限性和需求的迅速扩大性的矛盾，可以调动更多的人参与、从事思想教育活动，扩大思想政治教育的覆盖面和影响力，为思想政治教育工作队伍注入新鲜血液，当然，专职人员和兼职人员也应该结构合理，做到专职人员为主、兼职人员为辅，兼职人员的专职人员相配合，群策群力，共同提高思想政治教育实效。

2. 全面提升思想政治教育工作者的素质

从事大学生思想政治教育工作的人员，无论是专职还是兼职，都必须具有较高的素质，基本的素质应是政治强、业务精、作风正。

政治强是对思想政治教育工作者的政治要求，思想政治教育工作者必须具有坚定的政治方向，坚定不移地走中国特色社会主义道路，坚决贯彻党的路线方针政策，在事关政治立场的问题上，与党中央保持高度的一致，坚决维护党和国家的利益以及高校的稳定，努力践行"三个代表"重要思想。业务精是对思想政治工作者业务素质的要求，思想政治教育是一门实践性、应用性很强的学科，思想政治教育工作者要按照"专业化"、"职业化"的要求提高自己的业务素质，要具备思想政治教育专业知识以及相关的哲学、社会学、法学、青年学等专业知识，要具备思想政治教育工作能力，熟悉思想政治教育工作规律，要坚定从事思想政治教育的职业理想，不断提高职业道德。当前，伴随着知识经济和信息网络的发展，社会信息化、法治化、多元化、全球化的趋势不断加强，思想政治教育面临着更多的挑战，思想政治教育工作者只有不断加强业务能力，成为思想政治教育的行家里手，才能科学引导大学生成长成才。作风正是对思想教育工作者人格素质的要求，俄国教育家申斯基曾指出："教师的人格，就是教育工作的一切。任何规章、任何教育大纲、任何人为的机构，不论设计的如何奥妙，都不能在教育工作中替代人格的作用。"思想政治者的人格魅力可以给学生以强烈的感染力和示范性，思想政治教育的效果和威力，概括地讲，"一靠真理的力量，二靠人格的力量"。高尚的人格，是直观地表现先进思想政治理论，它会产生榜样示范作用，激发大学生的接受欲望和接受行为，促进大学生形成良好的思想政治素质。作风正要求思想政治教育工作者要具备良好的人格魅力，工作中脚踏实地、公正严明、不徇私情；待人接物谦逊有礼、得体大方、言行一致；对学生谆谆教导、循循善诱、无私奉献。总之，思想政治教育工作者必须提高自身素质，做学生的知心朋友、人生导师，用崇高的人格力量感染学生、教育学生。

3. 建立健全思想政治教育工作者"乐教"机制

思想政治教育工作者具备良好的素质，还必须对思想政治教育工作真心喜欢、真心热爱，真正"乐教"，才能以高度的激情投入工作，不断改进工作方式，提高工作成效。

高校建立健全思想政治教育工作者乐于从事思想政治教育的相应机制：（1）配备足够的思想政治教育工作者，适当减轻现有工作者的工作量。目前，思想政治教育工作者的总量严重不足，例如，教育部门的文件规定，思想政治理论课专任教师总体上按不低于师生1∶350—400的比例配备，专职辅导员总体上按1∶200的比例匹配，事实上各高校远未达到上述规定，高校应根据工作需要，通过设立思想政治教育工作者准入资格、提高待遇等措施将优秀的专家学者扩充到思想政治教育工作队伍，提高思想政治教育工作队伍的战斗力。（2）建立人才培养计划。要有计划地培养思想政治工作方面的专家、学者、学科带头人、学术骨干，使他们成为思想政治教育工作的核心力量；要对青年思想政治教育工作者实行导师制，帮助他们尽快熟悉业务、提高能力；要创造条件，支持广大思想政治教育工作者读硕读博，提高学历层次；要制订继续教育计划，鼓励思想政治教育工作者在职培训、脱产进修、交流考察，实现思想教育工作者的可持续发展，切实提高思想政治教育工作者队伍的总体水平。（3）建立健全激励体制。针对思想政治教育工作的特殊性，设立专项课题，鼓励广大思想政治教育工作者申报，提高思想政治教育工作者的科研能力；加强舆论宣传，在全校营造尊重思想政治教育工作者的氛围，提高思想政治教育工作者的地位、待遇和职业自豪感；在评估考核、职称晋升等方面结合思想政治教育的特殊性，制定科学合理的依据，使思想政治教育工作者能够解决后顾之忧，全身心投入到思想政治教育工作中，以从事思想政治教育为荣，以从事思想政治教育为乐。

三　经济物质保障

传统文化融入大学生思想政治教育工作必须保证必要的投入。总体来讲，高校思想政治教育投入相对较少，思想政治教育活动常因缺少经费和物质保障而难以展开。对此，学校有自己的难处，客观原因是大众化进程中的高等教育规模处于不断的膨胀之中，不少高校处于还贷高峰，财政告急，日常运作尚且捉襟见肘，哪里还谈得上增强思想政治教育经费投入？此外，学校各方面的认识也不统一，部分同志认为，增加大学生思想政治教育支出不一定能提升学校的知名度和办学水平，对学生个人才能的增长也并非切实可见；还有的同志认为，思想政治教育在学生四年的大学学习中已经占了很多学时，投入了较大的人力物力，对此他们已经颇有微词，更不用说增加投入了。然而，没有基本的经费和物质保障，增强大学生思想政治教育实效就只能是一句空话。目前综合性大学、人文类大学因其人文学科的优势，思想政治教育基础相对较好，可以在原有基础上适当投入，而理、工、农、医、林等单科院校，思想政治教育投入本来就少，人文资源储量相对又少，迫切需要加大经费投入来保障思想政治教育资源的开发。不管哪种类型的大学，都应该按照中央加强大学生思想政治教育有关文件精神，建立大学生思想政治教育专项教育，在每年的年度预算中单列，并随着学校经费的增长逐年增加。

1. 确保大学生传统文化教育基本设施、设备建设

基本设施、设备是大学生传统文化教育的基本物质保障，是开展大学生传统文化教育必不可少的物质条件。如，思想政治教育工作部门的活动场所、学生心理咨询的场所、学生群体活动的场所、开展大学生就业服务工作所需的场所等。又如，思想政治理论的教育教学也必须有基本的物质

保障，包括专题图书、教学资料、计算机、多媒体设备等，教师要提高教学效果，就离不开现代化教学手段，在多媒体教学中，软件的开发、教学网站的建立、信息的发布都离不开一定经费的支持。学校应根据大学生思想政治教育的发展情况，不断改善和优化基本设施和条件。

2. 确保大学生传统文化教育各项实践活动有序开展

社会实践是大学生思想政治教育的重要环节，对于促进大学生了解社会、了解国情、增长才干、奉献社会、锻炼毅力、培养品格、增强社会责任感具有不可替代的作用。高校应科学认识社会实践对于培养大学生思想政治素质的重要性，落实经费，确保大学生思想政治教育各项实践活动有序开展，让他们了解国情、认识社会，增强社会责任感；支持大学生结合所学专业，开展专业学习、挂职锻炼、助研助管、科技发明创业等实践活动，让他们在社会实践中增强能力、提高创新意识。

3. 确保大学生传统文化教育工作的专项经费

思想政治教育活动的关键在于建设一支精干、高效的思想政治教育工作队伍，必要的专项经费则是建设这支队伍的物质基础。高校要确保思想政治教育专职人员待遇不低于专业教师待遇的经费，确保思想政治工作者的学习进修、课程建设、实践调查、聘请专家学者指导、参与教育活动等所需经费。

四　环境支持保障

大学生思想政治品德是在一定的环境中形成和发展的，大学生传统文化教育也是在一定的环境下进行的。环境在传统文化教育中不仅是"教育的条件"，也是"条件的教育"①，当社会环境、学校环境与大学生思想政治教育相协调时，环境就会对大学生思想政治教育起到支持、促进作用；反之，则会阻碍和削弱大学生思想政治教育。对高校而言，教育的大环境即社会环境是不可创的。但是，大学生思想政治教育的小环境即校园环境是可创的或部分可创的。大学生毕竟大部分时间是在校园度过，优化校园环境，发挥环境育人的作用，可以强化并提高思想政治教育的实效。

1. 创造良好的校园物质环境

创建良好的校园物质环境主要是根据校园建设规划，改善设施，美化

---

① 张耀灿等：《思想政治教育学前沿》，人民出版社 2006 年版，第 127 页。

环境，建设能够体现大学精神的优美校园。每所大学那些独具匠心的校园建筑，那些独具特色的建筑艺术，构成了不同的大学风格。校园建筑其实是一种文化符号，它传达着教育者的理念，蕴含着大学精神，是校园里无声的教师。校园里的建筑、设施、绿化、装修，宿舍的管理、清扫、服务等都是长期陶冶学生品行和心理的因素，优美的校园环境不仅是"人化"的结果，而且具有"化人"的作用，能使学生受到潜移默化的影响。良好的校园物质环境建设需要整体设计和规则，如根据学校的特色设计既体现民族特色又具有现代风格的教室、图书馆、体育场等设施，根据学校的传统、培养目标设计不同的雕塑、景观等；良好的校园物质环境建设还需要加强管理和维护。要对师生尤其是学生进行环境意识教育，提高学校师生员工的环保意识，要设计各类活动，让学生通过义务植树，义务劳动等形式参与到环境建设当中来。整洁、文明、稳定、优美的校园环境，既是学生健康成长的场所，也是学生文明素养养成的有力保障。

2. 建设良好的校园文化环境

广义的文化包括物质文化和精神文化。这里所指的是狭义的文化，即精神文化。它是学校所具有的特定精神环境和文化气氛，主要包括校园历史传统和被全体师生员工认同的共同文化观念、生活观念等意识形态，是一个学校本质、个性、精神面貌的集中反映，具体体现在校风、教风、学风、班风和学校人际关系上。加强校园文化环境建设，应着重加强校风、教风、学风、班风在内的校园风气建设。要提高学校的办学风格，打造迥异的大学生活理念，设计独具特色的校训、校徽与校歌，增强全校的凝聚力、荣誉感、自豪感，要抓好教风和学风建设，在全校形成干部职工实事求是、艰苦奋斗、勤政廉政、团结合作、高校严格、服务周到，广大教师认真负责、耐心细致、治学严谨、开拓进取、为人师表、教书育人，全体学生勤奋学习、积极向上、严谨求实、自强不息、尊师重教、遵纪守法、举止文明、行为高雅的良好局面，要充分发挥学生的个性特长，开展学生喜闻乐见的丰富多彩的学术、科技、体育、娱乐等活动，弘扬主旋律，培养学生对社会主义文化和民族文化的认同感，自觉抵制消极、落后的思想侵蚀和渗透。要从实际出发，引导学生成立各类兴趣小组、社会团体，开展形式活泼、多姿多彩的社会活动和实践活动，开阔视野，提高能力，陶冶情操，还要在全体师生员工中营造尊重、平等、诚信、宽容、互助的和谐人际关系，促进广大师生员工的密切合作，形成团结统一的集体，更好地发挥整体效应。良好的校园风气一旦形成，就会像空气一样弥漫于校园，通过暗示、模仿、从众、认同等心理机制，对大学生健康成长以及思想政治素质的提高起到熏陶和引导作用。

3. 营造良好的校园网络环境

近年来，互联网快速兴起和蓬勃发展，对大学生学习、生活、人际交往以及思维方式等都产生了广泛而深刻的影响。互联网是一把"双刃剑"，它在给青少年带来方便的同时也带来了诸多负面影响。网络信息良莠不齐，特别是一些网站为了追求轰动效应，赚取经济利益，大量制作黄色、凶杀、警匪枪战等视频，使得青年学生对现实生活中暴力现象反应迟钝，极易模仿学习暴力行为。在传媒营造的时空幻境里，青年学生与真实世界的联系被有意、无意地割断、扭曲，他们不仅习惯于漠视真实，而且可能敌视真实，出现认知方式和情感体验的现实倒置，由媒体传递的经验所引发的熟悉性常常会导致现实倒置的感觉。所碰到的真实的客体和事件，似乎比其媒体表现的表征还缺乏具体的存在。这给青年学生的思想和心理健康带来十分不利的影响，部分大学生沉迷于网络，恋网成瘾，假作真来真亦假，以网络虚拟为真实生活，而对现实世界的人际交往，情感交流，规范遵守反倒极不适应。为大学生营造健康，良好的网络环境刻不容缓，高校应该做好以下方面的工作：第一，帮助大学生认识网络的本质，学会科学地利用网络获取知识与信息，培养基本的网络素质；第二，开展网络道德教育，引导大学生自觉避免沉迷网络，倡导网络文明，养成网络自律精神；第三，制作网络道德标准和法律规范，如《大学生网络道德规范》《互联网安全规定》等准则，规范大学生的网络行为，避免大学生网络犯罪，网络侵权；第四，加强监控和管理，高校应成立专门的网络管理机构，依靠技术手段，对不良信息进行拦截，过滤和清洗；第五，积极创办思想政治理论网站，如红色网站、学理论网站等，以科学的理论武装人，以正确的舆论引导人，以高尚的精神塑造人，以优秀的作品鼓舞人，坚持正面宣传，弘扬主旋律，抵制打击歪风邪气，从而营造良好的网络舆论环境。

4. 优化校园周边环境

校园周边环境因与大学校园紧相毗邻，环境建设对大学生思想政治素质也会产生特定的影响，近年来由于高校自身的发展和市场的需要，校园及周边的环境发生巨大的变化，大量外来民工及经商人员进入校园内，周边各式酒吧、发廊、录像放映、卡拉舞厅、大小餐馆应有尽有，这些情况的出现，在一定程度上活跃了校园气氛，方便了员工的生活，但也带来些消极的影响。如《法制日报》2002 年 4 月 7 日报道，武汉某高校门口一段不到 200 米的路段竟有发廊、歌厅、按摩厅数十家，校园周边环境的复杂导致校园附近盗窃案、伤害案、流氓犯罪案、教唆犯罪案等时有发生。校园周边环境的混乱既对学生的生活、学习、健康成长带来不利，也影响学生以此为窗口来评价社会、形成正确的价值观。优化校园周边环境，高校应与工商、公安、社区等部门联合，综合整治校园及周边治安秩序，打击违法犯罪，维护学校师生人身和财产安全：坚决取缔校园周边游戏厅、录像厅、歌舞厅、网吧、酒吧等娱乐场所以及无照经营的小食部、书摊等，集中排查校园周边存在的占道经营、私搭乱建、安全隐患等问题，努力营造文明、健康、和谐的校园周边环境。

五　法规制度保障

胡锦涛同志指出，思想政治教育要取得成效，不仅本身要加强力度、改进方法，还要充分发挥法律的作用，依照法律和规章制度加强和改进学校管理，要健全各种规章制度，严格照章办事，通过规范大学生的学习、生活和行为，促进他们自觉遵守各项规章制度和社会公德，逐渐养成良好的行为习惯。法规制度为人们的行为提供了依据和标准，具有全局性、根本性、规范性，它可以避免大学生思想政治教育中的局限性、片面性和随意性。因此，构建大学生思想政治教育保障机制，法规制度保障是重点，只有建立健全各项法规制度，才能确保大学生思想政治教育持久的开展、健康的运行。

1. 加强大学生思想政治教育法律法规建设

长期以来党和国家高度重视大学生思想政治教育，颁布了一系列法规文件。首先是在有关教育立法中如《教育法》、《高等教育法》、《教师法》等法律中从教育的全局、教师的义务等角度对思想政治教育作出了规定和说明，这些规定虽不是专门针对大学生思想政治教育作出的，但作为教育领域的基本法律，其涉及的思想政治教育内容规定具有较高的法律效力，为法规、制度的制定提供了依据；其次是党和国家专门颁发的规范性文件，如《中国普通高等学校德育大纲》、《关于整体规划大中小学德育体系的意见》、《中共中央国务院关于进一步加强和改进大学生思想政治教育的意见》、《完善中华优秀传统文化教育指导纲要》等，这些文件对大学生思想政治教育、传统文化教育的地位、作用、任务、方针、原则等都作了具体规定，具有权威性、严肃性和稳定性，为大学生思想政治教育的开展提供了全面的指导。当前，在法律法规建设方面，应重点抓两个方面：一是制定实施细则，确保思想政治教育法律文件得到具体实施。因为许多文件相对来说都具有一定的概括性、抽象性，是针对全国高校作出的一般规定，各省教育主管部门结合本省实际制定相关的实施细则并督促实施，唯有如此，思想政治教育、传统文化教育的规定才能落到实处；二是随着社会的发展、形势的不断变化，有关部门还要根据客观环境和现实要求，及时制定和颁布大学生思想政治教育、传统文化教育方面的法律法规，并努力做到教育立法的完整、系统、全面和整体协调。

2. 加强学校思想政治教育各项制度建设

制度化管理具有规范明确、原则性强、操作性强、体系健全、机制协调、运行有序等基本特性，可以将思想政治教育的各项要求落到实处，使思想政治教育有章可循、科学化、规范化。高校在制定思想政治教育各项制度时，应遵循下列原则：第一，合法原则。制度的制定要以法律为准绳，既要与法律法规一致，又要遵循党和国家专门下发的有关思想政治教育的文件精神。第二，合理原则。制度的制定要为师生服务，实现管理育人。因此，在制定各项制度时，要体现以人为本，这里的"人"，既包括高校的学生，也包括广大的思想政治教育工作者，要有利于广大师生的协调发展。第三，及时、全面、可执行原则。思想政治教育、传统文化教育中存在的问题如果久拖不决或者头痛医头、脚痛医脚，必然影响广大师生的积极性和思想政治教育的有效性，因此，学校制度的制定要及时、全面，并且具有可执行性。第四，符合程序要求。制度制定的过程要符合程序，从草案的出台、讨论、公布都要民主决策，要反复听取相关人员的意见，必要时甚至召开民主听证；制度执行的过程也要符合程序，对于相对人要尊重并给予其声辩、申诉的权利。

当前，高校应着重健全以下教育制度：第一，岗位职责制度。主要是大学生思想政治教育机构和专职人员所负担的思想政治教育、传统文化教育责任，包括工作任务、工作要求、工作职责、工作方式等，通过建立明确的岗位职责，可以做到任务明确、职责分明，避免工作中互相推诿和扯皮，保证大学生思想政治教育、传统文化教育各项工作落到实处。第二，大学生思想政治教育、传统文化教育制度。主要是指大学生思想政治教育和传统文化教育的内容规定、形式规定，这些教育活动的内容和形式一旦形成制度，就为实践中落实提供了制度保障。第三，管理制度。大学生思想政治教育和传统文化教育离不开管理，既包括领导和组织的管理，也包括队伍的管理，还包括对学生的管理，如学生生活园区的管理，日常行为管理、学籍管理、奖学金管理、纪律管理、奖惩管理等，只有形成明确的制度，管理才能按章办事，才能出效益。第四，考核评估制度。科学的考核评估，是推动大学生思想政治教育和传统文化教育不断反省和改进，实现针对性和实效性的重要手段。考核评估的范围、指标体系的确立、程序的设计、结果的运用，都必须科学、公正，这就要求高校要遵循科学的原则和程序，制定大学生思想政治教育和传统文化教育评估的具体制度，严格按制度执行，确保思想政治教育的实效性。除了上述制度外，高校还应该建立并完善各项工作制度、人才选拔制度、竞争制度、培训制度等，以确保传统文化融入思想政治教育中。

第三节　传统文化必须融入校园文化中

高等学校校园文化是社会主义先进文化的重要组成部分。加强校园文化建设对于推进高等教育改革发展，加强和改进大学生思想政治教育，全面提高大学生综合素质，具有十分重要的意义。在这一过程中，尤其不能忽略中国传统文化对推进高校校园文化建设的现实意义。传统文化是中华民族在长期的发展演变中，逐渐形成的价值体系和伦理规范，对社会风俗习惯和特定民族的心理结构具有重要的影响。校园文化的建设根植于传统文化的发展。因此，在高校校园文化建设中，寻找传统文化教育与校园文化建设的契合点，重视传统文化教育功能的发挥，不断继承和创新，有利于充实高校校园文化建设的内容，拓展高校校园文化建设的途径。

一　高校校园文化的内涵

高校校园文化就是一个大学在长期办学过程中形成的育人文化和影响社会的价值文化的综合，包括基础性文化即环境类文化（环境文化和社区文化）、规范性文化（制度文化）、精神文化（观念文化、师德文化）、特色文化（课程文化、实践文化、社团文化）、保障类文化（管理文化、民主文化、效能文化、廉政文化）。

1. 环境类文化——高校校园文化的基础

高校办学，首先要有物质条件与环境保证，所以环境类文化是高校校园文化的基础。环境类文化，包括环境文化与社区文化。环境文化，简单地说就是高校在育人活动过程中赖以进行的场所和条件。这种文化是一种隐性的教育课程，起到"环境育人"的作用。社区文化，就是大学在教师和学生集中的公寓区内形成的生活方式及文化活动，以及由这些活动与生活方式形成的精神氛围和文化环境。公寓社区文化建设必须贯彻思想性、生活性、民主性原则。思想性文化是区别一般社区的主要标志，要善于在社区通过一定形式和组织（如公寓党员之家、心理咨询室、党团组织、社团等）来渗透和强化大学生思想政治工作。

2. 制度文化——高校校园文化的规范

制度文化就是各种制度、规章、纪律以及规范在维系学校正常运行过程中所形成的约束性理念及氛围。高校的正常运转必须规范，规范主要靠制度。制度从内容角度可分为共性制度（外部制度）和特色制度（校园制度）。共性制度主要指国家、职能部门、地方政府统一制定的、对每个高校都适用的规章法律，如《高等教育法》、《教师法》等。一个高校根据本校实际制定的各种规章制度为校内制度。显而易见，高校制度文化建设主要从校园制度入手。校内制度的制定要坚持联系本校实际，更易于操作的原则。如针对学生管理，理工类院校和文艺类院校在实施细则上就应有显著的区别。要坚持"和而不同"的原则，即追求符合本校运作的制度个性。在确保正确价值引导和高雅品位基础上做到更人性、更民主。要实现这个目标，必须进行三个内容的改革。一是改传统制度的强调集体与国家利益为中心为更多体现个人利益的保护。如以往学生受处分只能被动接受，现在增加"学生申诉制度"来保护个人合法利益。二是改传统制度过多的规划性和刚性为更多的灵活性和柔性，如新的大学生管理条例中"在校生结婚的处理由各高校制定具体实施细则"。三是改过去以权力权威命令为主的制度为师生更多靠自觉认识来遵守。

3. 精神文化——高校校园文化的核心

一个高校的精神价值追求，毫无疑问是高校文化的核心。这种精神文化由观念文化和师德文化构成。观念文化，就是一个高校的价值追求，它界定师生的道德范畴、生活方式和行为准则，涵盖学校的办学理念、学术观、育人观，并以此指导课程设置、学科建设、对师生的评价，塑造和影响着师生的世界观、人生观、价值观、荣辱观。所以观念文化又是校园精神文化的灵魂。一个高校要构建好这一灵魂文化，首先要有清晰又富有特色的办学理念和育人标准，在此基础上营造宽松的学术氛围。再围绕办学理念、育人标准和学术氛围定制度、造环境、定课程等，并结合社会需求进行育人。通过科学而独特的观念文化的打造，使教师上课时不认为是谋生而是在创造新的文化成果，使学生参加每一个仪式时不认为是一种形式而是一种价值追求的过程。通过观念文化的营造使师生时刻洋溢在校园精神的熏陶中，从而使每个师生都能正确地对待自己、对待他人、对待自己所处的环境。通过观念文化营造使每一届学生都能认识理解一个学校独特文化的内涵，知道自己将来在社会上的定位，从而制定自己的目标。师德文化是精神观念文化的具体体现和实践，是高等教育活动成败的关键。师德文化是一个高校的教师群体在长期职业行为中形成的共同价值体系，包括道德观念、道德情感、道德行为及意志，集中反映着教师的精神信念、价值取向和学术追求。高尚的师德首先，要求教师要充满爱，爱校爱岗位和爱学生。其次，要有强烈的责任感，对社会对学校对学生的责任感，把学生的成才成长作为自己的主要职责。再次，要求教师要有敬业和求真的学术追求，在不断提升自我和钻研学术的同时感染和带动学生。最后还要求教师要不断探寻真理，与学生一起去创新研究、创造知识，培养学生的创新意识和勇气。

4. 课程文化——高校校园文化的特色

广义上的课程文化，就是为实现育人目标和学术研究而形成的、学校特有的课程设置及课程实施活动以及由此凝练而成的课程价值观。包括课程文化、实践文化和社团文化。狭义的课程文化主要指课堂的课程设置与实施。每个高校都要根据办学理念来规划、选择、组织课程资源并进行实施，形成特色课程、特色学科，从而培养出不同于其他高校的人才。

实践文化就是高校师生有计划、有目的地开展以提高专业素质、锻炼能力为主的实践活动以及在这种长期活动中形成的运行体系。实践活动包括教师实践和学生实践，也包括专业（教学）实践和社会实践。但重点是在教师指导下的大学生实践活动。加强和改进大学生社会实践，一是要进一步推行以志愿服务为主的大学生社会实践，让更多的学生利用休息时间为他人和社会做更多的志愿工作，以此来抵制"功利"，"实用主义"的消极观念，培养奉献意识和爱心。二是要进一步推行大学毕业生到西部、到农村、到基层服务的实践，力争使之形成制度，成为每个大学毕业生的必经之路。

社团文化就是高校师生基于共同爱好和兴趣，为共同目标而形成的群体开展活动并体现出来的共同精神文化特征。高校社团有教师社团，但主要是学生社团。

近些年来，高校学生社团蓬勃发展，理论学习型社团成为高校思想政治工作的重要组成部分，学术科技和实践型社团成为专业实践和学生创新文化的主要阵地，兴趣爱好型社团也成为学生锻炼能力，扩大交往的重要领地，而社会公益型社团越来越成为学生服务师生，服务社会，与社会交流沟通紧跟时代步伐的主要载体。可以说，现在高校学生文化活动主要依托社团来完成，社团文化的繁荣与否成为一个高校学生工作是否成功的重要标志，而且也逐渐成为各高校之间学生文化交流的主要途径。但在各高校都非常重视社团文化建设的同时，我们不得不重视和解决现在高校学生社团发展中出现的问题：一是社团多数人参加，少数人受益的问题。一个社团的活动往往是少数人的"天堂"，很多人鲜有机会参与锻炼。二是地下社团影响着大学生的价值观，如"信教群体"、"同性恋群体"等暗中运作的组织，甚至有社团在找寻社会资助时被实质上的反党反社会组织操纵等。三是要注意发挥教师的引导作用。社团的主流文化把握必须有老师参与指导和引导，切不可让学生社团放任自流。

5. 管理类文化——高校校园文化的保障

管理类文化，包括管理文化、效能文化、廉政文化。这些文化是高校有序正常运作的重要保证，是实现环境资源、教师资源、学生资源协调运转，实现办学理念和办学目标的重要手段。

管理文化，是高校管理机构及人员在各种管理活动中形成的较为稳定的行为方式、价值观念和道德规范，也包括服务领域。从当前发展现状看，高校管理文化建设要重点抓好这几项工作：一是要法治与德治结合，多提倡情感式管理。法治校园是很多高校的口号和目标，但高校知识分子聚集，以德服人也许更有成效，所以要在管理中尽可能去体现每个师生的价值，用情感去教育管理师生。二是要多提倡公平管理。知识分子和大学生非常敏感，管理中决不能此一时彼一时，更不能对人不对事。制度要稳定，奖惩要统一。尽可能做到让师生无刺可挑。三是要多提倡全员管理。管教师，管学生决不是几个职能部门或学院（系）领导的事。不同场合要让教师之间，学生之间互相监督、互相管理，尤其是学生管理要尽可能实现学生自我管理为主。四是要高度重视行政管理人员的素质。现在很多高校对学生管理队伍很重视，忽视行政管理队伍建设。要去管好高职称高学历的教师，管理人员素质要求岂不要更高？所以要高度重视行政人员的聘用、培训和素质提升工作，使行政人员在管理中真正把法治德治结合，实现公平管理，调动教师来实现全员管理。

效能文化其实是管理文化的延伸，也是管理的目标原则之一。要实现办学管理的最大效能，就要明晰各管理岗位职责、优化岗位、倡导节约型文化，实现管理的最大效益化。管理人员要多提倡首问责任制，服务承诺制等，加强机关效能建设。

廉政文化就是高校公共权力及其拥有者所表现出来的廉政观念及规范，包括师生对他们廉洁行为的评价。中央多次提出要在高校中大力加强廉政文化建设，要加强对学生党员、学生干部的权力观教育，强化廉政理念、政治观、权力观的教育，打造高校诚信、勤政、廉政的文化氛围。

二　高校校园文化建设的现状

当前，高校校园文化建设机遇与挑战并存，一方面，社会主义市场经济的快速发展给高校校园文化注入了新的活力，为校园文化建设提供了有利的物质保障。另一方面，市场经济的发展以及外来文化刺激的加强，也给校园文化建设提出了许多新的矛盾和新的问题，综合而论有如下几点：

1. 重视现代文化培养，忽视传统文化继承

当前在知识经济、信息社会及全球化浪潮的影响下，我国高等教育随波逐流现象较为严重，高校课堂上充斥着国际流行思潮，大学生中弥漫着自我实现之风，中华文化注重人格、注重伦理、注重利他、注重和谐，人文精神被冷落。当代大学生对传统价值认知体系、传统伦理秩序、传统文化行为、传统文化艺术等精髓知之甚少。课堂外，在外来文化冲击下，当代大学生自身对传统文化更是存在认识不足、兴趣不浓，传统文化意识淡薄，甚至一再否定中国传统文化的内涵和价值。在这种逐渐失去自我文化认同的形势下，我国高校校园文化也逐渐失去了其应有的社会文化根基和应有的文化主导性。

2. 重视举办活动，忽视理论研究

当前大部分高校普遍将校园文化建设的重心集中在举办学生参加文娱

活动方面，而忽视开展一些集思想性、知识性、教育性、学术性为一体的文化活动，重视活动数量，忽视校园文化活动的育人功能和理论研究。把校园文化活动办成了单纯的文娱活动，结果不但没有发挥校园文化应有的教育功能，反而影响了正常的教学秩序。此外，在活动主体方面，高校校园文化活动普遍存在着以学生为主体，教师参与程度不高的问题，高校科研机构和教师对校园文化建设价值的探究还缺乏正确的认识，高校校园文化作为师生间"亚文化"的功能还无法全面发挥出来。一些高校对内开展的封闭性活动较多，忽视了与社会文化和地方文化的融合，即使走出了校园，也难免流于形式，成为一些具有文艺特长学生的表演，而对于大部分学生而言，只能沦为"听众和看客"，校园文化建设的理论和实践、内容和形式严重脱节，影响了广大学生对国情、民情和社会风土人情的深入了解。

3. 重视创办学生组织，忽视对学生组织的管理

大学生组织的兴办，对以自学、自主、自律为主体的大学生而言，加强对学生组织的引导和教育，有利于其各种能力的培养和提高。然而，当前相当一部分大学，尤其是一些新建本科院校在推进校园文化建设中，普遍认为学生组织数量的多少代表了校园文化建设的程度，因此，在缺乏一套完善的组织管理方法的情形下，创办各类学生组织，最终必然导致"问题多于成绩"的局面。近年来，高校大学生社团组织发展过滥，组织管理混乱，不少学生将社团当成其交友挣钱、谋求功利的一个平台的现象越发严重，严重违背了中华民族提倡的和谐互利的思想理念，对大学校园文化的发展无疑是致命一击。

当前，高校校园文化建设在整体上呈现出了多色彩、多元化、多层次的发展趋势，但仍有诸多弊端，高校在进行校园文化建设过程中，应进一步明确加强传统文化教育对校园文化建设的意义，找准目标，对症下药，更好地以切实可行的策略实现高校校园文化建设更快、更好地发展。

三　中国传统文化对推进高校校园文化建设的现实意义

高校应强化校园文化建设力度，注重建设综合校园文化，注重中华传统文化在校园文化建设中的作用。

全面推进素质教育，培养适应社会主义现代化建设的高素质人才，是高等教育深化改革的主要任务和目标。"传统文化"是"世界积累的相对

稳固的物质与精神遗产的总和"（《教育大辞典》）。传统文化与校园文化的结合，是历史与现实的统一，一方面传统文化为校园文化提供基础和养料，丰富内容结构；另一方面校园文化在历史与现实有机结合的立足点上，既承接文化的历史传统又发展现实的"人的文化"。二者和谐而又统一，以推进有中国特色的校园文化建设。校园文化是教育创新的人文要素。学校特有的文化氛围有着潜移默化的育人功能，对师生精神文化品位的熔铸有着独特的感染力。教育要创新，必须重视继承优秀传统文化，传播先进文化，开展艺术教育。高校要自觉搞好校园文化建设，形成良好氛围，注重历史积淀，努力拓展校园文化的育人功能。

将传统文化中的积极因素贯穿于育人理念之中。育人是大学的根本使命，中国传统的育人观念中有许多积极因素需要我们去发掘、继承并予以创新，融入新的大学精神之中。许多大学把优秀文化传统作为自己大学精神的根，培之以现代文明的土壤，正是希望将传统文化中的积极因素融入育人理念，以长出属于自己的精神之树。

综观世界一流大学，都有一个共同的特征，即活跃的校园文化和深邃的人文底蕴。我们在构建世界一流大学创新人才培养体系时，也绝不能忽视这一点。因为办学特色本身就是一种文化现象，是学校办学过程中的精神文化、物质文化和制度文化的结晶，是一种创造。大学校园应当是现代化的气息与厚重的历史人文精神的统一。中华传统文化有着浓厚积淀，一经与现代文明、现代意识有机结合，就焕发出勃勃生机。中国大学在自己的建设发展过程中，应当注意优秀传统的总结与积累，以形成自己的传统精神。我们要加强文化建设，强调人文精神与科学健身结合、传统文明与现代文明融合，启动校园文化建设的精品工程，整体推进校园文化建设，综合发挥校园文化的育人功能，成功塑造和推广校园文化建设的精品力作。

当代大学生的思想状况需要加强传统文化教育，大力提倡民族精神。必须把弘扬和培育民族精神作为文化建设极为重要的任务，纳入国民教育全过程，纳入精神文明建设全过程。当代大学生的思想主流是好的，但是也存在各种各样的问题，特别应该引起注意的是，随着社会上追求利益最大化现象的膨胀，校园里的清纯、热情、诚恳、信任、团结、友爱、互助之风受到挑战，越来越多的学生崇尚自我，缺乏大局观念、集体意识和集体荣誉感；缺乏爱心和正义感，不能建立良好的人际关系。因此，就需要对大学生进行中国传统文化教育，强调仁爱，强调群体，强调和而不同，强调天下为公。特别要提倡"天下兴亡，匹夫有责"的爱国情操，"民为邦本"、"民贵君轻"的民本思想，"已所不欲，勿施于人"的待人之道，吃苦耐劳、勤俭持家、尊师重教的传统美德，大力倡导民族精神。

四　传统文化融入高校校园文化建设的策略

1. 重视校园设施管理建设，弘扬历史传统文化

良好的校园环境是校园文化发展的重要平台，建筑设施条件的完善是建构良好校园环境的一个重要的基准。建筑设施是大学基本的办学设施，建筑设施的排列、空间布局、风格以及建筑物的颜色的选择，绿化的选择和空间布局，校园的色调，文化设施的风格等，都对校园文化产生深远的影响。在校园建筑设施建设过程中，恰当规划，适当凸显传统文化的内容，有助于在实现传统文化教育的同时，提升校园文化的整体品位。比如文化长廊、历史名人的塑像、名言警句、传统节日活动场所的设置等。

2. 尊重文化经典，提升校园文化品位

《老子》、《论语》、《大学》、《中庸》、《孟子》等经典是中华民族精神的原动力，是历史积淀的文化经典，其巨大的思想力量和艺术魅力是国家和民族生存与发展的动力。在高校校园文化建设中，除注重大学生的专业学习之外，也要适当地采取一定的方式，积极鼓励大学生正确解读文化经典。在这个过程中，想方设法体现经典的魅力，以达到"无意识性的教育"，即通过环境、氛围起到潜移默化、润物无声的作用。[①] 比如在各班级创设"读书会"，配备相关学科的指导教师，要求参加"读书会"的成员在指导教师的指导下，定期阅读相关的文化经典，并向其他成员介绍自己的读书心得，从而提升对文化经典的认知和感悟。同时，以班级为最小的单位，向整个校园渗透，创办校级"读书协会"。各个班级、各个院（系）同学之间通过这个平台，加强文化经典的阅读和交流。此外，还可以开展相关的阅读和征文比赛，设置相应的奖项，在整个过程中，要重视大学生对文化经典的理解和把握，不断增强他们对文化经典的崇尚意识，进而提升校园文化的整体品位。

---

① 陈序经：《文化学概观》，中国人民大学出版社 2005 年版，第 3 页。

3. 依托本土文化，构建特色校园文化发展模式

在历史长河洗礼中，传统文化的发展跨越古今，且具有丰富的地域特征。在高校校园文化建设中，应立足本土文化，充分挖掘具有地方特色的文化资源，将传统文化教育落实到明确的易于理解的实处，从而增强教育的现实说服力和感染力，让大学生从身边的文化气氛中切实体会传统文化的力量和精髓。如以福建本土文化为依托，可以充分发挥其地域优势：以闽台关系为纽带，不断增强大学生维护祖国统一的历史责任感；以三坊七巷的名人故居为基准，宣传教育，增强大学生强烈的民族自信心和自豪感；以闽西北红色文化为蓝本，充分建构大学生报效国家的使命感和理想信念的教育平台。依托本土文化，是构建特色校园文化发展模式的一条重要渠道，有利于校园文化实现自身的特色化、品牌化。

4. 推陈出新，整合传统文化和现代文化

中国文化博大精深，自古就有强大的包容和吸收能力。在大学校园中，我们只有充分将优秀的传统文化融入现代文化中，实现现代文化和传统文化的整合，才能创造出高雅、向上、健康的校园文化。高校进行校园文化建设，要不断探索和开拓传统文化在高校校园里的应用范围、空间和形式，要以现代化的理念和模式来加强传统文化教育，不断增强传统文化的现代性。[1] 高校可以组织开展一些具有导向性的文化活动。比如可以请相关专家举办国学系列讲座，或是举办文艺演出、社团活动等，但在活动中要加大对民族节日的宣传力度，并开展相应的庆祝活动，引起学生对传统民族节日关注的同时，进一步深化其民族认知和民族情感。除课外活动外，课堂教学中，高等学校应有针对性地改革思想政治教育的硬性模式，在政治理论课程教学中反映马列主义及社会科学理论建设的同时，充分融入国学的精华。通过提炼优秀传统文化的精髓，增强当代大学生道德情操的教育。同时，高校应进一步重视历史教育的重要作用。历史是人类文化的教科书，人文思想是历史发展的沉淀。高校校园文化建设中，在实现历史通识课程设置的基础上，加大历史选修课程的开设力度，丰富大学生的历史知识的同时，实现对他们的人文教育，在不经意间将人文意识植根到大学生心灵深处，从而从本质上实现高校校园文化建设的意义，进而提升

---

① 王革、赵修渝：《新时期高等学校校园文化建设理论研究》，西北农林科技大学出版社2007 年版，第 224—226 页。

校园文化建设的整体水平。

第四节　传统文化融入高校思想政治教育 必须树立全员育人的观念

教育之核心在育人，育人之核心在德育。新形势下，德育内容既包括思想政治教育、道德素质提升，也包括创新精神培养、心理健康教育、健全人格养成、文化素养提高等。高校传统文化融入高校思想政治教育是个巨大的系统工程，只有树立全员育人的观念才能使传统文化充分利用各种途径和渠道融入高校思想政治教育。

一　全员育人的内涵解读

所谓"育人"，不仅是知识的传授，而且更包含了思想启迪、道德养成和文化传承等。"全员育人"，顾名思义是指育人的"全员性"。狭义上的"全员育人"，指高校内部层面上的"全员性"，对大学生的教育而言，涵盖了教书育人、服务育人、管理育人、思想育人、文化育人等多方面的系统工作。这一系统工作的开展，强调的是高校所有教职员工参与育人的全员性。广义上的"全员育人"不仅指高校内部的"全员"，而是涵盖了学校、家庭、社会以及学生自己等因素所组成的全方位的大的育人系统。

"育人"绝不是高校一方的工作，而是全社会的事情，应以广义上的全员育人理念看待人才培养工作，以学校、家庭、社会、学生自己共同参与所形成的合力，实现多方面、多角度、多层次育人。

二　全员育人的意义剖析

众所周知，影响人们思想、行为的因素是多方面的，学校教育不是世外桃园，它必将受到家庭、社会等各个环节的制约，单一的学校教育并不能保证育人的有效性。所以，全员育人势在必行。

1. 全员育人是高等教育大众化的需要

高等教育大众化使高校育人面临着许多新情况、新问题。首先，学校办学规模扩大，办学形式、层次多样化，学生文化素质和基础参差不齐，导致学校教育和管理的难度增大；其次，学生对学校的教育教学条件和质量有了更高的要求，高校的师资和管理人员队伍难以适应这一要求。我们要认清高等教育大众化使高校育人面临诸多的新情况、新问题，因此，要积极探索全员育人多路径的良性互动网络，开创新时期育人工作的新局面。

2. 全员育人是大学生社会化的要求

大部分学生毕业后会直接走向社会，这就要求大学生要逐步建立起与当代社会发展相适应的素质与能力，这些素质和能力可以通过书本学习、师长教育、社会实践等方法获得。这就决定了人才培养必须依靠学校、家庭、社会及学生共同完成。我们要改变原有育人路径较单一的局面，积极探索全员育人的多条路径，充分挖掘学校以外的育人路径的潜力和作用。

3. 全员育人是社会发展的必然趋势

随着全球化、网络化、信息化的不断发展，培育人才所面临的环境亦处于不断开放的时代和社会。人才的培育要顺应这一现实情况，与全球化、网络化、信息化的开放体系相融合。这就要求我们以一种开放的眼光思考全员育人问题，增强培育人才的有效性。从当今世界各国的育人路径来看，各国都很注重教育活动中非学校因素的参与和影响。如美国、英国、法国等都很注重社区、家庭、大众传媒、科学研究机构等的育人作用。

三　全员育人的策略构建

中共中央、国务院《关于进一步加强和改进大学生思想政治教育的意见》（以下简称《意见》）指出：要建立健全学校、家庭、社会相结合的思想道德教育体系，使学校教育、家庭教育和社会教育相互配合，相互促进。《意见》为研究全员育人的工作策略构建提供了新视角，即强调社会各方力量和资源对育人的参与，实现育人路径由单一的学校向家庭、社会、学生个人多元路径的转变。

1. 学校教育

第一，教书育人。高校思想政治教育专业的教学部门要成为学生进行政治理论学习的授课主体，如何改进教学方式、增强理论课教学的实效性是摆在他们面前的重要课题。在授课中，要结合学生的思想实际和专业特点，采用讨论、座谈、艺术再现、社会实践等形象生动、灵活多样的方法，增强思想政治理论课的感染力，增强课堂教学的实效。例如，在毛泽东思想概论课堂上，教师可以让每位同学分析一首反映中国革命的歌曲，或让学生从毛泽东诗词中体会领袖的人格魅力与胆略、气魄和追求，也可以让学生翻译一篇外国人有关毛泽东或毛泽东思想的文章并作分析，等等。这样不仅激发了学生学习理论的热情，同时也大大提高了教育的实效性。相同的道理，其他业务教师也应注重在课堂授课过程中，结合所授内容，采取适当的方式对学生进行思想教育，以便取得很好的效果。

第二，思想育人。以理想信念教育为核心，以爱国主义教育为重点，以基本道德规范为基础，以大学生全面发展为目标，是对大学生进行主题教育的基本内容。在教育的过程中，既要坚持活动的规范性，又要注重活动的层次性。通过形势报告会、多种形式的主题教育活动，唱响主旋律，解决学生现实的思想和理论问题。同时，要鼓励和支持多层次的学生理论学习社团。加强分类指导，坚持自学与辅导相结合、课下与课上相结合、读书与讨论相结合、理论与实践相结合的学习形式，启发学生思维，开阔学生视野，澄清思想上的模糊认识，使学生的理论学习提高到新的水平。另外，充分利用主题特色活动的形式，扩大教育覆盖面，增强教育实效性。

第三，文化育人。校园文化活动是文化育人的重要内容。高校应当重视对学生的文化素质教育，通过组织各类活动，使学生们从中陶冶情操、锻炼能力、提升修养。一是学术提升素质。开展大学生学术科研活动是高校思想教育与素质教育结合的一项重要工作。要通过鼓励学生进行科研立项、参与各类学术科技竞赛营造学术氛围，使学术活动成为提高大学生综合素质的重要手段。例如，开展大学生科研立项与奖励活动，组织学生参加"挑战杯"学术科技竞赛等。二是校园文体活动。文体活动是校园文化的重要组成部分，也是一所高校凝练和展现自身文化特色的重要载体。每年组织开展学生"艺术节"、"文化节"等。三是高水平社团建设。社团是高教改革和高校实行完全"学分制"后，学生实现自我管理和自我提升的重要场所。学校要支持学生通过各类社团活动展示才华、全面发展、锻炼能力，使丰富多彩的学生社团为学生不断提高文化素质水平提供广阔的舞台，并以高质量、高品位的学生社团为有效载体，为学生提供浓厚的校园文化氛围，使学生文化素质不断提高。

第四，管理育人。学校各职能机关干部和管理人员在思想政治工作中同样发挥着重要作用，他们与学生都有直接或间接的关系，各部门的办事效率、工作作风如何，都会对学生产生影响。因此，要把形式多样的思想政治教育融入常规的管理工作之中，从学生进校到毕业、从课内到课外，所有可用的机会都渗透德育内容。一方面，对管理部门和管理者而言，要强调职能部处工作作风的转变，切实加强各部处廉政建设，转变工作作风，提高办事效率，各司其职，牢固树立学校的一切工作必须为教学和科研服务的思想，真正做到清政廉洁、管理育人。另外，全员育人也意味着教育者与被教育者之间具有相互平等的地位。所以，作为管理者注重以平等的身份与学生交往，尊重学生，理解学生，爱护学生。在工作中，在与学生的交往中，以自己良好的思想道德品质教育和影响学生，使学生在与管理人员的联系与交往中，感受到其良好的品德乃至其人格的魅力，对学生起到潜移默化的作用。另一方面，从管理和管理制度的角度出发，要注重强化制度管理，制定相应的规章制度，对学生进行考核，保障管理育人的实施。通过规章制度，逐步培养大学生集体生活的习惯，使他们懂得个人与集体的关系，培养集体观念。

第五，服务育人。就高校服务育人而言，主要涵盖四个方面的内容。一是心理咨询服务。心理咨询在今天高校中的地位日益重要，学校的学生心理素质教育工作模式要集教育、教学、咨询、科研和对外交流于一体，通过心理素质教育和心理咨询解决学生中的各类心理问题，达到服务和教育学生的目的。二是就业指导服务。随着高校毕业生就业压力越来越大，加大就业指导的力度势在必行，应当注重将就业指导与职业道德教育结合起来，通过各种活动引导学生把自身发展与国家期望和社会需求紧密结合，全力投入工作，赢得更大发展。三是学生资助服务。高校一般以学生资助中心为载体，通过勤工助学、奖助学金、特困补助、助学贷款等方式，形成对困难学生的资助体系。并且逐步制定与完善各项规章制度，确保资助的针对性与覆盖面，使在校的困难学生顺利完成学业，在这个过程中利用传统文化资源进行诚信教育，诚信做人。四是后勤服务。高校后勤集团部门，特别是与学生生活息息相关的饮食、住宿、医疗等方面进行精心安排，及时听取学生的意见和建议，不断改进服务质量。宿舍要加强文化建设，做到卫生、安全、温馨，使学生感受到学校大家庭的温暖。

第六，环境育人。一是优美的生活环境。校园环境是学校教育思想的一种体现，是陶冶学生思想情感的一种方式。近年来，各高校通过不断合理规划校园布局，整治校园环境，不断使校园更加整洁美观。二是浓郁的学习环境。通过不断改善教学楼、教室、自习室、图书馆等学习场所的硬件设施，并对相关场所进行精心布置，凸现其学习与学术气息，有助于激励学生认真学习、刻苦钻研、奋发进取的精神。同时，在公共场所摆放一些常绿灌木和花卉，对创造团结、严谨、求知、进取的教学气氛可以起到烘托作用。三是网络环境建设。网络是大学生普遍比较认同和喜爱的沟通环境，加强传统文化网络建设是全员育人过程中必不可少的重要环节。要通过不断加强大学生思想政治工作的网络建设，建立与学生密切相关的各类板块，以达到凝聚和教育的目的，受到学生的欢迎。

2. 家庭教育

第一，转变家长对家庭教育文化传承的认识，拓展家长的家庭教育文化传承时空内容观。首先，转变直线式时间观。许多家长认为，家庭教育仅限于学前阶段，子女步入学校和社会之后，便应或相应减少对其教育的职责。其实，这是一种直线式的家庭教育时限观，因为中国传统文化中的家庭教育是全程的，很有几分当今"终身教育"的味道。其次，转变封闭式空间观。许多家长认为，家庭教育仅是"在家面对面"的教育，家长与子女如果不在一起似乎就不能进行"家庭"教育，其实，这是一种封闭式的家庭教育文化传承观，因为，中国文化中虽有"父母在，不远游"的说法，但事实上，在子女的成长过程中，其与家长同在一屋檐下生活的时间还是有限的，并且，家庭教育文化传承除了面对面的家长与子女的言谈及行为影响之外，还有许多诸如书信、电话、电报、网络等其他影响方式，有的方式甚至比在家庭场所面对面的说教更为有效。如书信，这种被誉为心灵沟通的最佳方式，过去就一直为家庭教育所独钟，这种例子在中国家庭教育史中不胜枚举。最后，转变通才式内容观。许多家长认为，家庭教育的内容自应包括德智体美等各个侧度的全面教育，似乎讲家庭教育有所侧重便是对家庭教育的歪曲。其实，这是一种通才式的家庭教育内容观，尽管家庭教育具有上述这种全才功能，但其侧重点应当在行为规范和方式上。

第二，细化家庭教育文化传承内容，锁定传统礼仪礼节及自立能力的养成。首先，传统礼仪礼节的细化。一是基本礼仪礼节教育。要对子女的个人、家庭、学校、社会、国家生活礼节五方面提出具体要求。二是孝道教育。家长应重视对儿童进行"孝道"的熏陶，使其从小就认为孝敬老人、赡养父母是一种神圣的义务，而对那些不孝之举及不孝者，应在全社会形成一种被痛斥和唾弃的"重孝"舆论氛围。其次，传统自立精神及行为的细化。一是生活自理意识与能力。要教育子女自己完成力所能及的事情。二是自食其力的意识与能力。不管为学还是习艺，都要使子女形成不恃门第、自食其力的思想，培养其独立生活、学习、交往的能力。三是坚韧品质和受挫能力。要使子女明白"人生自古多磨难"这一人生常态和基本道理，鼓励子女博学广识，增强其自信心，教会其以正确的归因方式，使其理智、从容地对待挫折，放手让子女们在社会生活实践中去感受挫折，通过真实的挫折及其感受来提高其耐挫、抗挫能力。

第三，采用多种家庭教育文化传承方式，突出家长的言传身教和传统节庆日的熏陶。首先，言传身教。一要系统、全面地"传"。家长们应系统地向子女讲授中国传统礼仪礼节及自食其力、自立自强的基本知识、要求及其在当今社会及个人为人处世中的重要意义和作用，使子女系统地了解中国传统礼仪礼节的全貌，自幼便形成一种知礼守礼的观念。二要周期性、反复地"传"。从根本上讲，礼仪礼节及自食其力行为和劳作习惯的养成是一种人格教育和信念教育，"只有家长们不停地说教，反复地唠叨，才会使子女形成动力定型，变成习惯"。① 三要在处事待人、日常生活中，家长自身率先垂范。家长们在对子女进行传统礼仪礼节和自立教育时，最重要的便是以身作则，率先垂范，如此方能"其身正不令而行"。四要将这种知礼、守礼、重礼上升到一种家庭文化的高度来予以对待。只有家长们将其形成为一种知礼重礼的家庭文化模式时，家庭才能真正成为教育文化传承的一个重要场所，从而自觉地发挥着文化传承的各项功用。其次，活动熏陶。一要鼓励子女在日常生活中学习处理与朋友、同学、亲人之间的关系。在走亲访友过程中，对子女进行以礼相待、关心他人、团结互助的行为训练，使其在真实的"刺激—反应"场景中，逐步将各项传统礼仪内化为自身行为处事的一套自动准则或习惯。二要给子女安排布置相应的劳作任务。除要求子女养成勤劳节俭等良好生活习惯之外，家长们还应让其从事一些必备的家庭劳作活动，如洗碗、扫地、做饭、洗衣、布置整理房间等，并有意识地让他们独立生活一段时期，使他们在这些具体的点滴劳作中体验到自立能力的重要性。三要通过传统节庆活动的熏陶来促使子

---

① 陈建翔：《关于家庭人格教育的若干思考》，国家基础教育实验中心社区与家庭教育研究所，台湾地区家庭教育学会编《中国家庭子女教育——海峡两岸家庭教育研究文集》，吉林教育出版社 2000 年版，第 159—170 页。

女形成孝道和敬宗睦族的观念。要让孩子亲历中元节、清明节、年节等节日的活动，从中感受到父母对先辈的虔诚和崇敬，进而培养其敬宗睦族等知礼观念。四要启动"家庭教育文化传承计划"，加大国家和社会对家庭教育文化传承的扶助力度。首先，建立健全家庭教育文化传承相关组织机构，制订完善家庭教育文化传承实施方案。国家应当明确负责实施家庭教育职能的机构，将家庭教育实施的相关事宜明确交由教育行政部门来负责组织实施，并从国家到县乡层层建立相应的配套机构，以形成一个全国性的家庭教育网络系统。基于此，再由国家教育部门召集相关专家、学者、部分家长就如何推行家庭教育做出调研，制定《家庭教育文化传承实施纲要》，对家庭教育文化传承的宗旨、对象及范围、工作项目及具体要求等做出明确规定，并以法规或文件形式予以颁布，使家庭教育文化传承的实施有一个明确可以遵照执行的方案。其次，明确家庭教育文化传承内容，编写家用文化传承教材。我们要加强文化典籍的整理研究，从中选择出为当今所用的伦理规范条则来，由此，精心编写优秀民族文化教育的家用教材，编印成册，供广大家长们学习参考。在编制文化传承的家用教材时，要注意两个问题：其一，在内容上，可依据个人、家庭、社会、国家四个维度将相关内容和要求分门别类，根据子女的不同阶段来选择传统家庭伦理规范内容；其二，在形式上，最好采取文白对译的方式来进行编制，以要则或纲目的形式来呈现。最后，要实施家庭教育文化传承培训计划，周期性地开展家庭教育文化传承培训活动。

为此，要将家庭教育文化传承作为各级教育行政部门的一项年度考核工作来予以实施，督促各级教育行政部门制订家庭教育文化传承方案，并开展相应的家长培训活动。不管是一季度、半年还是一年一次，都要确定一个周期性时段，并按时开展层层轮训活动，以使广大家长掌握家庭教育文化传承的基本内容、现实功用及传承的主要方式方法等。

3. 社会教育

《意见》指出："全社会都要关心大学生健康成长，支持大学生思想政治教育工作，宣传、理论、新闻、文艺、出版等方面都要坚持弘扬主旋律，为大学生思想政治教育营造良好的社会舆论氛围，为大学生提供丰富的精神食粮。"

充分利用校友资源。通过校友访谈、校友风采展、校友创业论坛等多种形式，彰显校友成就、成长经历、人生轨迹，引导学生多元化发展，开拓全员育人的新途径。邀请优秀校友回校与在校学生座谈，对大学生选择正确的人生道路、职业生涯会起到积极的示范效应。例如，清华大学校友总会将百余名杰出校友的事迹在《清华校友通讯》和《清华人》校友杂志上刊登后，受到在校学生的广泛关注。

开展多层面的社会实践。学生社会实践是全面提高学生综合素质的重要途径，也是学生进行自我思想教育的社会课堂。多年来，各高校都坚持开辟多种渠道的学生社会实践、社会服务途径，让学生在广阔的社会生活中认识社会、寻找自己的位置。从活动区域来看，学生的实践活动遍及北京郊区、内蒙、山西、陕西、甘肃、新疆等各个省市自治区；从活动的范围来看，学生们的足迹遍布农村、厂矿、学校、军营，他们通过支教扫盲、教师培训、文艺演出等形式开展实践活动。与此同时，形式多样的志愿服务也为学生提供了社会舞台。学生们通过义务家教、临终关怀、科技普及、"区校共建"等形式，在志愿服务中接受教育，服务社会，实现人生价值。

4. 自我教育

著名教育家苏霍姆林斯基说："只有能够激发学生去进行自我教育的教育，才是真正的教育。"① 只有以人为本，让学生积极主动地参与到育人过程中，才能实现知行统一，达到德育效果，体现全员育人的思想。学校要成立基层学生会、大学生社团等学生自我教育组织，引导学生发挥自我管理和教育的能力。学校还应根据自身的特点和实际，在各项工作中积极吸收学生参与，把学生的热情和智慧变成推动学校教育教学改革与发展的动力。

第五节　学者们应走出校园、书斋，将儒家的义理和民间社会活动相结合

文化的问题，不仅是一个理论的问题，也是一个切实关乎国计民生的大问题。在当今中国对文化问题如此关注的内在驱动力，既来自执政党对文化问题的全面自觉，也来自学者的内在使命。

学者作为在学术上有一定造诣的人，作为社会的精英群体，肩负着独

---

① 苏霍姆林斯基：《给教师的建议》，杜殿坤译，教育科学出版社1999年版，第491页。

特的使命。在中国优秀传统文化的传承与创新中，无论是精英传承还是民间传承，学者们都具有得天独厚的优势。当下的中国，学者们牢记使命，应走出校园、书斋，将儒家的义理和民间社会活动相结合，勇做传统文化的播种机和宣传队，发挥社会引领功能。

一　学者的使命

在这样一个"文化大变革"的时代，每一个人都不得不正视自己的文化使命。不同于政府、各种文化事业单位、文化企业单位的文化活动，学者应当有自己在文化领域的分工与定位，有着自己特殊的文化使命。学者应当了解自己在文化复兴与文化格局中的特殊地位。在人类文化建设的分工中，许多行业的从业者都是以文化的价值来实现政治价值、经济价值，唯有学者是以文化创造为自己唯一使命。基于如此的思考，我认为在今天这样的时代，学者应当具有如下的使命与意识。

1. 学者必须具有担当意识

曾子曰："士不可以不弘毅，任重而道远。仁以为己任，不亦重乎？死而后已，不亦远乎？"（《论语·泰伯》）人文知识分子，应当具有一种天下情怀，对人类文化的传承与创造具有强烈的使命感，对国家的发展和稳定具有强烈的忧患意识。这也就是所谓的天下情怀、家国担当。学者就是现代社会铁肩担道的人。学者不应当将自己的人文活动视为一个单纯的职业，而应当视为人类文化传统的担当者。人文活动尽管可以带来社会效益与经济效益，但学者首先应具有的就是"斯文在此"的担当。"斯文在身"，而不是"有辱斯文"，应当成为学者的首要意识。

2. 学者必须具有批判意识

学者面对人类的文化不应当是无原则地照抄照搬，而应当以一种批判的眼光加以审视。文化乃是人化，是人的生活样式。人类的生活样式在历史的变迁过程中，有些已经过时，有些已经腐朽，有些局限性充分暴露。因而学者面对人类的文化不同于一般大众的基本态度就在于它的批判性。一般大众以主观的好恶来做出文化的抉择，他们或者从功利的视角、或者从文化的情感的视角、或者从政治意识形态的角度，而学者的角色定位要求他对待文化不应人云亦云，而要审视文化的核心观念、反思文化的逻辑前提、分析文化的社会结构、检讨文化的历史影响。唯其如此，我们对待历史文化传统，才不会生吞活剥，照抄照搬，而是经过分析的批判继承。

没有真正的批判意识，文化活动将失去坚实的基础，所产生的必然是大量的文化泡沫。

3. 学者必须具有创造意识

文化不仅需要继承，也需要批判，更需要创造。文化源于人类的创造，并服务于人类的生存。每个人、每个民族都生活在一个给定的文化传统之中，但每个人、每个民族又都在这给定的传统中，从事着文化修补、文化损益、文化创造。第一次轴心时代，人类形成几个不同的大的文化区域与文化类型，完成人类文化的最大的创造。人类文化的第二次飞跃，也即是所谓的第二次轴心时代，是以欧美文化为主导并逐步蔓延到全世界并形成以资本为主导的文化空间和社会政治空间。中国的学者如欲寻求文化的大发展，就不能仅仅满足于对西方现代性文化的吸收与消化，还必须立足于中国的历史文化传统、现代性的资本逻辑、社会主义的劳动逻辑，实现人类文化新的创造，也即是所谓的"第三次轴心时代的文化"。我们需要有自己的文化品牌，我们需要从文化的模仿、复制、拼接、改装中走出来，实现我们自己的文化创造。百年来中国文化的最大问题，并不在于我们缺少文化产品，而在于我们的文化产品没有自己的品牌。我们的文化产品，很多是模仿与复制的。如果我们不形成具有自我品牌的"文化作品"，我们就不会对人类的现代文明有实质性的贡献。每一个学者首先应当自我拷问的是：我对现代文明贡献了什么具有创造性的"文化作品"，而不是自我炫耀又生产了多少"文化产品"、"文化商品"。重要的就是创造性。

4. 学者必须具有服务意识

学者从事文化创造活动，并非单纯的个人爱好，也不能仅仅是个人的精神修养。学者的全部学术活动，关乎人类精神的走向，关乎人类精神的健康。因此，人文学者必须具有服务社会的意识。人是一个合目的性的存在，是一个向其所是而生成的存在。而文化就是为使人向人生成而提供的生存架构。学者建构文化，就是为了服务人自身的精神需求，满足人的内在精神需求。学者的这样一种服务意识，并不服务于特定的个人或族群，而是服务于整个人类。因此，这种服务意识不应是商业化的服务意识，而是人类精神自我修炼的意识、自我提升的意识。学者不同于文化商人之处在于，文化商人看重文化的商品价值，而学者看重的是文化价值本身。学者只有保证其作品可以服务于自己、提升自己，才能保证其能够服务社会。

5. 学者必须超越市场意识

学者的文化创造活动，是一个创造性的活动。学者的文化创造，是在文化产业链的初端。因此，对人文作品的内在价值不可简单地以市场价值来衡量。对大众化文化消费而言，引入市场机制是必要的。对于诸如影视、动漫、大众化图书等文化作品的消费，就需要引入市场机制，也即对文化的终端产品的生产、消费、流通，应建立起市场机制。建立健全文化市场对繁荣社会主义文化具有重大的意义。但是，对于文化产品的初端来说，学者创作文化作品是最需要创造力、最需要耐住寂寞的。对于哲学、历史、文学等纯粹人文领域的产品而言，单纯用市场原则来对人文学者的劳动加以检验，不仅是不科学的，也是无意义的。纵观人类的文明史，许多经典的人文作品，都并不具有市场价值。许多文化大师都是仅仅活在小众之中。如果完全用市场意识来规范学者的创造，就会导致人文学术的功利化，进而导致学术研究浮躁和造假成风。学者应当创造高端的人文作品，但作品并不等于产品。完全以市场来检测文化作品的价值，将文化作品视为文化产品，是一个民族文化不自信的表现，也是丧失文化创造力的表现。

6. 学者必须超越本位意识

现实的具体的人，具有本位意识是正常的。本位意识的核心是以自我为中心的。本位意识大致包括：阶级意识、政党意识、族群意识、国家意识等。每一个学者，都具有自己的社会属性，也不可避免地具有特定的社会意识。但学者必须切实了解自己的社会角色定位，他必须切实了解自己的学术言说与私人言说之间的区别。学者作为个人完全可以有自己的本位立场，表达自己的阶级意识、国家意识、政党意识、族群意识，但他作为一个学者，却必须超越其自身的本位立场，并要求其本位立场经受学术立场的审视。学者只有超越本位意识，才能使自己不再沦为政治意识形态的传声筒、各种主义思潮的代言人。学者的学术言说只有具有真正的客观性，才能真正使民族、国家的文化发展建立在坚实的基础之上。真实的本位是超越本位意识的，只有超越本位意识，才能真正实现本位目的。

总之，在我们这个文化转型的历史时代，学者只有切实了解自己的文化使命，才能有所担当、有所创造，才能实现时代所赋予的使命与责任，才能展现我们对文化的全面自觉与自信。

二　精英化传承：思想的护卫与教化的施行

精英化传承是优秀传统文化传承的中坚力量，精英分子对思想的创造、诠释与护卫是制度化传承的基本前提，对思想的礼俗化阐释是民间教化的依据与信仰塑造的源头。"精英"作为文化传承主体，尤其是与制度化、民间化相对而言，把它解释为"知识分子"是恰切的。知识分子的职能是什么，决定着精英化传承的内涵与方式。

知识分子最基本的职能是思想的创造者、护卫者与记述者。是知识分子的标识。"学恶乎始？恶乎终？曰：其数则始乎诵经，终乎读礼；其义则始乎为士，终乎为圣人"（《荀子·劝学》）。"否则学者无述焉，为下所轻，非所以尊道德也"（《汉书·昭帝纪》）。没有学识就没有起码的被敬重，但思想也因知识分子有了生命。余英时指出："有时人们说观念有它们自己的生命，但这只是一个隐喻。实际上，是持这些观念的人，特别是知识分子，给了它们生命。"给了学术与思想生命的知识分子，自己的生命与思想的生命融为一体，自然成了"道"的护卫者。"士"在孔子之时，就有明确的价值规范。"士不可以不弘毅，任重而道远"（《论语·泰伯》）、"志士仁人，无求生以害仁，有杀身以成仁"（《论语·卫灵公》）。殉道就成了理想抱负无法实现的终极归宿。张君劢指出："文化之存亡生死，非徒文字之有无焉，衣冠之有无焉，视其有无活力。活力之所在，莫显于社会之信仰，莫显于执行文化之人。"思想需要践行与护卫，更需要记述与传播。在中国思想史上，秦的"焚书坑儒"使藏于民间的经典大量烧毁，先秦诗书文化价值体系即在民间社会断裂。要恢复民间的价值体系，首先得恢复承载价值的经典，汉代经学家们口耳相传，形成了今文版本的经典，奠定了古代经典的文本形态。后来历朝都有史家、经学家编纂整理古代文献，尤以清代为盛。所以古代知识分子文化传播的基础方式就是全面、权威、专业地保存经典以流传思想。

知识分子的另一特性或者说职能是对政治的抗衡与批判。知识分子是"道"的化身，是道统的承载者与文化的守成者，他们与政统的纠葛与黜离影响着文化传承。余英时曾指出："春秋战国之际，以'道'自任的知识分子出现以后，首先便面临着如何对待政治权威的问题。这个问题牵涉两个方面：从各国君主一方面说，他们在'礼坏乐崩'的局面之下需要有一套渊源于礼乐传统的意识形态来加强权力的合法基础。从知识分子一方面说，道统与政统已分，而他们正是道的承担者，因此握有比政治领袖更高的权威——道的权威。"① 政统的权威性需要士的论证与辩护，士之"道"也需要在社会中践行价值，需要统治者的支持与推行，于是双方"一拍即合"，士参与了政治，成为官僚或政府的幕僚，统治者规制了士及其所载负的思想，与政统和"势"的对抗与博弈便成了历代知识分子无法摆脱的圈囿。英国学者弗兰克·富里迪也指出："不是每个知识分子都有社会参与的天性，但是作为一个群体，知识分子被引向政治生活。"② 与政统抗衡的目的不过是保守"道"。如何守住"道"，取决于知识分子对"道"存在方式的认知。如果认定"道"存在于政统才有意义，知识分子就会在"道"的基础上提供统治合法性依据。"儒家对教育的垄断也许是儒家知识分子在汉代再度崛起的唯一要素，他们成了社会中意义的提供者，体制中权威合法性的辩护者。"③ 不能合谋的话，则"天下有道则见，无道则隐"（《论语·泰伯》）。统治者不能实践道，知识分子的退守阵地只能是自我的道德守持，"不自高，人将下吾；不自贵，人将贱吾"（《孔丛子·居卫》），假如连这一点都因为统治者的"为难"不能达成，他们就会选择以身殉道，以自身的节操为后人留住精神的念想。志在承当社会责任的知识分子，实现这一目标的重要一途即在社会推行"道"以教化他人。古代士的教化有三个层面：一是成为帝王师，教育对象包括皇室家族的所有成员。汉代专设太子太傅、太子太师、太子太保，他们对世子的教育如《通典·职官十二》载："立太傅、少傅以养之，欲其知父子、君臣之道也。太傅审父子、君臣之道，以示之；少傅奉世子以观太傅之德行，而审谕之。太傅在前，少傅在后。入则有保，出则有师。是以教谕而德成也。师也者，教之以事而谕诸德者也；保也者，慎其身以辅翼之而归诸道者也。"教育内容都是儒家的王道政治，达成了对政统的渗透与规范。二是博士弟子，通过学校教育实现精英化传承。《汉书·儒林传序》曰："闻三代之道，乡里有教，夏曰校，殷曰庠，周曰序。其劝善也，显之朝廷；其惩恶也，加之刑罚。"博士弟子员在汉代不断增加，"昭帝时举贤良文学，增博士弟子员满百人，宣帝末增倍之。元帝好儒，能通一经者皆复。

---

① 余英时：《士与中国文化》，上海人民出版社 2003 年版，第 89 页。

② ［英］弗兰克·富里迪：《知识分子都到哪里去了》，江苏人民出版社 2012 年版，第 28 页。

③ 杜维明：《道·学·政——论儒家知识分子》，上海人民出版社 2000 年版，第 18 页。

数年，以用度不足，更为设员千人，郡国置《五经》百石卒史。成帝末，或言孔子布衣养徒三千人，今天子太学弟子少，于是增弟子员三千人"（《汉书·儒林传》）。一方面是统治需要，另一方面是利禄驱使，但客观上传承了"道"。三是民间教化，对象是"民"。古代民间是通过制度上行下效来教化。"立太学以教于国，设痒序以化于邑，渐民以仁，摩民以谊，节民以礼，故其刑罚甚轻而禁不犯者，教化行而习俗美也"（《汉书·董仲舒传》）。知识分子对"民"的教化才算是道的社会性落实，道的价值普适性才得以实现。古代知识分子的文化传承，基于学术思想的热忱与底气，通过与政统的较量、博弈与对持，实现了道统的创生、守成与延续，实现了对帝王子弟、国家精英、民间社会的教化性传承。当下的精英化传承建构，应注重三点：一是知识分子的思想创造与传承认知。现代知识分子要有创造新思想的勇气和智慧，在创造中传承优秀民族文化，只有具备文化担当意识才能在实践中自觉去传承。二是知识分子的专业技能与教化责任。现代知识分子的专业技能完全蜕变为职业。萨义德指出："我所说的'专业'意指把自己身为知识分子的工作当成稻粱谋。"① 雅各比也指出："年轻的知识分子再也不像以往的知识分子那样需要一个广大的公众了：他们无一例外地都是教授，校园就是他们的家；同事就是他们的听众；专题讨论和专业性期刊就是他们的媒体。"② 蜕变为职业化的知识分子在教化问题上显然缺乏关注度，因此要注重社会教化责任。三是知识分子的社会担当与公共关怀。这一点是知识分子群体的必备质素，也是文化传承和社会发展的必要条件。陈占彪指出："对知识分子来说，知识和行动缺一不可，而且专业性与公共性可以两相无涉。"③ 退隐在知识领域的知识分子越来越多，但公共社会的诸多问题需要知识分子的担当与参与，在以文化软实力为竞争的时代，实现民族优秀传统文化的创造性转化。

三　民间化传承：礼乐的俗化与规范的践行

优秀传统文化的民间化传承，是文化传承最接地气的方式。在传统社

---

① ［美］爱德华·W. 萨义德：《知识分子论》，单德兴译，生活·读书·新知三联书店2002年版，第65页。
② ［美］拉塞尔·雅各比：《最后的知识分子》，洪洁译，江苏人民出版社2002年版，第4页。
③ 陈占彪：《五四知识分子的淑世意识》，商务印书馆2010年版，第58页。

会，文化传承主要体现为意识形态文化的权威地位的保障、知识分子所持守的道统的延续，但这两者的核心会随着时代的变化而改变，唯有文化的价值理念、行为规范成为普罗大众日常生活的原则与依据，形成具有传统文化精神的平和社会，文化传承的意义才更为凸显。文化民间化传承（现代社会也称为大众化传承）的主体是大众，但传承初始，他们较缺乏自觉性、自主性，只有当文化价值的认同感生成后，他们才会自觉实践这一套价值规范，逐渐成为约定俗成、根深蒂固的生活理念和价值取向，文化传承得以稳固。因此，民间化传承的前期主要在于统治者的教化、知识分子的礼乐俗化与思想启蒙，后期主要是普罗大众对规范的践行。

统治者对平民的教化采取学校教育和政策推行的方式。在学校教育方面，汉代的教育机构，大都招收平民弟子。"太常择民年十八以上仪状端正者，补博士弟子。郡国县官有好文学，敬长上，肃政教，顺乡里，出入不悖，所闻，令相长丞上属所二千石"（《汉书·儒林传》）。汉代通经致仕是平民进入权力系统的有效途径，私学也为贫寒子弟提供了受教育机会，而他们也会通过各种途径解决学费问题。"为诸生拾薪，执苦数年，勤学不倦"（《后汉书·承宫列传》）。"家贫好学问，随师无粮，常佣以自给"（《后汉书·循吏列传》）。为了灌输儒家经典的核心内容、方便平民学习，各级学校教育内容由浅入深，由《仓颉篇》、《凡将篇》、《急就篇》、《训纂篇》等小学书，先学习一些常识性典籍，再深入儒家经典接受系统教育，以体悟德行伦理。在政策推行方面，统治者主要推行儒家文化的普适价值——孝道伦理。比如，汉代推行孝道，采取《孝经》等经典教育、选拔官员的举孝廉、奖励尊老爱老之人等方式。设置"三老"，"掌教化，凡有孝子顺孙，贞女义妇，让财救患，及学士为民法式者，皆匾表其门，以兴善行。"（《后汉书·百官制》）通过孝道教化使得民风淳朴、善举大行。

知识分子的文化民间化传承主要表现为两个方面：一是使文化通俗化。古代知识分子大都"述而不作"，即便是原创性典籍，也多采取引经据典的方式。这种专业化的解释方式对弟子学习有帮助，对识字的人阅读经典有助益。如何使经典通俗化以便于识记呢？知识分子在编纂经典时采用记述体、格言体、语录体，注重"口耳相传"和"以数记言"。清代阮元曾曰："古人简策繁重，以口耳相传者多。且以数记言，使百官万民易诵易记。《洪范》、《周官》尤其最著者也。《论语》以数记文者，如一言、三省、三友、三乐、三戒、三畏、三愆、三疾、三变、四教、绝四、四恶、五美、六言、六蔽、九思之类，则亦皆口授耳受，心记之古法也"（《数说·论语正义卷一引》）。便于理解、易于记诵，民间文化传承便有了可识记的经典依据。二是知识分子的思想启蒙。知识性教化是大众传承文化的基础，同一社会形态中共同的社会道德与思想观念是什么？这不是大众能定义和判断的，但它决定着大众思想传承的根本方向。富里迪在讨论知识分子与公众关系时就指出，缺乏由文化认可的标准，民众也就被剥夺了共同语言，只有通过它们，民众才能对价值作出判断，并获得作为公众的一致性。所以，培养睿智的公众还是顺从的公众，完全取决于知识分子的社会良知。良心植根于公共关怀，公众启蒙既有益于民间社会思想的成熟，也有益于知识分子思想的传承。

优秀传统文化的民间化传承，对大众而言，重在如何践行文化所昭示的伦理规范。从自主性的角度看，它主要表现为：把儒家文化的精神理念、伦理规范化为乡规民约，生成传统社会的习惯法则，在日常生活中践行、遵守。古代社会，历代皇帝都深知主流价值观化为百姓日常生活规范的重要性。《荀子·乐论》曰："乐者，圣人之所乐也，而可以善民心，其感人深，其移风易俗，故先王导之以礼乐而民和睦。"移风易俗、使民醇厚的核心就是把礼乐文化精神在民间社会推行开来。"至于孝文，加之以恭俭，孝景遵业，五六十载之间，至于移风易俗，黎民醇厚。周云成、康，汉言文、景，美矣！"（《汉书·景帝纪》）后来东汉应劭专著《风俗通义》，对历代名物制度、风俗等作了考证；北宋吕大均编写了《吕氏乡约》、《乡义》等。《乡约》提出："凡同约者，德业相劝，过失相规，礼俗相交，患难相恤。"乡规民约体现在百姓日常生活衣食住行、丧葬嫁娶等方方面面，《礼记·曲礼》记载了为人子之礼、长幼之礼、师徒之礼、侍坐之礼、进食之礼、居丧之礼、乘驾之礼、祭祀之礼等，另专设《内则》、《丧服小记》、《丧大记》、《奔丧》、《问丧》、《丧服四制》、《祭法》、《祭仪》、《祭统》、《冠义》、《昏义》、《乡饮酒义》、《燕义》、《聘义》详述具体礼仪规范。体现了儒家"道德仁义，非礼不成，教训正俗，非礼不备"的礼治精神。从人生到死都规限以礼，成就了民间社会的伦理秩序，有效落实了伦理道德的文化传承。

文化民间化传承落实在乡规民约，构建的是传统的熟人社会；它落脚在家庭教育，构建的则是具有良好家风、家教的家庭，体现了对儒家"修身、齐家、治国、平天下"的信奉与实践。儒家文化的伦理规范在历代家庭教育里，形成了教育子弟立身处世、操持家业、胸怀天下的家训。汉代有东方朔的《诫子》、韦玄成《戒子孙诗》、司马谈《遗训》、刘向《诫子歆书》、崔瑗《遗令子实》、陈寔《训子》、郑玄《戒子益恩书》等，后来有诸葛亮的《诫子书》、《颜氏家训》、《朱子家训》等知名家训。即便是一些普通人家，也有遵照的训诫和禁忌。另外，还有专门针对女子的训诫书。汉代以前，女训散记在史书、子书里，汉开始出现了专门的女训书，如刘向的《列女传》、班昭的《女诫》、荀爽的《女诫》、蔡邕的《女训》、《女诫》、《女孝经》、《女论语》、《内训》、《女训集》、《女则要录》等。对女子的训诫多是礼教礼仪，大致如班昭《女诫》所言："女有四行，一曰妇德，二曰妇言，三曰妇容，四曰妇功……此四者，女人之大德，而不可乏之者也。然为之甚易，唯在存心耳。"在传统男尊女卑的社会中，女子无"才"便是"德"。现在看来，这些家训虽有些繁文缛节、不合时宜，但它通过世代践行彰显了儒家文化对家庭的规范作用，实实在在地传承了传统伦理文化。

　　文化民间化传承的历史经验在于统治者和知识分子有意识地教化与传播，民间社会通过乡规民约的生成、家庭教育的渗透践行伦理规范。当下社会，这三者的结合怎么也不像传统社会那样"严丝合缝"，政府也在大力倡导复兴优秀传统文化，知识分子也在极力呼吁传承优秀文化传统，民间人士也在积极践行传统文化仪式和精神。当下优秀传统文化传承体系的建构，首先需要对当代中国传承的优秀传统文化的核心价值观有共识，在文化价值认同基础上，政府、知识分子、民间社会的传承职责明晰，传承方向明确，传承内容确定，才能形成传承的合力与体系，文化传承才能真正实现，才能在传承中创生新文化。

第五章　东亚儒家文化圈国家的经验和启示

第一节　韩国思想政治教育的经验及启示

一　中韩两国青少年思想政治教育内容比较

（一）中韩两国思想政治教育内容概况

世界观、人生观、价值观教育是我国青少年思想政治教育最根本的内容①。主要有：一是引导和帮助青少年树立正确的马克思主义世界观。对青少年进行马克思主义哲学理论、实事求是思想路线、认识路线、科学方法论的教育。使青少年学会运用马克思主义的立场、观点和方法来认识世界、改造世界，分析问题和解决问题，促进青少年树立正确的世界观。二是培养青少年树立为人民服务的人生观。克服享乐主义、悲观主义、权力欲望等思想，引导青少年选择正确的人生态度、人生道路、人生理想等。三是教育青少年树立人民利益高于一切、集体主义的价值观。反对个人主义、享乐主义、见利忘义等片面的价值观。爱国主义、集体主义、社会主义教育是我国思想政治教育的主旋律②。三者在本质上是一致的，三者的关系是有机的统一，相互促进，缺一不可。在新形势下就是要弘扬时代的主旋律，培育和践行社会主义核心价值观，在马克思主义科学理论的指导下，服务于建设中国特色社会主义事业这个宏伟目标。另外，还要对全民族进行社会公德、职业道德、家庭美德教育，"三德"教育还必须与社会主义道德教育结合在一起，必须体现出社会主义道德教育的先进性、导向性、现实性和广泛性的有机统一。

---

① 邱伟光、张耀灿：《思想政治教育学原理》，高等教育出版社 1999 年版。
② 同上。

儒家文化和伦理道德是韩国民族精神的内核，韩国青少年思想政治教育的思想基础和内容是儒家伦理。公元前后，在朝鲜半岛上，儒学伴随着汉字的传入和运用而传播开始，一直以来，韩国教育就以重振儒教精神作为重建韩国的重要任务。韩国著名儒学家琴章泰指出："儒教作为朝鲜民族精神的动力，具有广泛的功能，它不单纯作为某个时代的社会制度或伦理规范发挥功能，而且通过传统社会形成朝鲜人的意识结构，体现朝鲜人的文化方式的创造性源泉""在民族的思想领域中，儒教从开始直到今天一直作为一个轴心在起作用"①。韩国对青少年思想政治教育内容主要有：孝道教育、伦理道德教育、爱国主义教育、礼仪教育等。以上内容无不都打上了中国儒学文化的烙印，儒家思想早已融进韩国人的血液中，成为韩国民族的精神支柱，并且也铸造了韩国人独有的民族性格。

（二）中韩两国思想政治教育内容的差异

1. 中韩两国思想政治教育内容的相同点

一是中韩两国青少年思想政治教育内容都具有阶级性的鲜明特点。中韩两国政府都高度关注意识形态领域问题，尤其是在青少年思想政治教育内容上具有阶级性的鲜明特点。两国都具有两个必须的共识：思想政治教育必须与当今的社会主流价值高度一致，为本国政治服务；必须服务于国家的经济社会发展。例如，中国对青少年进行的"三观"教育、爱国主义、社会主义、集体主义教育、社会主义核心价值观教育等内容，目的就是为中国特色社会主义事业培养出可靠的接班人、合格的建设者。韩国青少年的道德教育、爱国主义教育、礼仪教育等，目的是培养青少年具有健全的人格和健康的生活方式、为社会发展提供精神动力，爱国、爱社会、和睦相处，具有道德判断能力和公民、民族意识等。可以看出：两国的青少年思想政治教育内容都是在弘扬时代的主旋律，都是在为本国的经济社会发展提供正能量。

二是中韩两国青少年思想政治教育内容设置都具有强制性。两国都采用政府主导、顶层设计方案措施。随着我国改革开放的步伐，青少年思想政治教育的内容也在不断地调整和完善。如"85"方案、"98"方案、"05"方案都是党中央、国务院顶层设计的结果。青少年的思想政治教育内容，从小学、中学、大学和硕士、博士阶段，中宣部、教育部均对教材

---

① 谭菲、张盈：《浅析韩国道德教育的成功之处》，《教书育人》2006 年第 10 期。

有统一编写的要求，内容的筛选、课程大纲、学时安排等都有强制性的规定，以此来确保思想政治教育内容的严肃性、衔接性，体现了党和国家的意志。韩国政府在1949年颁布的《教育法》、1995年颁布的《确立主导世界化、信息化时代的新教育体制教育改革方案》等，对青少年思想政治教育内容设置也有硬性规定，如小学阶段要求在成长中达到自觉的道德养成习惯；在中学阶段学生的道德判断、选择能力要逐渐提升，固化成正确的道德观念，并要知行统一；大学阶段须确立对社会、民族认同的道德价值体系，达到内化为自觉行为和道德自律等。

三是中韩两国青少年思想政治教育内容具有立足本国国情、与时俱进的特点。我国青少年思想政治教育内容是紧紧围绕中国特色社会主义国情而设置的。不管是马克思主义理论教育、"三观"教育、爱国主义教育、社会主义核心价值观教育等内容，都是立足中国国情，并伴随着社会发展而不断调整的，与时代同步与时俱进。韩国是个资本主义国家，注重民主教育，朝鲜半岛南北统一教育。韩国还受到中国儒家文化的影响，因此，韩国青少年的思想政治教育不可避免地具有资本主义色彩和儒家文化的中西合璧特点。另外，中韩两国在实践中都在不断地探索，都采取了"古为今用"的传承态度和"洋为中用"、"洋为韩用"借鉴的策略，都在不断地修正完善、总结、调整，力图探索出最适合本国国情的内容、方法、路径，达到理论与实践的统一、最佳的教育效果。

四是儒家思想在中韩两国青少年的思想政治教育中发挥着重要的作用。中韩两国青少年的思想政治教育都深深打上了儒家思想的烙印，儒家文化中蕴含着极为丰富的传统的道德资源，中韩两国都在做儒家传统道德资源的现代阐释和实现路径工作，既要实现虔诚地传承，还要做好现实价值的转换、西方文化与传统文化的交融、道德教育与道德实践相统一等。例如，中国在对儒家的"明德、新民、修身齐家治国平天下、诚信"等内容都注入了现代元素，使其焕发出时代的光芒。韩国把儒家文化中的孝道、礼仪、爱国等内容的教育发挥到极致等。另外，中韩两国还在对待儒家文化、西方文化态度上不谋而合，都实施了"扬弃"的做法，吸收其精华、去其糟粕，服务于本国国情、政治、现实，使其在经济社会发展中继续发挥提供精神动力的作用。

2. 中韩两国思想政治教育内容的不同点

第一，两国青少年思想政治教育内容在设置方面的不同。我国青少年思想政治教育内容的设置具有强烈的政治色彩，不管是幼儿园、中学到大学等阶段都具有这个特点。具体表现：一是内容过于"高、大、全"。承载着"先天下忧而忧、后天下乐而乐"、"舍生取义"、"实现共产主义远大理想"等，多数是安排"历史、战争、英雄"与当前的"形势与政策"等内容，空泛说教的多，既远离了现实又脱离了实际，使得理论与实际脱节，缺少了针对性，从而就会使时效性出现打折现象。二是内容安排上没有层次感。忽视了从幼儿园到大学阶段的青少年有认知能力、理解能力、思辨能力的差别，内容设置没有年龄段、心理上承载能力的区分，都采取了"一刀切"的办法，青少年的理解只能是囫囵吞枣，其效果也是隔靴挠痒。三是内容设置过于庞杂，缺少内在逻辑上的统一。从小学到大学、硕士、博士阶段，青少年思想政治教育内容的设置过于宽泛，有道德教育、政治、哲学、伦理教育、马克思主义理论教育、国际经济与政治、法律基础教育等。可谓是面面俱到，其学习效果只能是浅尝辄止，蜻蜓点水。韩国青少年思想政治教育内容的特点是：内容安排上注重连贯性，高度重视内容与逻辑上的统一。[①]表现在：一是韩国幼儿园和一、二年级主要安排学习礼仪和简单的道德教育，从三年级起开设《道德》课，包含个人生活、家庭邻里、学生、国民、民族生活内容。具体每个年级的内容安排各有侧重点，从浅到深，适合孩子的年龄特点。二是初中三个年级均设置《道德》科目，内容与小学雷同，但要求达到的目标不同，且每个年级要求达到的高度也不同，层次比较分明。三是高中阶段不分年级设置《伦理》课，设置五方面内容：个人、社会、国家伦理、伦理思想和统一课题。四是大学阶段主要开设国民伦理课，主要讲解更高层面上的系统伦理知识，培养他们的道德自律、爱国主义情操，处理好个人与社会、国家之间的关系和独立思考的能力。可以看出，韩国思想政治教育紧紧围绕伦理、道德教育这个主线设置内容，目标明确，设置层次分明。幼儿园到一、二年级主要是培养孩子的感性认识，跟着家长和老师学会基本的礼仪，进行道德启蒙教育，模仿大人们行为习惯；三年级后到高中阶段内容基本雷同，但每个年级段要求达到的高度不同，递次推进，渐渐由模仿行为变成日常生活自觉的行为规范，逐渐使青少年对伦理、道德形成理性认

---

① 靳义亭：《论中韩青少年思想政治教育培养目标的差异》，《河南工业大学学报》（社会科学版）2014年第2期。

识。大学阶段主要安排更高层面的系统伦理知识，培养学生独立思考、思辨的能力，为青少年今后步入社会成为一个"弘益人间"的人打下坚实的基础。韩国的伦理、道德教育从幼儿园抓起，一直到大学阶段，内容紧扣伦理、道德主题，一步一步地深入、强化，最终达到教育的目的。内容设置是环环相扣，由低向高慢慢推进，既符合青少年的生理特点，又符合现代教学规律，实现了教学目标，值得我们借鉴。

第二，两国青少年思想政治教育内容在"教"与"学"方面的差异。改革开放后，我国对青少年思想政治教育在教与学方面进行了改革和探索，也取得了丰硕的成果。课堂上以学生为主体，积极探索教学方法的改革，新媒体技术被广泛采用，学校全员育人的理念深入人心，极大地调动了学生学习的主动性，教学更具有针对性、实效性。但还存在一些不足之处，主要是：首先，教育的主打方式是课堂教学。课堂教学是幼儿园到大学阶段思想政治教育实施的最重要的途径。课堂教学严格按照课本内容制定的大纲、参考书目进行灌输，有学时、重点、难点、考核等详细的要求，还有一定量的课外实践教学环节学时。另外，还有系列配套严格的督导制度、课堂教学效果的评价机制等。课堂教学优点是确保内容的完整灌输和强化记忆；不足之处是容易形成满堂灌，忽视了主体性的作用，忽视与主体的交流与沟通，不利于学生发散思维的培养等。其次，思想政治教育课堂教学方法单一。长期以来，围绕着思想政治教育理论课教学的方法在不断地进行改革探索，但效果不佳，往往是少数任课教师责任心不强，没有处理好课堂灌输与多样化教学的关系、学生主体与教师主导的关系、应试教育与素质教育的关系、理论教学与实践教学环节的关系等，不注重知识更新，不贴近实际、不贴近生活、不贴近学生，自问自答、自我欣赏，可谓是讲者昭昭，听者却昏昏，久之就必然会出现逆反排斥心理。再次，家庭、学校、社会在青少年思想政治教育方面没有形成合力。青少年的思想政治教育需要整个社会大氛围，需要家庭、学校、社会三位一体的合力进行。长期以来，三个方面都是松散的合作体，单打独斗，各唱各的调，没有一个统筹兼顾的组织或者平台主动地把此三家联合起来。应该说在青少年思想政治教育方面三家缺一不可，需要有联动机制，各自发挥自己的育人优势，这样青少年思想政治教育才会有出路。

韩国对青少年思想政治教育的方法灵活多样，主要有直接灌输法、实践教育法、隐性教育法和学校、家庭与社会三位一体综合教育法等。首先，韩国更注重从细微处着手，达到润雨细无声的效果。例如，韩国在它的媒体中处处充满着爱国主义教育，"身土不二"的广告词铺天盖地，意思是我生在韩国，拥有养育我成长的国土，而生我养我的土地上生产的东西才是最适合我的。时刻提醒着国民热爱家乡、热爱祖国，以唤醒国民的爱国意识。其次，从娃娃开始抓实践教育环节。在韩国家庭里家长首先对孩子进行"孝道"教育；家庭和学校重视大人们的表率作用；在幼儿阶段就设置礼仪室，科目有待人接物、尊师、尊老爱幼、孝道等。先有老师示范，后让孩子模仿①。目的是从小让孩子受到熏陶，耳濡目染，把道德教育植入孩子的心灵深处。另外，在韩国各地，一些社会组织都热心参与对学生的教育活动。例如，童子军协会、青年团、红十字会组织等，它们通过对学生的心理咨询、救济贫困、文化艺术活动等多种形式来参与学校的德育教育中，这样在韩国形成了学校、家庭、社会立体交叉的教育合力模式，极大增强了对青少年的育人效果，充分发挥家庭、学校、社会合力的作用。

二　中韩两国青少年思想政治教育培养目标比较

青少年思想政治教育是当今世界各国关心的焦点（在国外没有思想政治教育这个概念，普遍使用道德教育一词）。青少年的道德危机也是当今世界面临的最大危机之一，青少年思想政治教育问题早已引起各国政府和国际组织的普遍关注。中韩两国青少年思想政治教育既有相同点又有差异，其中最凸显的相同点是：儒家思想极大地影响着中韩两国青少年的思想政治教育。不同点表现在思想政治教育理论基础、培养目标、教育内容、途径等方面上。我国青少年思想政治教育的培养目标是，培养德智体美全面发展的社会主义建设者和接班人；韩国青少年思想政治教育的培养目标是，培养出21世纪全球化、信息化时代自律的、富于创造性的韩国人。两国既有相同点又有差异。韩国青少年思想政治教育的经验值得我们学习和借鉴，它启示我们：对待传统文化要有科学的态度；要营造浓厚的青少年思想政治教育的社会氛围②。

---

① 艾政文：《中国与韩国思想政治教育方法之比较》，《教育探索》2010年第1期。
② 靳义亭：《论中韩两国青少年思想政治教育培养目标的差异》，《河南工业大学学报》（社会科学版）2014年第2期。

（一）中韩两国青少年思想政治教育培养目标概况

党和国家的奋斗目标，是思想政治教育目标制定的重要依据。思想政治教育必须坚持用马克思主义的科学理论、具有中国特色的社会主义理论体系、社会主义核心价值体系等武装人们的头脑，增强人们认识世界、改造世界的能力，以便更好地服务于中国特色社会主义伟大事业，服务于经济社会的发展，服务于党和国家的近、中、远期的奋斗目标。思想政治教育目标还必须坚持正确的政治方向，具有世界的战略眼光和与时俱进的特质等。因此，我国思想政治教育的培养目标是，培养德智体美全面发展的社会主义建设者和接班人。1986 年韩国公布的《国民教育宪章》，1992 年颁布的《韩国教育法》都阐述和规定了韩国道德教育的基本方向和目标，即对青少年及全体国民进行"国民精神教育"，在"广泛有益于人类理念的指导下，使所有国民具有完善的做人品格，具有自主生活能力和作为公民的素质，服务与民主国家的发展，为实现人类光荣的理想做出贡献"①韩国对在校青少年还有具体详细的，适应不同年龄阶段的目标规定。总的来说韩国思想政治教育培养目标是：培养出 21 世纪全球化、信息化时代自律的、富于创造性的韩国人，服务国家的经济社会发展和资本主义政治民主制度。

（二）中韩两国青少年思想政治教育培养目标比较

1. 中韩两国青少年思想政治教育培养目标相同点

第一，中韩两国青少年思想政治教育培养目标都具有阶级性、实践性、综合性和互动性特点。两国的思想政治教育都遵循着两个统一的原则：继承性与时代性的统一，理论性与应用性的统一。两国都具有两个必须的共识：青少年的思想政治教育必须与社会主流价值高度一致，为政治服务；必须服务于国家的经济社会发展。第二，中韩两国青少年思想政治教育培养目标都是从自己的国情出发与时俱进。中韩两国在实践中都采取了"古为今用""洋为中用""洋为韩用"的方针，都在不断地完善、调整，力图探索出新的方式、方法、路径，达到理论与实践的统一。第三，中韩两国青少年思想政治教育都是由政府主导、顶层设计。中国青少年的思想政治教育在教材的使用、内容的选定、课程安排、学时安排等方面都有政府统一主导，从而确保了思想政治教育的连续性。韩国政府同样是对

---

① 赵亚夫：《韩国社会科课程中的国史教育》，《全球教育展望》2003 年第 10 期。

学校有统一的硬性规定，对小学、中学、大学阶段的课程内容均有具体详细的规定。第四，儒家思想极大地影响着中韩两国青少年的思想政治教育。儒家文化中蕴含着丰富的思想政治教育资源，现代中韩两国都在做儒家传统思想文化的继承和现代价值的转换，在对待儒家文化上都采取了"扬弃"的态度。

2. 中韩两国青少年思想政治教育培养目标不同点

第一，中韩两国青少年思想政治教育在引领上的差异。我国青少年思想政治教育从幼儿园一直到大学阶段缺乏年龄段、心理适应段的区分，"一刀切"地重复宣传着"战争、英雄、共产主义"等。这超过了青少年这个阶段的心理承受能力，又远离了当前的现实，使得青少年的思想政治教育往往理论与现实脱节，其效果苍白无力。韩国青少年思想政治教育遵循着青少年的年龄和心理适应特点，从细微处做起，分阶段实施，起到了接地气、"细雨润无声"的效果。韩国的娃娃在家庭和幼儿园主要接受礼仪教育和孝道等熏陶①。小学、中学循序渐进地走入社区，参观博物馆、爱国主义景点、节假日的民俗活动等。随着年龄增长，大学阶段主要是掌握系统的理论知识，为今后走向社会确立正确的思想观念奠定基础。这样，家庭、学校、社会三方结合互动为一体，贴近了生活、贴近了青少年的实际，隐性和显性教育相得益彰，大大地提升了教育效果。

第二，中韩两国青少年思想政治教育培养目标在操作层面上的差异。首先，我国青少年思想政治教育实施上存在的问题。一是幼儿园教育小学化、中学教育成年化、大学教育知行脱节化。思想政治教育没有遵循青少年的成长特点。二是道德教育被政治化。青少年学生的道德教育、公民教育往往被政治色彩包装、替代。三是课程考评的价值取向功利化。政治课程内容的考评朝着知识记忆式、应试考试发展，只重分数结果，忽略了德育的实际效果。四是思想政治教育教学方法单一。长期以来思想政治理论课教学方法主打就是课堂灌输，任课教师凭着一本书、一支笔、一张嘴，久之就必然会出现逆反排斥心理。其次，韩国在青少年的道德教育实施中的特色。一是每个阶段教育内容所要达到的目标层次分明，适应年龄段的特点。例如，小学阶段要求在正当的生活中达到自觉的道德养成习惯；中学阶段要逐渐提升自己的道德判断、选择能力，达到形成正确的道德观

---

① 艾政文：《中国与韩国思想政治教育方法之比较》，《教育探索》2010 年第 1 期。

念，并要付诸实践；大学阶段要形成社会、民族认同的道德价值体系，达到道德自律。二是道德教育内容与现实生活紧密结合。例如，韩国小学阶段的道德教育内容是学会怎样正确地穿衣、用餐、行走和日常的待人接物礼仪，紧紧贴近小学生的生活实际；中学阶段的道德教育内容紧紧围绕个人、家庭、邻里、社会和国家四个主线展开，环环相扣，步步提升。

三 中韩两国青少年民族精神教育比较

（一）中韩两国青少年民族精神教育相同点

1. 中韩两国民族精神教育内容的相同点

中韩两国同属东亚国家，两国虽然在社会政治制度和思想意识形态等方面存在较大的差异，但两国在青少年民族精神教育的内容方面却有一些共同之处，主要体现在以下两个方面：首先，中韩两国都重视青少年的爱国主义教育，爱国主义教育是两国民族精神教育的核心。儒家"忠孝仁爱、信义和平"的理念，是韩国民族精神的基石，在新的历史条件下，形成了以爱国主义为核心的团结统一、文明礼貌、勇于拼搏、奋发图强、一丝不苟的民族精神[①]。由于韩国深受儒家思想文化的影响，非常重视青少年的爱国主义教育，把爱国主义教育贯穿于学校道德教育的始终。在我国五千多年的历史发展中，中华民族形成了以爱国主义为核心的团结统一、爱好和平、勤劳勇敢、自强不息的伟大民族精神。我国中小学开展弘扬和培育民族精神教育必须高扬爱国主义旗帜，倡导一切有利于民族团结、祖国统一、人心凝聚的思想和精神；倡导一切有利于国家富强、社会进步、人民幸福的思想和精神；倡导一切用诚实劳动创造美好生活的思想和精神。其次，中韩两国都非常重视本国的优秀传统文化教育。在韩国很多学校的走廊里、教室、宿舍和办公场所悬挂人物、书法、绘画等历史文化艺术作品，还经常组织学生参观历史文化博物馆、历史文化故居、遗迹等，通过这种名实结合的历史文化教育，学校着力唤醒学生对韩国历史和文化的记忆，培育学生的文化情怀和历史意识，尤其增强了学生对家园、祖国和民族等身份符号的情感接受和理性认同。我国学校在弘扬和培育民族精神的过程中，也非常重视我国的优秀历史传统文化教育。如在我国中小学的语文和政治课本或教材中经常会利用历史上的爱国名人事迹或爱国故事

---

① 孙玉杰：《关于韩国民族精神培养体系的几点思考》，《科学社会主义》2003 年第 5 期。

来加强青少年的爱国主义思想教育。此外，在我国，还有许多中小学校开设了《论语》课，以此来弘扬我国儒家优秀思想文化。

2. 中韩两国民族精神教育途径方法的相同点

第一，中韩两国在民族精神教育的过程中都非常注重课堂教学和教材建设。在韩国的中小学，主要是通过开设"公民道德"课来加强学生的民族精神教育，在韩国的大学里，主要是通过开设"国民伦理"课来增强大学生的民族自尊心和自信心。此外，韩国从幼儿园、小学、中学到大学，根据学生年龄、心理、身体特点和知识准备程度，编写了整套国民精神教育的新教材，使国民精神教育贯穿到学校教育的全过程。在我国，从小学到大学各级学校都开设了"思想品德"课或"政治理论"课，通过这些课程的课堂教学来达到弘扬和培育民族精神的目的。我国学校也重视民族精神教育的教材建设，既有国家统编的关于民族精神教育的教材，也开发一些具有地方特色的校本教材，而且这些教材具有很强的针对性。

第二，中韩两国在学校课程教学中都很注重渗透民族精神教育的内容。韩国的国民精神教育是通过学校的全部课程来实施的，包括社会学科、国语、国文、文学等课程，同时在数学、自然、科学、体育、音乐、美术等课程中，也要用潜移默化的方式，渗透民族精神教育的内容①。我国政府和学校也要求，中小学德育课程和语文、历史等人文社会科学课程，要充分体现民族精神的丰富内涵。数学、物理、化学、生物、科学等理科课程应结合教学内容，丰富中国科学家的科学成就和民族精神的内容。

第三，中韩两国都善于利用重大节日或重大历史事件对青少年进行民族精神教育。韩国历史上经历了1988年的汉城奥运会、1997年的亚洲金融危机和2002年的韩日世界杯足球赛等重大事件。韩国政府非常重视利用这些重大事件对国民及时进行民族精神教育，如在亚洲金融危机爆发后，许多市民响应政府的号召，向国家无偿捐献自己的金银首饰，用以挽救国家的经济，以此来增强韩国民众的爱国意识和社会责任意识。我国政府和学校也很重视利用重大节日或重要的历史事件来对青少年进行民族精神教育，如学校经常利用"九·一八"事变、卢沟桥事变和南京大屠杀等重大历史事件来对青少年进行民族自立、自强和独立意识教育。

---

① 田玉敏：《韩国的青少年民族精神教育》，《外国中小学教育》2007年第4期。

（二）中韩两国青少年民族精神教育不同点

1. 民族精神教育内容的不同点

由于中韩两国在历史发展进程、社会政治制度、思想意识形态和价值观念等方面存在着较大的差异，这就必然会导致两国在青少年民族精神教育的内容方面的一些差异。中韩在民族精神教育的内容方面的差异主要体现在以下几方面：

第一，韩国比较重视道德传统教育，而我国则比较重视革命精神教育。道德教育是韩国国民精神教育的一大特色，它既是韩国学校国民精神教育的重要内容，也是韩国民族精神培育的重要途径①。我国学校在培育民族精神的过程中虽然也重视历史文化传统教育，但由于我国是一个社会主义国家，更加注重学生的思想意识形态教育工作。因而，更加注重对青少年进行革命传统和革命精神教育。这些革命精神主要包括井冈山精神、长征精神、延安精神、红岩精神、西柏坡精神等。

第二，韩国侧重于生活习俗教育，而我国则比较注重时代精神教育。由于韩国是一个重视儒教的国家，儒家思想的一个重要表现就是讲礼节、重节俭。因此，礼仪教育和节俭奉献教育就构成了韩国国民精神教育的一个重要内容。我国当前正处在社会主义现代化建设的新时期，我国学校在弘扬和培育民族精神的过程中更加注重时代精神教育。以改革创新为核心的时代精神，是当代中国人民精神风貌的集中写照，是激发社会创造活力的强大力量，建设和发展中国特色社会主义是一项前无古人的创造性事业，必须在全社会大力弘扬以改革创新为核心的时代精神，才能使全体人民始终保持昂扬向上的精神状态；才能不断推进中国特色社会主义伟大事业。

2. 民族精神教育途径方法的不同点

第一，韩国重视校园文化建设，注重环境育人，而我国学校侧重于思想理论的灌输教育。在韩国的学校中，到处悬挂着历史人物的画像，将传统的名言作为学校的校训，或者用韩国历史上的名人的名字来命名学校的建筑物②。这样做有助于韩国青少年亲身感受到传统文化和民族精神的巨大魅力。我国各级学校在培育民族精神的过程中，侧重于学生的思想理论

---

① 宇文利：《学校国民精神教育：韩国的特色与启示》，《中国青年研究》2008 年第 2 期。

② 蔡旭群：《韩国民族精神教育探略》，《教育评论》2009 年第 6 期。

教育，主要是以课堂教学为主，以课外活动为辅。

第二，韩国推行理实结合、知行并举的效度化教育模式①。而我国学校主要是推行理论教学为主，实践教学为辅的教学模式。为加强国民精神教育，韩国政府强调把"国民精神教育"寓于一切教育教学活动中。因此，韩国学校秉承"笃知重行，圣见于行"的理念，从小学就特别重视学生的道德行为水平和道德实践能力的培养，强调从日常生活和行为细节中获得真知②。如韩国中小学每年都要组织学生参观名胜古迹、自然景观、纪念馆和历史博物馆等，以此来增强学生的民族自信心和自豪感。我国学校实施民族精神教育主要是通过课堂教学来完成，学生参与课外社会实践活动的时间和机会就相对较少。

第三，韩国民族精神教育的最突出的特点就是构建了家庭、学校与社会三位一体的综合化教育体系。我国青少年民族精神教育的主要场所是学校，学校是开展青少年民族精神的主阵地和主战场，家庭和社会组织参与青少年民族精神教育的机会和时间就相对较少一些。

（三）韩国青少年民族精神教育的启示

一是要不断加强学校的校园文化建设，更加注重环境育人文化是无形的，但文化对人的影响力是无穷的，也是潜移默化的。韩国道德教育就非常重视校园文化建设。在韩国，从幼儿园到大学，在校园的走廊里、教室内、图书馆里，都可以看到许多精美有力的汉字书法，其内容基本上是历史先贤们关于做人的至理名言，还可以看到很多韩国传统的山水国画。所有这些都有助于培养学生强烈的爱国热情和增强学生对自己祖国的无限自豪感。丰富多彩的校园文化是弘扬和培育民族精神的重要手段和有效载体。因此，我们的学校也要注重加强校园文化建设，寓民族精神教育于校园文化活动之中，通过校园文化的潜移默化和陶冶熏陶，使学生在参与中受到教育，在活动中得到提高，在精神愉悦中接受中华民族精神教育，在高雅文明、乐观上进的氛围中得到正确的引导，从而逐步达到弘扬和培育民族精神的目的。

二是要注重显性教育法和隐性教育法的有机结合，以增强教育的实效性。所谓显性教育法就是指教育主体为了达到一定的教育目标，通过比较

---

① 宇文利：《学校国民精神教育：韩国的特色与启示》，《中国青年研究》2008 年第 2 期。
② 同上。

正规的方式或途径直接使被教育者接受并消化教育内容的一种教育方法。所谓隐性教育法是指受教育者在无意识和不自觉的情况下，受到一定感染或环境的影响、熏陶、感化而接受教育的方法①。韩国学校在实施民族精神教育的过程中，既注重学校道德课的教学，又注重通过其他各种课程教学来渗透民族精神教育的内容。如韩国学校要求在"国语课"教材中，要间接地反映出国民精神教育的内容；在理科教材和体育、音乐、美术等课程中，要求精神教育系统化，进而要求国民精神教育生活化②。这里的课堂教学就是显性教育法，而通过其他课程教学来渗透民族精神教育内容的方法就是隐形教育法。由于显性教育法的突出特点就是理论灌输，教师大量使用显性教育法容易导致学生的逆反心理，反而不利于民族精神教育的进行。而隐性教育法则能达到"润物细无声"的显著效果。因此，我们在实施青少年民族精神教育的过程中，要善于将显性教育法与隐形教育法有机结合起来。唯有如此，才能真正增强我国青少年民族精神教育的实效性。

　　三是学校在民族精神教育的过程中，要更加注重社会实践教育。韩国学校在实施青少年民族精神教育的过程中就非常重视社会实践的作用，因为"道德的本质是一种实践精神"③。民族精神教育作为思想道德教育的重要组成部分，也需要注入实践精神。目前韩国共有七处世界文化遗产，都是对青少年进行爱国主义教育的活教材，每年都有成千上万的学生来到这里，了解文化渊源，增强对祖国的热爱之情④。此外，韩国学校每年还要组织许多青少年参观当地的历史文化博物馆和革命英雄纪念馆，以此来增强青少年学生的民族自信心和自豪感。因此，我们要积极学习与借鉴韩国青少年民族精神教育的有益经验。一方面，要大力加强青少年爱国主义教育基地或社会实践基地建设，对那些具有爱国主义教育意义的历史博物馆、革命纪念馆、革命历史遗迹和烈士陵园等，都要求对青少年学生免费开放。另一方面，我们的政府和学校要进一步建立健全青少年参与课外社会实践活动的长效机制，注重构建起有效的社会实践活动的制度保障体系。学校只有把日常的课堂教学活动与学生的社会实践活动紧密结合起

---

① 刘新庚：《现代思想政治教育方法论》，人民出版社 2008 年版。
② 李家华：《战后韩国思想政治教育初探》，《中国青年政治学院学报》1997 年第 1 期。
③ ［美］杜威：《民主主义与教育》，人民教育出版社 1990 年版。
④ 朱桂莲：《爱国主义教育研究》，中国社会科学出版社 2008 年版。

来，才能真正增强我国青少年民族精神教育的针对性和实效性。

四是注重构建家庭、学校和社会教育的联动机制，以形成强大的合力。韩国在实施青少年民族精神教育的过程中，非常重视家庭在教育中的作用，因为父母是孩子的第一任老师。在韩国的家庭里，父母十分注意向孩子们灌输"为国尽忠"的思想，父母平时主要是以给孩子们讲故事的方式向孩子们传达"忠孝思想"。韩国学校是对青少年进行国民精神教育的主渠道和主阵地，同时，韩国学校还要经常与学生家长保持密切的沟通与联系，解决学生的日常思想教育问题。相比之下，我国学校通常是青少年民族精神教育的主阵地和主战场，却没有很好地发挥家庭与社会组织在青少年民族精神教育中的导向作用。因此，我们在开展青少年民族精神教育的过程中要注重构建家庭、学校与社会教育的联动机制，注重三者之间的协作与配合。我们只有充分整合和利用家庭、学校与社会的各种有效资源来开展青少年民族精神教育，才能最终形成强大的思想教育合力①。

四　中韩两国青少年家庭教育比较

（一）韩国青少年家庭教育现状及特点

韩国属于东亚儒家文化圈，形成了自成体系的韩国儒家理论，其成功的道德教育孕育出"家族式"的民族精神，与韩国的崛起息息相关。而富有特色的家庭教育在韩国青少年道德养成中的作用不能小视。对比中韩两国青少年家庭教育的特点，对于我国的道德教育无疑具有重要的参考借鉴价值。

1. 家庭教育渗透社会主流价值

韩国上下无论贫富、职位高低都信守"身土不二"的爱国精神，而爱国主义精神的培养不只局限在学校的课程中，家庭更是爱国教育的重要阵地。韩国在推行国民精神教育的过程中，始终把传统文化特别是儒家伦理作为载体，即通过儒家伦理来达到铸造韩国国民精神的目的。而儒家"人遗子，金满嬴。我教子，惟一经"这种黄金百万不如教子一经的重视教育、尤其重视对孩子家庭教育的传统理念，在韩国培养青少年的爱国精神方面起到了独特的作用。重视教育的韩国父母又是如何教自己的孩子的呢？可以通过一个细节管窥：韩国一家餐厅的墙上挂着一件写有"黄金百

---

① 艾政文：《中国与韩国青少年民族精神教育比较及启示》，《教学与管理》2014 年第 6 期。

万两不如一教子"的汉字楷书条幅，落款处的作者是韩国抗日义士安重根先生，条幅的印章位置墨印一断了食指的右手印。这幅震撼人心的绝命书，是安重根在刺杀日相伊藤博文被捕就义前在中国满洲旅顺狱中奋笔书写的。安重根自断其指的就义绝言警示后人复兴国家、民族的希望在于教育，即使有黄金无数也是一条不动的真理！大到国策，小到家规家教都是一样①。韩国的许多家庭都会把"身土不二""爱国重教"这样的家训挂在家里，使得韩国的青少年的爱国成为一种自然的习惯。在韩国，家长和孩子都吃本国的粮食、蔬菜、水果等食品，虽然超市里国产的某些食品比进口的要贵，但买的人却很多。在韩国，满街跑的汽车绝大多数是韩国产的"现代"或"大宇"牌。对家用电器之类的产品，韩国人也是首选本国生产的。在韩国消费本国产品被视为"爱家乡、爱民族、不忘本"，消费外国产品，往往被看作"素质低"或"不爱国"。在孩子们的印象中，热爱本土就是自觉地选择国货，他们从小接受的也是这种教育②。父母教育子女的这种强烈的社会责任感、言传身教的使命感使韩国的家庭教育很好地延伸和承接了学校的政治和道德教育。今天，"身土不二"已经成为韩国社会特有的文化现象，形成了强大的文化氛围。我们不难看出，家庭对于一个人的成长仍然起着重要的作用，这对于韩国民族精神的传承起了不可替代的作用③。

2. 家庭教育传承儒家传统

一是始于礼仪。韩国的学校教育形式多种多样，但最初的教育都是从礼仪开始的④。而礼仪教育最直接、最常态的地方就是家庭。如何向长辈问候、小朋友之间如何打交道、吃饭的礼仪、过年过节走亲戚的礼仪、向老人敬茶时的礼仪等这些从个人生活礼节、家庭生活礼节都是在日常的家庭生活中养成的。社会交往中的鞠躬礼、举手礼、注目礼、跪拜礼、见面礼、告别礼、敬语、谦语及各种称谓也都是由家长对孩子言传身教的。家长没有视之为繁文缛节，而是唯恐自己在教育子女的礼貌礼节方面做得不好而遭受耻笑。如果说家庭是韩国人礼仪养成最重要的平台，家长就是传统礼仪得以传承的最重要的枢纽。家长非常重视自身的表率作用，大人们

---

① 苏振芳：《当代国外思想政治教育比较》，社会科学文献出版社2009年版。
② 谭菲、张盈：《浅析韩国道德教育的成功之处》，《教书育人》2006年第10期。
③ 孙玉杰：《关于韩国民族精神培养体系的几点思考》，《科学社会主义》2005年第5期。
④ 谭菲、张盈：《浅析韩国道德教育的成功之处》，《教书育人》2006年第10期。

以身作则、言谈举止，遵守秩序，孩子们从小就耳濡目染，从礼貌精神、礼仪形式到实践行动，都对儿童成长产生了潜移默化的影响①。经过家庭一代一代的传承，打造出韩国人鲜明的礼仪特色，也成就了今天韩国人中规中矩、彬彬有礼的世界印象。二是重于孝道。毫无疑问，"孝道"是韩国家庭教育的重点，韩国也是继承和发扬"孝道"传统最好的国家之一，其良好的家庭养成教育功不可没。韩国从小就重视对儿童进行"孝道"的熏陶。韩国小孩从小就认为孝敬老人、赡养父母是一种神圣的义务。韩国的许多家庭都会把家训挂在家里，这使韩国的青少年讲究礼貌、尊重长辈成为一种自然的习惯。到韩国人家中做客总会发现不论多小的孩子，都懂得为客人和长辈倒水，双手得捧着恭敬地奉上。长者进屋时大家都要起立，问他们高寿。和长者谈话时要摘去墨镜。早晨起床和饭后都要向父母问安，父母外出回来，子女都要迎他，父母落座后他人才能坐下。吃饭时应先为老人或长辈盛饭上菜，老人动筷后，其他人才能吃。吃饭时不能弄出声音②。"坐而言不如起而行"，正是通过这样的日常礼仪，孝道教育落实在了每一个人的行为规范中，孝道得以在韩国社会精神文化生活中占据主导地位。以我们熟悉的影视文化为例，韩剧始终以"孝"为核心立意，展示韩国人对"孝"的深度认同，一旦哪个不尽孝者被曝光，将被社会唾弃和排斥，足见"孝道"思想已经浸透在社会物质生活和精神生活的各个角落。三是倡导谦让。为他人着想也是韩国人家庭教育中非常注重的内容。韩国家长非常重视大人与孩子之间的及时交流和沟通，并且鼓励孩子自己协调和平解决与同伴的冲突和矛盾。但是，无论错误在谁，大人和小孩首先想到的是自己的行为是否给别人增加了麻烦和不便，任何时候都应该懂得谦让。大人的行为习惯具有无声的影响力，韩国家长这样的家庭教育，在摒除"欧美文化"中个人主义、金钱至上、人情淡薄等不良倾向的影响，协调社会人际关系，维护社会稳定等方面发挥了积极作用。当然，韩国也特别注重培养青年一代的个人奋斗精神，明确个人的奋斗与成功是国家发展、社会进步的源泉之一，同时又强调个人与他人的和谐相处。这样，韩国在取得国家建设和社会进步的巨大成就的过程中，成功地避免了

---

① 靳义亭：《论韩国青少年思想政治教育的成功经验及启示》，《当代世界与社会主义》2011年第 5 期。

② 同上。

资本主义国家普遍难以避免地由个人主义价值观所带来的家庭、社会危机①。

3. 家庭教育抵制庸俗的婚恋观

中国人喜欢看韩剧，中国的大学生活主要内容也被调侃为"男生打游戏，女生看韩剧"。韩剧多以家庭生活为内容体裁，除了唯美的演员和画面以外，吸引我们的还有冗长的故事情节。耐人寻味的是韩剧中家庭生活的背景总是居住在一起的两代人，这才是真正意义上的家庭，韩剧实际上也成为家庭教育最重要的载体。看了众多的韩剧，我们自然地感觉到它并没有很多所谓吸引眼球的性爱的场景，但人物内心世界的揭示、精神层面的展开不仅实实在在地吸引了眼球，还引发人们心灵的共鸣，就这样不遗余力地传递着正确的价值观，抵制庸俗的不健康的婚恋观，发挥着巨大的正能量作用。首先，孝道是核心的婚恋价值观。以"孝"作为评判人品、衡量亲情和选择爱情的最重要砝码。其次，"守妇道"是重要的婚恋价值观。儒家传统性别角色仍有相当影响，虽然不一定推崇完全意义上的"妇德"，但谦柔仍是家庭中女性角色的重要品质。最后，坚决抵制性泛滥。通过一篇对青年学生留学、择偶取舍的报道可以看出这种价值选择。据报，随着去澳大利亚留学的人剧增且婚前同居日趋普遍，"去澳大利亚的留学生生活不检点"的偏见在韩国社会上广为流传②。留澳韩国女学生一旦顶"同居"恶名回国，则对象难找婚姻前程暗淡。一留澳女大学生在和男生约会时就莫明其妙地受到令人不快的怀疑。这种事情的发生以至于也吓退了一些准备去澳留学的女生，她们唯恐留学回来遭到误解将来不好找对象而不得不选择别的国家去留学。一些男生私下说："要找去蜜月旅行时第一次办护照的女人结婚才行。听到在国外生活过的女人性生活肯定混乱，令人非常不愉快。"可见，韩国还是非常认可传统的性观念和家庭观念，对性解放相当排斥。在家庭中传递的这种传统文化教育使韩国人在多元价值的混乱中依然能坚定地守护自己的精神家园，始终保持着本民族的特色。

4. 家庭教育在复杂冲突中选择

随着世界经济一体化、信息化程度的加深，韩国的年轻人自然也会受

---

① 苏振芳：《当代国外思想政治教育比较》，社会科学文献出版社 2009 年版。
② 同上。

到西方价值观的侵蚀。实际上西方价值观对社会的腐蚀是从家庭开始的，而韩国最引人注目的"孝"道恰恰是韩国人家庭的核心价值观。西方社会那种把个人权利放置在家庭和社会之上的做法与"孝道"的做法是格格不入的。两种对峙的价值观在家庭平台交锋，现代家庭生活背景下传统与现代的冲突、代际之间的冲突、东西方文化的冲突，考量着韩国人多重冲突中的选择。韩国的年轻人在传统与西方文化的交锋中选择的是"孝道"，传承了传统，抵制了个人主义，维护了社会的道德体系。这里面有上一代人对传统的坚守，有青年一代对民族文化的认同，更有家庭教养长期形成的习惯习俗的作用。当中国的老人准备丰富的餐宴等待周末团聚的一大家人的时候，发现儿女子孙们都在各自低头玩手机，同桌共餐却无话可说，结果老人大怒。而在韩国的家庭聚餐上不会出现这样的场面，就是韩国人的家庭礼仪，按照基本的礼仪去做，怎么就能够不顾老人感受而自顾玩手机呢？礼仪的惯性作用在一定程度上阻止了现代信息文明对家庭亲情的冲淡。无独有偶，韩国人重视传统节日，还试图申遗端午节，而这些传统节日也大都以家庭生活为载体的。传统文化与现代文化在家庭交锋，韩国人之所做、所坚持、所选择净化了社会风气，为青少年成长提供了良好的大环境①。

（二）中国青少年家庭教育现状及特点

1. 家庭教育重智轻德

独生子女与应试教育相叠加的现状下，家长大都望子成龙、望女成凤，形成严重的分数依赖，很少顾及对青少年的笃厚人格和远大理想的培养。虽然独生子女在其成长过程中得到了家庭过多的呵护与看管，但这种家庭教养大都是溺爱有加，赏识保护有余，严厉规范不足，根本谈不上科学的家庭教育。有的父母对子女言听计从，百依百顺，即便是子女的过分要求也会毫无原则不惜一切代价去满足、无微不至地包办代替，甚至希望别人也迁就他们。导致的结果便是孩子自我为中心的习惯，不懂得尊重他人，任何时候都是唯我独尊、放荡不羁、蛮横散漫。重智轻德、应试导向，家庭教育剑走偏峰，在一定程度上背离了学校思想政治教育的终极目标。学校道德教育不堪重负，家庭的应试教育同样不堪重负。家庭教育非但没有与学校的理想教育、人格教育形成合力，反倒使学校道德教育的成

---

① 白海燕：《中韩两国青少年家庭教育比较研究》，《中学政治教学参考》2015 年第 1 期。

果不断被与其相背离的社会影响所抵消。

2. 家庭教育传统传承缺位

首先，应试教育背景下素质教育、人格教育受到挤对。只要分数考得高就是好学生好孩子，父母的注意力总是给孩子报班、成绩排名、择读名校，很少关注到孩子的行为规范、文明礼貌、良好生活习惯的养成。家庭教育因功利而苍白。其次，城市生活节奏快，孩子由午托代管；农村劳动力转移，孩子留守成长，由亲戚或祖辈代管。两种情况下，孩子都很难受到父母的全心教育，更谈不上好传统、好家风的润泽。传统文化重视德行的价值观念受到空前冲击、人格塑造品行养成功能所剩无几，家庭教育实效缺位。再次，市场经济的负面影响、西方个人主义拜金主义价值观的渗入都会直接影响父母家庭教育的理念选择，他们功利地认为"老实人吃亏"、"竞争就要不择手段，一切靠结果说话"、不再相信"诚信是金""谦敬礼让"，土豪烧金炫富成为"成功"的代名词，被家长们争相热捧，家庭教育畸形发展。最后，国家主导的思想政治教育并没有很好地利用优秀传统文化资源，也没有将家庭教育纳入思想政治教育的宏观视野之中，致使家庭教育的功利、苍白、缺位、畸形都不能得到及时有效的矫正。

3. 家庭教育传递功利的婚恋观

家庭是每个人的第一所学校，父母是青少年的启蒙老师，更是终身的老师。家庭教育对孩子有着最为直接、持久和潜移默化的作用，青少年最初的性别角色意识乃至于以后的择偶观、爱情观都在很大程度上受家庭环境和父母教育方式的影响，家庭环境对于一个人的人生观、价值观的形成有着至关重要的作用。前些年家长们还在谈论孩子的早恋，还在探讨如何正确看待和引导这种现象，现在的家长们更恐惧色情、网瘾、暴力，在"率性而为""为爱疯狂"的孩子面前无计可施，家长们终于尝到了重智轻德、忽视人格道德教育的苦果。也终于认识到传统文化在家庭教育方面培养男孩子气宇轩昂、女孩子温柔敦厚的性别角色是多么的高瞻远瞩，家长们也终于开始反思自身的爱情经营和家庭建设，进而认识到传统孝道的重要性。毫无疑问，家长的厚财薄德无疑会导致子女的物质和拜金，表现在择偶观上就是典型的"宁在宝马车里哭，不在自行车后笑"，这种功利的择偶观会导致一系列的后续问题，影响到家庭和社会的稳定。

4. 家庭教育在多重远离中迷失

家庭是社会规范、道德教育、文化传承的重要载体，对青少年的健康成长具有直接、持久、潜移默化的影响。本来，中国人重视家庭和家庭教育，"子不教，父之过"已经成为一种坚定的信念，融进了华夏儿女的血脉，"齐家治国平天下"一直被视为教育的终极目标和人生价值追求。但时至今日，听到"家风"这样的词我们会感到亲切而遥远，也感到震撼和隐疼。2014年春节期间，央视"家风是什么"系列报道，引发公众关注，关于"家风"的讨论方兴未艾，也促使国人反思当下的家庭教育。由于全球化的影响、信息化的干扰和市场化的侵蚀，我们的家庭教育远离了传统、远离了孩子，也远离了学校，在多重远离中困惑和迷失。首先，对传统的远离是当下家庭教育最大的困惑，在传统与现代观念的碰撞与交织中无从选择、游离迷失。其次，对孩子的远离一方面是空间距离的远离，小时社会托管、留守成长，之后进入大学万事大吉，家长自感鞭长莫及、有心无力，索性将教育的责任完全寄托到学校。另一方面就是心理的远离，父母与孩子的沟通交流不畅，不能准确了解孩子各方面的成长情况，不能在孩子人生成长的关节点上提供及时到位的帮助和引导。再次，对学校的远离是指在教育目标上与"社会主义建设者和接班人"培养目标的远离。事实证明，过于倚重学校教育而缺少家庭教育的合力，完全依靠学校教育无视家庭教育的话语权，将终难成就育人大业。最后，家庭教育对社会的远离，是指家庭教育在构筑良好的社会风气、社会环境方面没有起到应有的作用①。

（三）中韩青少年家庭教育比较及启示

1. 家庭、学校在育人目标上应形成合力

儒家文化底蕴下韩国成功地将家庭教育与学校教育结合，形成教育合力。韩国家庭教育经验主要就是把家庭教育融入青少年的思想政治教育中，学校的德育教育与家庭紧密结合，充分发挥家庭作为社会细胞的教育作用。韩国的家庭教育主要是在家长的主导下进行，教育孩子的内容主要是：让孩子有礼貌、懂礼仪、谦让，长幼有序，尊孝道、参与传统的节日等。家长的榜样作用无可替代，家长的言谈举止、行为规范能起到示范作用，孩子在家庭的引领下受到了潜移默化地教育。在家庭，家长言传身教；在学校，有专设的"道德教室"；在社会，各种青少年组织和修炼院都专门实施相关的教育和训练。韩国政府立足于动员家庭、学校、社会、

---

① 白海燕：《中韩两国青少年家庭教育比较研究》，《中学政治教学参考》2015年第1期。

国家和青少年自身，借此形成多途径的体制，实现对青少年教育的合力的
做法，既传承了传统文化又实现了好的教育效果。《韩国青少年宪章》中
就明确写道："家庭是青少年培养情趣，同享爱心和与家人对话的地方。
家长作为正确人生的榜样，子女具有尊敬长辈的品行。学校是青少年提高
修养，学习知识和增强体魄的地方。尊重个人能力，通过自我教导，丰富
人生道路，提高文化知识和公民民主的精神。社会是青少年愉快地工作、
自豪地服务的地方，是帮助青少年成长和发展，提供共同生活的喜悦和业
余活动的场所，要创造健全的环境。国家热爱青少年，并为青少年政策倾
注最大的努力，合理设置学习和工作的场所，特别保护需要帮助的青少
年，引导其适应社会和自立。"① 韩国对学校教育、家庭教育和社会教育三
位一体的教育的强调，尤其是家庭教育对社会主流价值观教育的配合互
动，值得我们借鉴学习。家庭是社会道德教育和实践的基本场所，不仅关
系到个人生活质量和幸福指数，更是关系国家和社会发展的重大问题。我
国学校的教育目标是培养德智体美劳全面发展的中国特色社会主义建设者
和接班人，而我们的家庭教育却游离这个目标很远，只一味地追求高分升
学高薪就业，鲜有家长能像韩国的家长那样把爱国主义主题的家训挂在家
里昭示家人，身土不二，振兴民族。像这样的爱国主义主题的教育似乎只
会发生在冠冕堂皇的各级各类的学校的教室里，大多出现在政治教师们尽
职尽责滔滔不绝的授课中。家庭教育未能渗透社会主流价值观，只能说我
们没能培养出合格的有眼光的一代家长，也是我们的教育未能重视家庭教
育的思想政治教育功能，未能将家庭教育纳入国家的思想政治教育体系，
没有形成思想政治教育的整体化、系统化优势。因此，我们应该致力于社
会、学校、家庭环境的优化，让家庭教育成为学校育人目标合力的重要组
成部分，营造风清气正的社会氛围。

2. 家庭教育应坚守优良传统美德

家庭是传统与现代文明交锋的地方，相互对峙的价值观在家庭平台交
锋，韩国的年轻人选择的是"孝道"，传承了传统，抵制了个人主义，维
护了社会的道德体系。韩国的家庭教育对传统的坚守，在培育青少年正确
的婚恋观方面发挥出巨大的正能量，为其社会道德建设做出重大贡献。我
们对青少年婚恋观的教育总的来说是欠缺的，家庭教育中婚恋观教育是偏

---

① 苏振芳：《当代国外思想政治教育比较》，社会科学文献出版社 2009 年版。

颇的，未能传递正能量。家庭既是一个人最初的微观成长环境，相对于在校学习时间，家庭更是一个人长期的生活环境，家庭成员之间最真实的互动，传递的是最核心的价值观念。相对于学校的官话、大话、体面话，一个人在家庭中受到的教育是最真实的对待做人、爱情、金钱、义利的看法。同样是儒家文化底蕴，韩国的家庭教育正是通过富于特色的儒家礼仪传承很好地将儒家传统融入现代文明，实现儒家文化的现代化。很显然，韩国注重的是通过风俗礼仪的养成，在日常生活中进行潜移默化的道德教育，是隐性的教育方法，是德育的生活化。我们的家庭教育中对儒家传统礼仪的传承是失败的，对优良传统的坚守是不够的，"谦敬礼让，克骄防矜"这样的优良传统美德对于今天的"富二代"、"官二代"、"独二代"已很陌生很遥远。我们不能在真实的、日常的家庭生活中去实践学校教育的"大道理"，使得学校的育人教育只能高处着眼，未能低处着手。因此，对传统的坚守，一方面是优良传统的价值观念的现代化，一方面是传统道德养成方式的日常化和生活化。这两方面的借鉴，对于我们的家庭教育和道德教育都不无裨益。

3. 家庭教育应成为培育青少年中国精神的摇篮

在处理东西方文化的关系上，韩国实施的是在多元文化中既坚持主导价值又倡导和谐共生。韩国既吸收了东方儒家文化伦理的精华，又借鉴了西方新兴文化的自由特质，更坚决地保存了自己民族文化的传统，使韩国的民族精神教育的内容融合东西之精富于自身民族特色。正是韩国的民族精神唤醒了大韩民族的自觉意识，在现代化建设中有力地扼制了西方颓废价值观念的大量涌入而造成的个人主义、享乐主义以及趋炎附势等思潮的泛滥。在这个进程中，韩国的家庭教育功不可没。同样，在文明的碰撞和交汇中，我们也应该有统一的认识和价值选择，这就是实现中华民族伟大复兴的"中国梦"。实现中国梦必须弘扬中国精神，这就是以爱国主义为核心的民族精神和以改革创新为核心的时代精神。实现中国梦必须凝聚中国力量。生活在我们伟大祖国和伟大时代的中国人民，共同享有人生出彩的机会，共同享有梦想成真的机会。家庭是社会的核心，家庭对实现社会共同价值观的作用重大。对于当前我们家庭教育中价值选择的困惑，应该以"中国梦"为引领，坚定中国特色社会主义道路，让家庭成为"中国梦"启航的地方。正像中宣部部长刘奇葆在全国未成年人思想道德建设工作电视电话会议上提出的那样，要将家风教育作为未成年人思想道德建设的重要任务，要引导广大家长树立良好家风，注重自身修养，注意行为举止，传承家庭美德，以身作则、言传身教，为孩子健康成长营造良好家庭环境，发挥家庭教育的功能，让家庭为培育青少年的中国精神做出应有的贡献。

五　韩国对青少年思想政治教育的成功经验

（一）思想政治教育从娃娃抓起

1. "孝道" 教育从小抓起

"孝道" 及 "孝道" 教育渗透在韩国经济、社会生活的各个角落。具体表现在：首先，对孩子进行 "孝道" 教育。韩国对青少年思想政治教育中传统道德内容一直占很大比重。社会、学校和家庭形成合力对孩子们进行 "孝道" 的教育。除了平时学校道德课中讲授 "孝" 的知识和礼节外，每到寒暑假，学生还必须回学校听 "忠孝教育" 讲座，接受 "忠、孝、礼" 等传统伦理道德的教育①。因此，韩国孩子从小就认为孝敬老人、赡养父母是一种神圣的义务和社会责任。如果哪个不尽孝者被曝光，将遭到社会的唾弃和排斥。"孝道" 在韩国经过一代又一代的传承，可以说，当今韩国是继承和发扬 "孝道" 传统最好的国家之一。其次，韩国的学校和家长非常重视大人们的表率作用。韩国人对《三字经》中所说的 "人之初，性本善，性相近，习相远" 的真谛很是 "开悟"。针对社会大环境开展 "孝道"、和谐、为他人着想教育成为韩国家庭教育的重点。大人们以身作则，言谈举止遵守秩序，孩子们就会跟着学，从礼貌精神、礼仪形式到实践行动，都对儿童成长产生了潜移默化的影响。另外，韩国家长信任孩子，敢于松开牵引孩子的手，不包办代替，而是让他们经风雨、见世面，自己独立找到解决问题的方法。这种传统与现实相结合的价值观念和方法论，很值得我们学习和借鉴。再次，开设专门的礼仪课。韩国幼儿园都有专门的礼仪室和礼仪课，配备以韩式家具、传统的民族服装等。礼仪课内容则包括如何向长辈问候、小朋友之间如何打交道、吃饭时的礼仪、过年过节走亲戚的礼仪、向老人敬茶时的礼仪等。其表现方式便是各种习俗和礼节。韩国人崇尚儒教，尊重长老，长者进屋时大家都要起立，问他

---

① 胡红霞：《韩国道德教育的战后演变及现行改革》，《北京青年政治学院学报》2007 年第10 期。

们高寿。和长者谈话时要摘去墨镜。早晨起床和饭后都要向父母问安，父母外出回来，子女们都要迎接，父母落座后他人才能坐下。吃饭时应先为老人或长辈盛饭上菜，老人动筷后，其他人才能吃。吃饭时不能弄出声音。乘车时，要给老年人让位等等。在这样的社会大氛围熏陶下，才养成了今天韩国人的中规中距、彬彬有礼和温良谦逊的品格。根据儒教道德观的"同心圆"原理，"孝道"不应仅限于家庭内部，也应扩展及于社会全体，这样就产生了韩国社会的"尊老"传统。长幼有序的儒教社会秩序观念，在现代韩国原汁原味地被遵守着，在这上面没有任何"民主化"可言。如果谁要是敢于"没大没小"，就会被看成是粗鲁无礼之辈，必然会遭到舆论的谴责。

在1300多年以前，中国的孝文化已传入朝鲜半岛。韩国当局就把孝文化上升到国家高度，从此从娃娃抓起，取得了具有历史意义的效果。据韩国哲学会编纂的《韩国哲学史》记载，新罗神文王二年，在国学中即开始教授《论语》、《孝经》。尤其是《孝经》，不仅作为学童的启蒙书，成为公私之学的教科书，甚至成为科考选才的标尺。这至少可以说明，中国的孝文化在朝鲜半岛不仅找到了适合自己生根发芽的土壤，而且迅速发展壮大，成为社会的规范，人们的行为准则。在韩国，不仅中小学的教育重视孝道文化，每到寒暑假，社区里也会举办"忠孝教育"讲座，向孩子们宣传"忠、孝、礼"等传统伦理道德。所以，韩国人从小就认为孝敬老人、赡养父母是一种天经地义的神圣义务，一种必备的美德。这就使孝文化具有了社会和群众基础而发扬光大。毫无疑问，孝文化对韩国社会也产生了巨大贡献的积极影响。从1960年以来，韩国正式把儒家道德伦理列入大、中、小学的教育科目。韩国的"孝子产业"就是挖掘孝文化等传统文化精髓，把文化产业发展为拉动经济发展的新动力。儒家孝文化对韩国文化的传承、文明的发展、社会的进步都起到了十分重要的作用。其中深受儒家孝文化影响的教育传统和理念，更是深植于韩国民众的思想观念之中，已积淀为韩国文化的基本内涵和价值观。孝文化对于韩国和谐家庭的建设、和谐社会的建立、培养国民的和衷共济的团队意识、群体意识和团队精神都发挥着积极的作用。当然，我们也应该看到孝文化对韩国的一些消极作用。比如家长权威的从属关系。家庭成员有严格尊卑等级区分，存在盲目服从和等级制度的意识，压抑人的个性，另外韩国孝文化的繁文缛节不利于现代人快节奏的生活节拍，不利于人的情感交流。韩国的"长子赡养老人"制度。韩国的"长子赡养老人"制度自古有之，长子赡养父母制度的结果是：长子的经济、精神压力负担太重，弟妹赡养父母的责任就会相应减弱，极易造成孝道责任的不平衡。韩国的男权思想严重。韩国男权思想是自给自足经济社会发展的结果，男女不平等的社会就是不和谐的社会，行为观念和价值取向就会出现一定程度的扭曲。韩国"先孝后忠"理念。在韩国"孝"、"忠"不能两全是孝为先。这与中国的儒学强调的孝文化有差别。在中国是"孝"、"忠"不能两全时忠君和国家为先。没有国家哪有小家？这与儒家思想的要求是格格不入的。此点价值取向就会发生偏差，人人可以舍国家而保小家，那就国将不国了。

在我国，中华民族的文化血脉中本来就有着浓厚的孝道情结，但是十年"文化大革命"洗劫了中国的孝道精神；"文化大革命"结束后，随着市场经济的推进和西方颓废文化的冲击，人们对经济利益的追求，使得道德文明和孝道也受到了一定的影响，社会上异化出一股一切向"钱"看的风潮，社会冷漠现象、道德滑坡、不赡养老人、遗弃老人、不尊老爱幼的事件屡屡发生，宁可要钱不要父母，打骂、虐待父母、公婆等恶劣事件也频频曝光。每每看到此种新闻让人寒心。起源于中国的孝道能在朝鲜半岛发扬光大，而在中国却出现了退步，这不能不引起我们的反思。2004 年，在香港召开的"全球华人孝亲敬老研讨会"上，一份关于北京、上海、厦门等中国七城市"孝心"的调查显示，孝心最弱的地区，却是经济比较发达的上海、广州。而韩国的"孝子"产业让人敬佩。韩国对孝的提倡是全社会性的，而且不是口号，能让尽孝的人得到实实在在的回报。韩国对孝子的优惠体现在方方面面。一是在全国建立了一个"孝道委员会"，而且用"孝道委员会"的名义在全国募集资金，好多有名的演员把自己唱歌挣的钱、演电影挣的钱都捐献到这个"孝道委员会"，专门奖励每年的杰出孝子。二是提倡孝道、评选孝子。为此，韩国还出版了一本书，这本书的名字叫《爱与报恩》，里面收集了 500 多个全国有名的大孝子，就是现代的大孝子，让全国人民学习。三是住房优惠。在韩国房地产业有个规矩，专门辟有"孝子栋"，盖专供孝子购买的房子。与年迈的父母、祖父母住在一起者，能以优惠价格购房，优惠幅度都在 1/3 以上。这么一来，人人孝敬老人，韩国老人才受尊重。四是外出旅游优惠。韩国的旅游公司组织了"孝道游"，陪年迈的父母、祖父母等老人一起外出旅游者，旅游费用能减少约1/3，而且很多公司还把孝敬父母作为公司训条公布出来，让大家把它背下来。很多公司每年都有一个父母节，每到节日，都专门给家里有老人的职员发孝敬费，让大家去孝敬老人等。韩国国会还在2007年7月通过了世界上第一部《孝行奖励资助法》，韩国的孝道立法经历了一个漫长的历程，大约有四十年之久。经过了民间人士呼吁酝酿、讨论准备、强力推动，最后经过国会议员提案，通过相关法律程序最终立法的过程。孝立法的主要内容有：立法目的；孝的界定；孝行鼓励与资助措施；设立孝文化振兴院以及设定孝之月；韩国孝立法是一部奖励法、行政法、推动法，德法并举是弘扬孝文化的最佳途径；弘扬孝道需要动员民间力量的参与，这些都对我们有重要启示。

实际上，为了推动"孝道"精神，国内搞声势浩大的"万人孝心大签名"等活动。"中国孝心文化工程"也正式向全国推开。这一文化工程包括赞助100个弱势老人家庭、寻找100个孝心故事、评选100名孝子活动，以及孝子培训、孝子影视剧的拍摄、孝文化主题公园建设等。这些活动从一个侧面折射出我国社会不容乐观的"孝道"现状。因此，"孝文化"建设迫在眉睫。"孝道"教育需要党和政府的舆论导向、政策倾斜和支持。首先政府和社会要高度重视，形成共识，强力推进倡孝道；其次要加强舆论宣传，树立行孝道的典型，谴责那些不孝的人和事，全社会形成孝要从我做起、从现在做起的风气；再次要学习韩国的经验为孝立法，做到"韩为中用"。法治与德治结合，双管齐下其效果就会更好。如何尽"孝"，目前我国只有婚姻法涉及一点点。尽快为"孝"立法，让子女必须尽到"孝敬、奉养老人"的义务，要求国家、社会继续弘扬爱老敬老的传统美德，惩戒那些对父母不养、不敬、暴力行为的子女，保护父母的合法财产等。还应在录用公务员、干部任命等增加对其孝道的考察环节等。让孝道这一传统美德得到法律的保障。最后最重要的，孝道教育要从娃娃抓起，在小学、中学、大学里设立孝道课程教育，从小就对每个国民进行孝文化的教育。让社会、学校和家庭形成合力来呼唤孝文化、践行孝道。只有通过家庭、学校、社会三者教育的合力，才能形成敬老养老的良好道德之风，更好地建设和谐社会、和谐家庭。在现代社会，我们要继承和发扬传统"孝文化"精华，弃其糟粕，使传统的合理内核更好地为建设和谐家庭、和谐社会服务，让敬老养老的传统美德进一步发扬光大。

2. 青少年的思想政治教育从课程设置抓起

韩国思想政治教育课的内容结构模式：以个人为圆心，逐渐扩展到家庭、学校、社会、国家。这一模式的特点是从点到线、到面再到整个社会，内容逐步深入。目的是使学生不仅学习核心的道德规范和各种规矩，而且建立公民意识和国家意识。思想政治教育还要使学生形成道德判断能力，培养道德品质。同时，关注到学生道德品质发展的不同阶段和认知规律理论，将有关日常生活习惯教育以及明了简单的道德概念安排到低年级，有关道德冲突和相对抽象复杂的内容安排到高年级，旨在根据学生的年龄和认知发展特点有效合理地组织教学内容，不断推动学生的思想政治教育水平迈向高一阶段。具体情况如下：以三至七年级的思想政治教育课程为例，韩国各年级的思想政治教育课程都由"个人生活"、"家庭近邻学校生活"、"社会生活"、"国家民主生活"四部分组成。从小学一年级到二年级，韩国思想政治教育课的名称是"正当地生活"。三到六年级的思想政治教育课关注的是培养基本的道德习惯，了解道德准则和规范，并发展道德判断能力。在此基础上，七到十年级主要让学生理解道德原则，并形成自发的道德心。在完成上述学习之后，高中阶段（十一到十二年级）可选学"公民道德"、"伦理学与思想"和"传统伦理学"三门课①。由上可见：思想政治教育课程在具体内容安排上体现了连续性、顺序性原则，甚至通过部分内容在不同年级的反复出现达到强化的目的。

（二）具有韩国特色"身土不二"的爱国主义教育

"身土不二"是韩国民族精神的一种体现。这是一句传统的民谚，来自农村，基本含意是热爱家乡，永不忘本，而现在推广开来，就是热爱自己的国家，反对崇洋媚外，倡导使用国货，要求在自己的祖国和民族所在地绝对不能干一些有损国家和民族利益或者是伤害民族感情的事情。韩国人自己解释"身土不二"，就是"生为韩国人，死做韩国鬼"。现代意义上的"身土不二"，意思是说，我生在自己的国家，拥有养育我成长的国土，而生我养我的土地上生产的东西才是最适合我的，时刻提醒国民用本土的产品。从幼儿园到大学，这一直成为爱国主义教育的重要内容。在韩国，家长和孩子都吃本国的粮食、蔬菜、水果等食品，虽然超市里国产的某些食品比进口的要贵，但买的人却很多。在韩国消费本国产品被视为"爱家乡、爱民族、不忘本"，消费外国产品往往被看作"素质低"或"不爱国"。在孩子们的印象中，热爱本土就是自觉地选择国货，他们从小

---

① 冷剑丽：《韩国道德教育课程设置的主要特色及启示》，《思考与借鉴》2006 年第 4 期。

接受的也是这种教育。韩国的爱国主义教育渗透在社会生活的方方面面：韩国十分重视国格教育，对学生从小就进行忧患意识教育。学校中老师时常教导学生：韩国国土狭小，资源贫乏，只有勤奋学习，努力工作，提高自身素质，参与国际竞争，才能立国生存。在韩国，培养孩子热爱自己的国家是每个学校的自觉行为。韩国人的"国民精神"在20世纪90年代后半期席卷亚洲的金融风暴中，让世人瞩目：当韩元兑美元汇率狂跌时，韩国人喊出了"一人一元救国家"的口号；市民们把自己的金银饰品卖给国家，只收欠条；民间团体和民众还自发组织起来，增加生产，厉行节约，购买国货，减少出国旅游，齐心协力，共渡难关①。正因为有这样的国民，韩国才成为摆脱亚洲金融危机最快的国家。实际上，"身土不二"已经成为韩国社会特有的文化现象，形成了强大的文化氛围。韩国人"身土不二"的精神，让人敬佩、敬畏，让世界对韩国不敢小视。

韩国特色"身土不二"的爱国主义精神让人敬畏。"身土不二"表现出韩国人强烈的爱国主义精神，韩国人以这种精神，发展和壮大了自己的民族工业，使其成为亚洲"四小龙"之一。韩国人在肯定外来商品的同时，依然选择国货，其价值观是建立在对本民族强烈的生存意识、保护民族工业、自强等观念形态上的，这种价值观念要比产品本身的价值高得多。产品的社会附加值使得产品本身超越了其经济价值。所有西方工业大国无不试图用各种手段敲开韩国的大门，但都难以奏效。在韩国几乎看不到进口轿车。"身土不二"也不全是倡导抵制洋货，为了振兴民族工业，韩国每个企业乃至整个社会都有责任在提高国货质量上想办法、下功夫，把国货质量搞上去。在对韩国人"身土不二"气节肃然起敬之余，又留给我们许多思考。尽管"身土不二"有狭隘的爱国主义之嫌，但却反映了韩国人可贵的爱国主义精神。在韩国每年出国留学的人很多，可一旦学有所成之后，几乎全都返回祖国，自愿留在国外工作生活的人寥寥无几。也正是这种"身土不二"的精神才造就了韩国的今天。

（三）思想政治教育评估方式、方法的创新

创新评价一直是教育循环链上难上加难、重中之重的一个环节，而思想政治教育课的性质和教育目标的抽象性、不易操作性增加了评价工作的复杂性。单一化的笔试显然不能令人满意地对学生的思想道德修养做出较

---

① 卢新德：《韩国经济率先全面复苏的原因》，《当代亚太》1999年第8期。

为全面、公平的评价；更为重要的是，评价体系合理与否直接关系着思想
道德教育的成败问题。针对这一问题，韩国现行的思想政治教育课评价坚
持多样化原则，多方面、多角度地考察教育效果，强调对学生思想道德品
质进行客观、全面、准确的评价。韩国教育部关于现行道德课程评估的若
干规定体现了其思想政治教育评估方法多样化的特点。规定中强调：道德
课程的评估应坚持多样化的原则。评估内容应包括：知识、信念、态度、
思考能力、实践能力等方面，方法上体现多样化，尽量避免单一化（例如
笔试）。评估结果用于改善道德教学、提高学生的道德水平和综合素质。
韩国思想政治教育多样化评估方法的内容主要包括以下三个方面：第一，
评估的内容是多样化的。包括对受教育者的政治思想、道德规范知识、政
治信仰、道德信念、政治分析能力、道德思考能力以及实践能力等多方面
的评估。第二，其评估的手段是多样化的。包括对受教育者进行笔试、口
试、行为观察、课堂问答、讨论、辩论、社会实践等多种形式的评估和考
核。第三，其评估的角度是多样化的。包括从个人、家庭、学校、社区、
社会、国家等不同的角度对受教育者进行考察和评估。可以说，这是思想
政治教育课评估中的重点也是难点，方法上更是要求多样化，包括前两种
评估中提到的所有方法。这一评价模式虽然全面而客观，但非常烦琐且工
作量巨大、涉及面广，难于实施。同时，也必然对教师素质提出更高
要求。

第二节　日本对青少年思想政治教育的经验及启示

在许多资本主义国家，虽然没有思想政治教育这个概念，实际上，它
们通过种种渠道、方式，从事了大量实质性的旨在维护资产阶级统治的思
想政治教育工作，到目前已发展成一个完整的体系。选取东亚儒家文化圈
的资本主义国家日本作为研究对象，分析其教育目标、内容及方法等方
面，以寻找其中值得我们借鉴、利用的有益成分①。

一　高度重视思想政治教育

日本的思想政治教育有明确的政治目标。早在 1950 年，日本政府就

---

① 靳义亭：《日本对青少年思想政治教育的经验及启示》，《国外理论动态》2009 年第 8 期。

明确提出：在远东，反共的最大武器就是要启蒙日本国民。因此，必须在日本开展政治教育和道德教育，使之成为培养反共防共国民的工具。中曾根康弘上台后，把"国际国家"视为他任期内的最大任务，认为实现"国际国家的日本"是日本制定并推行自己德育政策的出发点，要教育国民懂得在国际事务中，不仅要增加日本作为经济大国的分量，而且要增加日本作为政治大国的分量。由此可见，无论何时，日本思想政治教育的中心内容都是维护资本主义制度和资产阶级民主，其政治色彩十分突出。

（一）战后日本青少年思想政治教育现状

日本早在明治维新时期就设立了修身课，对学生进行思想政治教育。然而，战后特别是近年来，日本青少年思想道德水平严重下降，出现德育危机。在政治观上，日本青年脱离政治的倾向日益明显，表现为对政治毫不关心，参政意识淡薄，正义感不强，凭个人感觉选择好恶；在理想观上，日本青年安于现状，失去远大理想抱负，表现为失去对理想追求的动力，不愿付出艰辛的劳动，追求的是一种背离传统而更加现实的目标；在生活观上，日本青年贪图安逸，表现为注重享乐，追求时髦；在道德观上，传统的关心群体、正直、富有同情心及正义感的精神逐渐淡薄，取而代之的是个人主义倾向不断上升，表现为凡是对自己有利的就做，否则就袖手旁观。鉴于这些事实，自20世纪80年代以来，日本重新掀起了加强思想道德教育的热潮。

（二）政府采取有的放矢的措施

1. 达成共识

日本对青少年的思想政治教育表现出高度的政治性和组织化。1984年，中曾根康弘曾指出：教育荒废的现象实际上是青少年心灵荒废的表现，呼吁全社会动员起来关心青少年思想道德教育。中曾根康弘曾亲自出马，领导日本进行第三次教育改革，他所提出的教育改革的七条设想之一就是加强道德情操教育。1988年，日本临时教育审议会在其发表的教改报告中指出，能否培养出在道德情操和创造方面都足以承担起21世纪的日本的年青一代，将决定未来的命运，当务之急是要加强学校的道德教育。日本文部省1988年度教育白皮书强调：道德教育在培养心灵丰富的人的过程中，担负着极其重要的作用。日本文部省也曾提出，日本的教育之所以出现荒废现象，是因为战后忽视了德育。针对这种状况，近年来，日本下决心提高道德教育的地位，在学校培养目标的表述上，把战后提出的"智德体"的排列顺序改为"德智体"。把思想政治教育列在了突出的地位。

2. 国家全面干预

日本的道德教育由政府指挥、文部省操作执行。如日本政府在战后确立了全面主义道德教育体制，后来又确立了特设道德教育体制；文部省实施教科书审定制度，通过审定教科书，使其内容与当时政府的政治主张相吻合。日本对其道德教育采取了国家全面干预的办法，由政府统一管理、统一布置，有一整套强有力的行政干预措施和政策。通过建立从文部省、德育研究机构、研究会、地区教育机构、学校等一整套管理体制，国家从整体上抵制消极因素的副作用，推行统一的民族价值观，促进学校道德教育系统化；较好地运用行政和法律的力量来加强道德教育，使之适合社会发展的要求；调节所有社会机构的作用，合理利用各方面资源。如2000年，日本文部省决定对现行中小学德育课教学进行全面改革，责成日本国立教育研究所对德育课教育问题进行研究，并要求其在2001年以内提出关于中小学生德育课教学的指导纲要建议等。国家全面参与领导的力度可见一斑。

3. 加强立法

立法既是思想政治教育工作得以全面深入的保证，又是教育工作实施的依据。日本政府就是以立法的形式来加强思想政治教育的。日本的《教育基本法》和《学校教育法》是日本教育实施的依据，也是思想政治教育实施的依据。在此基础上，日本设立了一整套教育法令，作为思想政治教育的教育工作准绳。日本政府亲自制定思想政治教育目标、内容，并明确由政府主管教育的文部省执行，责权非常明晰。

二　思想政治教育内容的创新

战后日本思想政治教育的主要内容随着政治体制的巨大变化而变化，以求更加贴近现实、贴近经济社会发展的实际、贴近学生。内容也是随着时代发展需要而不断补充和完善。除了民主主义教育、团体教育和集团主义教育三大类内容外，还包括以下几个方面内容。

（一）国际意识教育

日本的国情是地小人多，资源匮乏，如果离开了国际社会，它就难以发展。在这样的背景下，思想政治教育要求在深入了解本国传统文化的同时，广泛了解异国文化，主动为和平的国际社会做出积极的贡献，以此取得国际社会的信任和支持。强调只有做一个真正的国际人，才是一个出色的日本人。所以，日本特别强调对青少年进行国际意识的培养。

（二）感恩教育

在日本特别重视对青少年的感恩教育。孩子们最崇拜的就是自己的父母，这是家庭教育的成功，让孩子知道父母为自己成长所付出的艰辛。教育孩子知道感恩师长，是他们给了自己知识，启迪了自己的智慧。教育孩子知道感恩自己的朋友，是他们在自己最困难的时候给了自己无微不至的关怀，为自己排忧解难，渡过难关。

（三）体验性教育

日本文部省自20世纪80年代以后，大力提倡并推广体验学习活动。目的是培养青少年的生存能力、创造力、劳动观念和集体协作精神。充分发展青少年的个性，充实学生的内心精神世界，养成内在的道德性。主要内容有：自然体验、家务劳动体验和耐苦生活体验等。日本文部省在1997年实施了青少年野外教育推进事业，在全国范围开展让青少年走向野外进行自然体验活动，规定每年7月20日至8月19日为青少年野外教育体验活动月，以此使青少年形成刻苦、忍耐、自治、自理等刚强之心和积极向上进取之心。为了培养青少年的吃苦耐劳精神，日本学校给中小学生人为地设置磨难课程，对青少年进行家庭劳动体验磨难教育。以此来增强青少年的人际交往能力、组织活动能力和应变能力，同时也增强了青少年的学习兴趣和动力。另外，在日本一些学校还开展上山下乡等活动。组织学生到生活条件较差的农村、岛屿和边远地区去体验艰苦生活，磨炼青少年的意志，培养他们的生存能力和劳动品格。

三　思想政治教育方法的创新

日本对青少年的思想政治教育具有全方位的特征，非常注重家庭、学校、社会的相互配合，形成一个辐射全社会的全方位的思想政治教育网。除学校、家庭外还调动各种社会力量参与思想政治教育工作，主要有宗教教育、社区和社会工作体系等。思想政治教育方法主要有灌输性、渗透性、体验性、疏导性和全方位性。它的方法创新体现在以下几个方面。

（一）思想政治教育与国情相结合

日本对青少年的思想政治教育方法创新表现是对其他国家文化的融

合、从本国的国情出发。为了解决道德危机，以个人主义道德观为文化传统主体的日本，开始把目光转向以群体主义道德观为文化传统主体的中国。广泛吸收各种文化的精华，通过改造，为我所用。同时日本在大量吸收、引进中西方思想文化的过程中，特别注意根据本国的国情，对外来文化加以改造。例如，日本的思想政治教育虽以中国儒学为母体，但又不是中国儒学的翻版，而是经过改造了的中国儒学的变异物。日本人从中国唐朝时起，大量向中国派送遣唐使，将大量的中华地区的制度典籍，先进的生产技术、文学艺术、音乐、绘画，宗教、哲学思想等人类文明的璀璨的花朵带回到日本，甚至包括国家法律、政府机构的设置、服装服饰、日常起居、民俗节日都以中国唐朝为参照，甚至是全盘照搬，时至今日，日本传统文化仍为研究古代中国的活化石。但是，不可否认的是日本人在汲取中国古代文明的基础上，兼收并蓄，结合本民族的优点，将发源于东方的儒家文化进一步发扬光大，并烙上了日本民族的独特的烙印。如中国儒学把仁、义、礼、智、信作为最重要的美德，但日本强调的五个最重要的美德则是忠诚、礼仪、勇敢、信义、节俭，没有突出地考虑到仁慈这个中国儒学所独具的特征。又如，日本在学习、吸收他国文化的过程中，拓展了现代德育内容，提出了个性教育的思想，但日本的个性教育与西方的个性教育有着根本的区别，它以服从、服务于集团利益为根本目的，个人价值的实现以集体价值的实现为前提。这些都符合中国儒家教育的思想。这种个性教育是典型的中西融合的教育模式。

（二）利用动画对青少年进行思想政治教育

日本动画采取的是渗透的方法，是一种非常隐蔽的思想政治教育手段，使青少年思想政治教育在潜移默化的娱乐之中进行。它承担的思想政治教育功能主要体现在如下方面。首先，传播日本民族文化。日本动画通过对历史某一时期的还原再现，使青少年在了解历史的同时还获取了民族文化。如浪客剑心介绍的是明治维新时期的革命，在青少年观看过程中，武士道精神自然而然地就得到了传递。其次，阐述各种世界观、人生观和价值观。21世纪福音战士涉及基督教世界观，幽灵公主涉及日本传统神道教思想，虫师涉及神道教和佛教思想，这些动画还都涉及探讨世界本源问题。最后，日本动画存在对伦理道德的判断。几乎在每部动画中，都有对其中人物的善恶进行讨论并做出相应的判断。由上可以看出，日本动画在引导青少年社会化的思想政治教育方面占有不可取代的地位。

（三）思想政治教育采用社会合力方法完成

日本文部省认为，加强青少年的思想政治教育，必须采取社会合力方法来完成。把社会、家庭、学校的力量都调动起来，形成合力，建立全方位的思想政治教育体系。1996 年日本第 15 届中央教育审议会第一次咨询报告中指出：学校在开展教育活动时，要积极利用社区的教育力量，主动接受家长和社区的支援。如设立 PTA 组织（日本家长、教师协会简称）。PTA 设立专门委员会和各种小组，定期组织家长参与学校教育教学活动，对学校教育提出各种意见、建议。参加该组织的成员主要有学校教师和社会各界热心于教育的人，有律师、工程师、建筑师、商场经理、会计、艺术家、僧人、家庭主妇和退休老人等。还有一些社会名流也参加了该组织。会长由家长担任，会员交纳会费。该组织具有高度的社会责任感，把教育好青少年视为己任，无偿地从事各种教育活动，特别是在自愿捐助教育基金和诲人不倦方面做出了表率。对青少年的思想政治教育无疑起到了重要的作用。又如成立母亲读书会，她们定期聚在一起，看书学习，交流心得。妈妈们重视看书学习，注重自身素质的提高和模范作用的发挥，再加上建立良好的家庭育人环境，既为孩子作了示范，又能不断充实自己，同孩子们也有了共同的话题。对青少年的思想道德教育起了极大的促进作用。日本社会教育法等有关法律规定，要求各地方道府县及市町村有义务为加强对青少年的德育教育、提高公民的文化素质创建一定的学习环境，修建一系列社会教育设施。这些教育设施开展不同的活动，并将德育教育渗透于文化娱乐活动之中。另外，重视利用大众媒体和社会大环境文化生活强化德育教育。

第三节　东亚儒家文化圈国家总的经验启示

一　注重传统文化的现代价值转换

对待传统文化要有科学的态度。一是要批判地传承。既不能全盘接受，也不能全盘否定，吸其精华，去其糟粕，做到"古为今用"。传统文化是在特定时代环境下形成的，必然具有时代的烙印，若用现代思维来苛求传统文化就违背了历史唯物主义，就不是实事求是的科学态度。正如毛泽东所说："我们是马克思主义的历史主义者，我们不应当割断历史。从孔夫子到孙中山，我们应当给以总结，承继这一份珍贵的遗产。"二是要创新和超越。从韩国思想政治教育的历史经验中，我们可以看到，韩国既很好地吸收了东方儒家文化伦理的精华，又积极地借鉴了现代西方文化的自由特质，更坚决地保存了自己民族文化的传统，充分体现了古为今用、洋为韩用的特色。中国作为东方儒家思想的发源地，我们更应该加强对传统儒家伦理思想的研究、开发和利用，在此过程中我们要善于汲取其精华，剔除其糟粕。儒家思想中的仁义观、忠孝观、诚信观和礼仪观等优秀传统思想文化仍然值得我们去学习和发扬，这些传统的伦理思想为我们有效地开展思想政治教育工作提供了丰富的文化资源。与此同时，作为现代公民，我们还应具有世界性的眼光，要在不断继承和利用我国优秀传统文化资源的基础上，以开阔的视野及海纳百川的胸怀和心态，"大胆吸收和借鉴人类社会创造的一切文明成果，吸收和借鉴当今世界各国包括资本主义发达国家的一切反映现代化生产规律的先进经营方式和管理方法"，真正做到古为今用、洋为中用。我们要以马克思主义理论为指导，珍视先人留下的宝贵文化遗产，在实践的基础上不断创新，实现历史传统文化资源的现代价值转化，充分让传统文化焕发出具有时代特征的勃勃生机，服务于当前经济社会的发展。三是对待传统文化要摒弃实用主义态度。在我国封建历史上，无论是秦始皇的"焚书坑儒"，还是董仲舒的"罢黜百家、独尊儒术"等，都带有赤裸裸的实用主义色彩。纵观儒家的"仁爱""三纲五常"，法家的"君权""法制"，墨家的"义利"观等，无一不是与政治社会紧密联系在一起，释放自己的价值观来影响社会。在近现代历史上同样存在着文化实用主义，"五四"时的新文化运动，一些知识分子为了学习西方，对传统文化采取了全盘否定的极端态度，为达到目的不遗余力否定传统文化，这种带有急功近利的做法，使得新文化运动卷入到政治旋涡里。

二　重视与本国国情相结合、吸收古今东西文化的精华为我所用

一是弘扬儒教传统。具有深厚儒家文化底蕴的韩国，在其教育方面非常注重儒家文化与现代文明的结合，韩国著名儒教学者宋荣陪认为，当代多元价值社会面临价值混乱的危机，使人在做人处理上难以找到标准的生活规范，在传统精神文化与现代物质文明的冲突中，传统的儒家伦理仍然具有现代意义。实际上，儒学自1000多年前传入韩国后，便成为维系韩国社会发展和民族自立自强的民族精神气质的力量。正如汉城大学教授金学圭说："自古以来，韩国在政治、经济、文化等方面所受孔教的影响很

大，尤其是社会伦理方面之影响，一直到现在都特别显著。韩国人当中，信基督教、佛教等异端宗教的人颇多，可是韩国社会里面通行的伦理道德，基本上皆遵从孔教伦理。换句话说，现在韩国人的生活习惯与对人关系等等，无论其宗教如何，大都是来自儒教的。"一直以来，韩国教育就以重振儒教精神作为重建韩国的重要任务。韩国著名儒学家琴章泰指出，儒教作为朝鲜民族精神的动力，具有广泛的功能，它不单纯作为某个时代的社会制度或伦理规范发挥功能，而且通过传统社会形成朝鲜人的意识结构，体现朝鲜人的文化方式的创造性源泉，在民族的思想领域中，儒教从开始直到今天一直作为一个轴心在起作用。韩国学者普遍认为，至今儒教在韩国社会中仍占有绝对的比重。事实上儒教不仅改变了韩国人的思想和性格，而且使其社会结构、习惯、制度也发生了很大变动。韩国人所具备的纯韩国式的性格、思考方式、行为规范仍以儒教为准绳，儒教至今仍扎根在韩国社会的基层。可以说，在儒家文化的影响下，尤其是孔子"为国尽忠，敬信节用，爱民如子，人伦之中，忠孝为本"的思想已融入韩国人的血液，成为韩国经济社会发展和个人人生道路的精神源泉。儒学中的社稷、仁等观念与韩国的民族苦难、屈辱历史相交织，形成了韩国人独特的民族性格。二是兼容并包，广纳西方文明。"第二次世界大战"后，韩国受到了西方尤其是美国文化的影响，受美国价值观念影响的军人政府就很自然地影响着韩国社会；同时，以美国为代表的现代西方价值观也强烈影响着韩国青少年的思想意识。因此从 20 世纪 60 年代以来，韩国仿效日本，通过选送留学生，把大批西欧、北美的先进科学带回韩国，从而强化了现代西方价值观念在韩国的影响，并推进了韩国的快速发展。面对来自西方价值观的冲击，韩国借鉴了孔子提出的"和而不同"的多元文化观，在大力引进西方市场经济和先进技术的同时，也采取吸收精华、剔除糟粕的措施，摒弃西方价值取向中个人主义、金钱至上、淡化人情等弊端，倡导儒学的敬业乐群精神，从本国国情出发，设置了适合本国的思想政治教育目标，安排了多层次的思想政治教育课程内容。韩国的思想政治教育坚持与时俱进，坚持开放性。早在 20 世纪 60 年代，韩国学校便开始引进国外的各种教育经验和德育理论，对现行的学校道德教育进行改革。20 世纪 80 年代后，韩国经济、社会发生了根本变化，不仅经济上高速增长，成为亚洲"四小龙"之一，而且开始形成政治民主化、南北缓和局面。为适应这些变化，韩国学校的思想政治教育再次进行了重大改革，在强化国民精神教育的同时，注重从国情出发，广泛吸收西方文化中的精华。20 世纪90 年代以来，韩国总统金泳三提出"世界化"战略，要求韩国人具有世界公民的精神，用平等开放的姿态对待外国人和外国文化，承认世界的多样性等，旨在创建更加民主、更加科学的新德育，培养面向 21 世纪的富有民主精神的韩国人。强调思想政治教育课程内容要适应时代的发展，把与国际接轨和全球化的意识融入课程中，此举使思想政治教育课内容进一步合理化，是走向世界、融入世界的重要一步。经过多次改革和完善，逐渐形成了韩国自己独有的特色。三是在教育过程中不断整合东西方思想文化资源。韩国属于东亚儒家文化圈，儒家伦理已深深扎根于韩国的文化之中，融化在韩国人的思维方式和行为规范里。通过开展以儒家思想为核心的道德伦理教育，提高了公民道德素质，增强了民族自尊心和自豪感，为培育新型的韩国国民精神奠定了坚实的思想基础。与此同时，随着国家经济社会的不断发展，以美国为代表的现代西方价值观也不断涌入韩国，日益影响着韩国青少年，以自由主义和个人主义为核心的西方意识形态对传统儒家思想产生了一定的负面影响。在此情况下，韩国政府更加强化了传统儒家伦理价值观的教育，以试图实现一种融合东方传统和现代西方价值观的道德教育观念①。

三　隐性教育与显性教育结合，营造青少年思想政治教育的浓厚氛围

韩国在开展思想政治教育的过程中既非常重视显性教育法的运用，又巧妙地运用了隐性教育法，不仅达到了思想政治教育的目标，而且也收到了良好的效果。所谓显性教育法就是指教育主体为了达到一定的教育目标，通过比较正规的方式或途径直接使被教育者接受并消化教育内容的一种教育方法。例如，在韩国，通过学校开设道德课、生活课和国民伦理课直接向学生传授一些基本的道德伦理知识和道德规范，对学生进行直接的道德教育。同时，韩国还非常巧妙地运用了隐性教育法。所谓隐性教育是指隐藏教育主体和教育目的，通过非正式的教育形式，将教育内容渗透于环境、文化、娱乐、制度、管理等教育对象日常生活工作所接触到的教育性因素中，从而引导教育对象自主感知教育内容、自主选择教育信息、自主内化教育内涵的一种思想政治教育方式。如韩国学校充分利用本国丰富

---

① 艾政文：《中国与韩国思想政治教育方法之比较》，《教育探索》2010 年第 1 期。

的历史文化资源对学生进行思想教育。这两种教育方法各有优势和弱点。显性教育突出教育主体的主体性，忽视教育客体的主体性和差异性，因而容易导致教育客体逆反心理的产生；而隐性教育法则突出教育客体的主体性和选择性，但容易导致教育客体的随意性和盲目性。

　　社会氛围的营造既要有潜移默化的隐性教育，还要有旗帜鲜明的显性教育，二者相辅相成、相得益彰，只有二者紧密结合才能完成这个系统工程。韩国在营造社会氛围方面就值得我们借鉴①。一是隐性教育方面的经验：采取言传身教。韩国人认为：身教重于言教，家长和学校老师的日常言行发挥着表率作用，时刻在感染着孩子们幼小的心灵，是无声的课堂教学，说服力强，极易引起孩子们的共鸣。孩子们耳濡目染，从小就模仿家长和老师的言行。家庭和学校里浓厚的尊老爱幼、崇尚孝道、待人接物、言谈举止等礼仪教育的氛围无所不在。这一切时时刻刻都在熏陶着孩子们的思想，伴随着孩子的成长，从而促进了孩子们正确价值观的确立。二是典型的爱国主义显性教育。在韩国，以大众媒体、社区活动、校园文化、商业广告、行业交流、文体竞赛等方面为主体，宣传和灌输爱国主义内容，"身土不二"的爱国主义内容广告铺天盖地，把爱国主义教育发挥到极致，强烈的爱国主义的民族情感和民族自豪感时刻激励着韩国人。"身土不二"的爱国主义教育也影响着韩国人的消费观念，消费本国产品就是爱国，一定程度上也促进了韩国经济社会的发展。三是隐性教育与显性教育的有机结合。在韩国从幼儿园、小学就开始设置情景模拟教室，开展礼仪教育活动。例如，设置茶道、礼仪教育室。孩子们受到这一系列的隐性与显性教育，沐浴在这种伦理道德教育氛围中，自然而然就会形成良好的生活习惯，这就是韩国个人养成教育的特色，值得我们借鉴。

四　形成家庭、学校、社会三位一体的合力教育构架

　　韩国对学校教育、家庭教育和社会教育三位一体的教育的强调，尤其是家庭教育对社会主流价值观教育的配合互动，值得我们借鉴学习。韩国注重将家庭教育与学校教育有机结合形成对青少年思想政治教育的合力。强调家庭是青少年培养情趣，同享爱心和与家人对话的地方。家长作为正

---

　　①　靳义亭：《论中韩两国青少年思想政治教育培养目标的差异》，《河南工业大学学报》（社会科学版）2014年第2期。

确人生的榜样，子女具有尊敬长辈的品行。强调学校是青少年提高修养、学习知识和增强体魄的地方。尊重个人能力，通过自我教导，丰富人生道路，提高文化知识和公民民主的精神。强调社会是青少年愉快地工作、自豪地服务的地方，是帮助青少年成长和发展，提供共同生活的喜悦和业余活动的场所，要创造健全的环境。学校教育、家庭教育和社会教育合力构架青少年思想政治教育的综合平台，不但为青少年提供学习的场所，更要引导其适应社会和自立。韩国除了每个家庭对孩子进行礼仪外，春节前，全家人都要赶回家参加祭祖、给老人拜年等。学校内部也设置有礼仪教室教授礼仪课，主要教授孩子如何倒茶、敬茶，对儿童进行待人接物以及用餐等方面的礼仪教育。每到寒暑假韩国学校都对学生进行"忠孝教育"，要求学生要尊重师长，孝敬长辈等。从小学到中学阶段学校有组织地让学生走入社区，参观博物馆、爱国主义景点、节假日的民俗活动等。家庭与社会的联动表现在：孩子参与传统的重大的民族节日，如清明扫墓、佛诞节、端午节、中秋节等。社会上同时进行着各种礼仪、道德教育，例如在电视上经常播放公益性质的广告，进行社会礼仪、商务礼仪、家庭礼仪介绍等，同时还有铺天盖地的"身土不二"爱国主义、"孝道"教育宣传等。

同样，在今天的日本也更加注重家庭教育，日本社会各界经过激烈的讨论取得共识，家庭属于"私人"领域，但同时也是一个公共领域的概念。因为家庭状况的演变将对社会产生重大的影响，这也是国家为什么要关注和干预家庭事务、强调家庭教育重要性的原因所在。日本文部省于2001年3月制定的《21世纪日本教育新生计划》提出：重视家庭教育，将家庭教育自觉定为教育的起点。2006年日本内阁会议通过的《教育基本法》修正案中，新增了"家庭教育"条目，其中第十条指出："父母及其他监护人，是孩子教育的第一责任者，必须努力让孩子养成生活当中必要的习惯，培育其自立精神，使他们身心和谐地成长"，"国家和地方公共团体要尊重家庭教育的自主性，并采取必要措施为监护人提供学习机会、信息及其他援助"。

重视青少年的家庭教育是世界趋势。联合国大会于1948年通过的《世界人权宣言》明确指出："家庭是天然的和基本的社会单元"，1993年的世界宗教会议上通过的《走向全球伦理宣言》同样认为："只有在个人关系和家庭关系中已体验到的东西，才能够在国家之间及宗教之间的关系中得到实行。"联合国于1989年12月8日在第44届联合国大会上通过一项决议，宣布 1994 年为"国际家庭年"（International Year of the Family），并确定其主题为"家庭：变化世界中的动力与责任"，1993 年 2 月，联合国社会发展委员会又做出决定，从 1994 年起，每年 5 月 15 日为"国际家庭日"（International Day for Families）。旨在改善家庭的地位和条件，加强在保护和援助家庭方面的国际合作。2008 年，联合国将"国际家庭日"的主题定为"父亲与家庭：责任与挑战"。2009 年的主题为"母亲和家庭：变化世界中的挑战"，目的就是强调父母亲在家庭中的作用及重要职责，强调父母对子女的教养是未成年人健康成长，形成完备人格的保障，也是家庭幸福、社会稳定的前提。从中可以看到家庭、家教的重要性和无可替代性。在法国，1989 年 7 月，政府在《教育指导法》中明确了家长与学校的特殊关系。政府认识到，要提高学生的学业成绩，必须依靠家长的力量。德国《宪法》明文规定：教养儿童是父母的自然权力和义务，政府对幼儿教育站在辅助的立场上，真正承担教育责任的是爸爸和妈妈。在英国，教育与科学部、威尔士事务部 1985 年向议会提交的白皮书摘要《把学校办得更好》中提出："家庭也是教育者，学校应当向他们解释自己的目标和政策，同他们密切合作。"1997 年工党执政后，针对教育问题发表了教育白皮书《追求卓越的学校教育》，英国政府认为，青少年教育仅靠学校单方面的力量难以完成，需要社会各方面尤其是家长的密切配合。因此，政府把家校合作作为教育研究和学校改革的措施之一。在新加坡，家长参与学校教育与国家提倡"共同价值观"教育、家庭价值观教育、尊重儒家伦理培养优秀的国家公民分不开。1998 年，政府推出 COMPASS（Community & Parent in Support of Schools），明确指出要通过不同的方法加强学校、家长、社区的合作去教育孩子，并强调家长在教育孩子方面的责任及需要有效协助子女成为良好公民。

五　思想政治教育要强调知与行的统一

思想政治教育除了要贴近时代、贴近实际、贴近青少年，同时最重要的是思想政治教育要强调知与行的统一。这方面，日韩两国都有成功经验。在日本，日本文部省大力提倡并推广体验学习活动，主要内容有自然体验、家务劳动体验和耐苦生活体验等。实际上就是高度重视知与行的统一。符合中国哲学的重行主义与知行的统一思想。重行主义是中国哲学知行观的最主要的特点和优点。当前，我国对青少年的思想政治教育就存在知与行的分离倾向，学习和借鉴日本对青少年思想政治教育知与行的统一思想，对我国的思想政治教育有着积极的意义。在韩国，韩国学校的思想政治教育不仅注重理论教育，而且注重教育实践，这是韩国学校思想政治教育的又一鲜明特色。在韩国，政府和学校都非常重视把思想道德教育与社会服务活动紧密结合起来，并积极引导学生参与各种社会服务活动。政府部门每年都要从本年度财政收入中划拨一定比例的专项资金作为支持学生开展社会服务活动的经费。近几年来，有些学校还把学生参加社会服务列为必修课，明确规定不获此门课程学分的学生将不能毕业。学校还通常会与当地的社区联系，认真组织学生参与社区的各项活动。如组织学生为社区老人和残疾人服务，参与社区环境治理以及各种爱心捐助活动等。通过这些活动的有效开展，既锻炼了学生的思想，培养了学生良好的道德人格，又磨砺了学生的意志，使学生的道德认知能力充分转化为道德行为能力，从而达到了知与行的有机统一。韩国学校每到寒暑假，学生还必须回学校听"忠孝教育"讲座，接受"忠、孝、礼"等传统伦理道德的教育，学校开设专门的礼仪课，示范学生如何做好尊老的礼仪等。这些举措实际上都是高度重视知行统一的表现，符合中国哲学的重行主义与知行的统一思想①。重行主义是中国哲学知行观最主要的特点和优点。但重行并不等于就忽视知，知作为行之指导，它的意义将变得越来越重要。毛泽东在《实践论》中对此有过精辟的论述，任何知都必须再回到实践中去进行检验，以求得发展，如此循环往复以至无穷。而每一次循环都使知行双方进入到了更高的层次，有了更为充实的内容。当前，我国对青少年的思想政治教育就存在知与行的分离倾向，学习和借鉴韩国对青少年思想政治教育知与行的统一思想，将会对我国的思想政治教育起到积极的推进意义。

---

① 靳义亭：《论韩国对青少年思想政治教育的成功经验与启示》，《当代世界与社会主义》2011 年第 5 期。

参考文献

［1］李志锋、乐爱国：《中国共产党对待传统文化态度与政策演变思考》，《人民论坛》2014 年第 11 期。

［2］黄钊：《论中国优秀传统德育成果的丰富内容及其现实价值》，《学校党建与思想教育》2014 年第 1 期。

［3］汤晓蒙：《中国文化传统对培养创新型人才的负面影响》，《华北电力大学学报》（社会科学版）2009 年第 1 期。

［4］苏珍梅：《关于传统文化融入高校思想政治教育的思考》，《湖北成人教育学院学报》2014 年第 11 期。

［5］朱淼：《优秀传统文化融入大学生思想政治教育的思考》，《学校党建与思想教育》2014 年第 12 期。

［6］黄亚青：《高校传统文化教育现状及对策研究——以天津高校为例》，《时代教育》2011 年第 10 期。

［7］朱伟：《中国传统文化的现代价值——以新时期思想政治教育为例》，信阳师范学院硕士论文，2012 年。

［8］刘淑霞：《中华传统文化与高校思想政治教育融合之实然状态与应然态势》，《唐都学刊》2011 年第 1 期。

［9］赵建伟、焦彩丽：《思想政治理论课教师在开展优秀传统文化教育中的作用研究》，《社科纵横》2011 年第 2 期。

［10］马勤学：《高校思政理论课教师应具备的基本素质与能力》，《赤峰学院学报》（科学教育版）2011 年第 3 期。

［11］何玉芳、王艳婷：《高校思想政治理论课青年教师理论素养的现状与提升对策》，《北京教育》2013 年第 10 期。

［12］林金辉：《高校思想政治理论课教师师德建设的问题及对策》，《湖北财经高等专科学校学报》2012 年第 1 期。

［13］王琼玉：《高校思想政治理论课教师人文素养析议》，《学习月刊》2011 年第 6 期。

［14］刘志贻：《高校思想政治理论课教师教学行为的问题与优化策略》，《科技信息》2013 年第 20 期。

［15］陆锦冲：《高校思想政治理论课教师科研育人问题探析》，《思想理论教育导刊》2012 年第 10 期。

［16］赵刚：《将民族传统文化融入思想政治理论课的途径》，《宁波大学学报》（教育科学版）2013 年第 2 期。

［17］丰捷：《统文化通识教育：内地高校落后了》，《光明日报》2007 年 1 月 18 日。

［18］教育部：《完善中国优秀传统文化指导纲要》，《中国教育报》2014 年 4 月 2 日。

［19］邓球柏：《中国传统文化与思想政治教育》，首都师范大学出版社 1999 年版。

［20］顾友仁：《中国传统文化与思想政治教育的创新》，安徽大学出版社 2011 年版。

［21］沈壮海：《思想政治教育的文化视野》，人民出版社 2005 年版。

［22］赵康太、李英华：《中国传统思想政治教育理论史》，华中师范大学出版社 2006 年版。

［23］福建省炎黄文化研究会编：《传统文化与思想道德建设》，海峡文艺出版社 2001 年版。

［24］都培炎：《"思接千载"和"与时俱进"——中共对传统文化认识的历史考察》，华东师范大学出版社 2007 年版。

［25］杨延东：《传统文化与思想品德教育》，大连理工大学出版社 2007 年版。

［26］张世欣：《中国古代思想道德教育史》，浙江大学出版社 2010 年版。

［27］中国文化书院演讲录第一集：《论中国传统文化》，生活·读书·新知三联书店 1988 年版。

［28］陈立思：《当代世界思想政治教育》，中国人民大学出版社 1999 年版。

［29］梁忠义：《日本的经济现代化与教育——战后日本教育》，吉林教育出版社 1988 年版。

［30］苏振芳：《当代国外思想政治教育比较》，社会科学文献出版社 2009 年版。

［31］叶圣陶研究会：《传统文化与现代化》，安徽教育出版社 2005 年版。

［32］田广林：《中国传统文化概论》，高等教育出版社 1999 年版。

［33］曹胜高：《国学通论》，北京大学出版社 2008 年版。

［34］赵洪恩：《中国传统文化通论》，人民出版社 2003 年版。

［35］冯天瑜等：《中华文化史》，上海人民出版社 1990 年版。

［36］田广林：《中国传统文化概论》，高等教育出版社 1999 年版。

［37］徐晓丹等：《试论高校传统文化教育的内涵和功能》，《科技教育创新》2007 年第 6 期。

［38］张岱年、程宜山：《中国文化与文化论争》，中国人民大学出版社 1990 年版。

［39］白全贵、师全民：《中国传统文化概论》，郑州大学出版社 2003 年版。

［40］陈江风：《中国传统文化导论》，北京航空航天大学出版社 2010 年版。

［41］北京大学日本文化研究所编：《中日比较文化论集》，吉林教育出版社 1990 年版。

［42］［日］依田嘉家：《日中两国现代化比较研究》，北京大学出版社 1997 年版。

［43］朱仁宝：《论中华民族传统文化的教育价值》，《浙江社会科学》2005 年第 5 期。

［44］曲江滨、张薇：《传统文化在大学生思想政治教育中的价值与应用》，《学校党建与思想教育》2012 年第 1 期。

［45］靳义亭：《论中韩两国青少年思想政治教育培养目标的差异》，《河南工业大学学报》（社会科学版）2014 年第 2 期。

［46］靳义亭：《日本对青少年思想政治教育的经验及启示》，《国外理论动态》2009 年第 8 期。

［47］靳义亭：《论韩国青少年思想政治教育的成功经验及启示》，《当代世界与社会主义》2011 年第 5 期。

［48］白海燕：《中韩两国青少年家庭教育比较研究》，《中学政治教学参考》2015 年第 1 期。

［49］张林：《传统文化与思想政治教育研究综述》，《重庆广播电视大学学报》2013 年第 6 期。

［50］罗莹、曾长秋：《近 20 年中国传统文化研究综述》，《船山学刊》2003 年第 2 期。

［51］李宗桂：《试论中国优秀传统文化的内涵》，《学术研究》2013 年第 11 期。

［52］陈方刘：《论对中国传统文化的批判与继承》，《思想理论教育》2014 年第 12 期。

［53］高长武：《理解马克思主义与中国传统文化关系的三个维度》，《党的文献》2015 年第 1 期。

［54］赵泽林：《传统文化融入当代青少年学生思想政治教育的思考》，《湖北民族学院学报》（哲学社会科学版）2014 年第 6 期。

［55］郭艳英：《新时期高校思想政治教育的实效性探究》，《湖北民族学院学报》（哲学社会科学版）2013 年第 2 期。

［56］任燕：《论中华民族传统文化学习与思想政治教育之融合》，《中国党政干部论坛》2014 年第 7 期。

［57］帖伟芝：《浅谈优秀传统文化与高校思想政治教育》，《教育与职业》2013 年第 1 期。

［58］迟成勇：《论中华优秀传统文化与高校思想政治理论课教学的融合》，《思想理论教育》2014 年第 12 期。

［59］贾钢涛：《论以传统文化为载体的高校思想政治理论课程体系构建》，《学校党建与思想教育》2011 年第 7 期。

［60］王威威：《中国传统文化与思想政治教育——思想政治教育研究的新方向》，《华北电力大学学报》（社会科学版）2011 年第 4 期。

［61］王文：《中国传统文化与当代大学生思想政治教育》，《郑州轻工业学院学报》（社会科学版）2010 年第 5 期。

［62］刘张飞：《基于传统文化的大学生思想政治教育资源探析》，《湖北师范学院学报》（哲学社会科学版）2014 年第 3 期。

［63］严春宝：《儒家传统文化在思想政治教育中的作用》，《思想政治课教学》2013 年第 9 期。

［64］张仙智、赵铮、刘佳、吴涵：《中国优秀传统文化融入大学生思想政治教育的路径探析》，《上海电力学院学报》2014 年第 11 期。

［65］张祥浩、石开斌：《中国传统文化与思想政治教育的创新》，《东南大学学报》（哲学社会科学版）2008 年第 5 期。

［66］陈占安、赵为民、潘成鑫等：《当代大学生与中国传统文化》，《北京大学学报》（哲学社会科学版）1996 年第 1 期。

［67］刘吕高、田崇军：《中国传统文化对大学生思想政治教育的影响及作用》，《中华文化论坛》2014 年第 3 期。

［68］冷剑丽：《韩国道德教育课程设置的主要特色及启示》，《思考与借鉴》2006 年第 4 期。

［69］胡红霞：《韩国道德教育的战后演变及现行改革》，《北京青年政治学院学报》2007 年第 10 期。

［70］谭菲、张盈：《浅析韩国道德教育的成功之处》，《教书育人》2006 年第 10 期。

［71］孙玉杰：《关于韩国民族精神培养体系的几点思考》，《科学社会主义》2005 年第 5 期。

［72］蔡旭群：《韩国民族精神教育探略》，《教育评论》2009 年第 6 期。

［73］宇文利：《学校国民精神教育：韩国的特色与启示》，《中国青年研究》2008 年第 2 期。

［74］田玉敏：《韩国的青少年民族精神教育》，《外国中小学教育》2007 年第 4 期。

［75］孙玉杰：《关于韩国民族精神培养体系的几点思考》，《科学社会主义》2003 年第 5 期。

［76］艾政文：《中国与韩国青少年民族精神教育比较及启示》，《教学与管理》2014 年第 6 期。

［77］艾政文：《中国与韩国思想政治教育方法之比较》，《教育探索》2010 年第 1 期。

［78］胡培培：《对中国传统文化的再认识——基于大学生思想政治教育文化载体的思考》，《华北电力大学学报》（社会科学版）2011 年第 12 期。

［79］贾钢涛：《论以传统文化为载体的高校思想政治理论课程体系构建》，《学校党建与思想教育》2011 年第 3 期。

［80］廖礼平：《中国传统文化的网络传播》，《唯实》2010 年第 12 期。

［81］杨芳：《传统文化融入高校思想政治理论课的思考》，《巢湖学院学

报》2012 年第 2 期。

［82］郗戈、张梧：《弘扬核心价值观要实现传统文化创造性转化》，《光明日报》2014 年 2 月 26 日。

［83］欧海燕：《论大学生文化自信的培育》，《教育评论》2014 年第 9 期。

［84］闵永新：《大学生思想政治教育整体有效性问题研究》，中国社会科学出版社 2012 年版。

［85］石晓霞：《论中国传统文化对推进高校校园文化建设的现实意义》，《常州大学学报》（社会科学版）2014 年第 5 期。

［86］应广兴：《论高校校园文化的内涵》，《理论界》2008 年第 9 期。

［87］欧阳秀敏：《高校校园文化建设中加强传统文化教育的策略》，《湖北第二师范学院学报》2012 年第 6 期。

［88］郑秀英、李涵：《全员育人的内涵、意义与策略》，《北京教育》2013 年第 2 期。

［89］姚立迎：《论构建高校全员育人的组织体系与实践格局》，《中国青年研究》2008 年第 11 期。

［90］容中逵：《家庭教育——你在传统文化传承中都做了些什么?》，《教育理论与实践》2008 年第 6 期。

［91］樊志辉：《文化的全面自觉与学者的使命》，《学术交流》2012 年第 2 期。

［92］解丽霞：《制度化传承·精英化传承·民间化传承——中国优秀传统文化传承体系的历史经验与当代建构》，《社会科学战线》2013 年第 10 期。

后　　记

　　本书是作者主持的 2012 年国家社科基金项目"儒家文化底蕴下中韩青少年思想政治教育比较研究"（批准号：12BKS079）、河南省教育厅2015 年度人文社会科学研究重点项目"传统文化融入高校思想政治教育研究"（项目编号：2015 - ZD - 110）阶段性研究成果。

　　本书由靳义亭任主编，白海燕、杜鹏任副主编。各章编写分工如下：第一章、第二章，白海燕（河南工业大学）；第三章、第四章，杜鹏（河南工业大学）；第五章，靳义亭（河南工业大学）。最后由靳义亭修改、统稿。

　　中国传统文化博大精深，是中华民族的精神家园、中华民族的灵魂。青年大学生是祖国的未来，把中国传统文化融入高校思想政治教育意义重大。在这方面任务还很艰巨，本书只是朝这个方向努力所做出的一次尝试，由于水平所限，缺点、问题一定不少，恳求同行专家、学者和广大读者批评指正。

作　者
2015 年 4 月